특수 교육편

교사가 이끄는 교실혁명

에듀테크 100% 활용하기

정제영 · 이영선 · 김소정 · 김진관
김초희 · 안지훈 · 이대송 · 이수빈 · 이주은

박영story

머리말

우리는 디지털 대전환과 인공지능 기술의 급격한 발전으로 인해 사회 전반에 걸쳐 근본적인 변화를 경험하고 있습니다. 이러한 기술의 진보는 우리의 일상생활뿐만 아니라 교육 분야에도 지대한 영향을 미치고 있습니다. 학교교육은 교육의 내용, 교육의 방식, 학습의 접근성, 그리고 교육 평가의 내용과 방식의 변화를 요구받고 있습니다.

이 책은 교사가 교육 환경 변화에 따른 정책의 대상이 되어서는 안 된다는 관점에서 기획되었습니다. 저자들은 처음 이 책을 기획할 때, 교사가 교육 혁신의 주체가 되어야 하며, 모든 학생이 자신의 진로에 따라 학습에 성공할 수 있도록 교육이 이루어져야 한다는 점에 공감했습니다. 디지털 기술의 발전으로 인해 AI 디지털교과서를 활용하는 것만이 아니라, 교육의 성과를 위해 다양한 방법과 도구를 활용해야 한다는 것이 핵심입니다. 바로 '교사의 주도성'이 가장 중요한 교육 혁신의 요인이라는 것입니다.

이 책은 교육부가 추진하고 있는 정책인 '교사가 이끄는 교실혁명'을 지원하여 교사가 주도적으로 수업 혁신을 이룰 수 있도록 돕는 것을 목표로 하고 있습니다. 즉, 디지털 전환의 소용돌이 속에서 교사들이 주도적으로 교육 혁신을 이끌어가는 방안을 모색하는 것을 지원합니다. 이에 책에서는 디지털 기술과 인공지능을 활용하여 학생들의 학습 경험을 향상시키고, 교사와 학생 간의 상호작용을 촉진하며, 개별 학습자의 요구에 맞춤화된 교육을 제공하는 방법을 담고 있습니다.

교육은 이론과 실제가 어우러질 때 지속적인 혁신이 가능하다고 믿고 있습니다. 숲을 보면서 나무 하나, 줄기 하나, 잎과 꽃에 이르기까지 전체를 담고자하는 큰 포부를 담아 전문성을 갖춘 2명의 교수와 7명의 교사가 저자로 참여하였습니다.

이 책은 전체적으로 3개의 파트, 9개의 장으로 구성되어 있습니다.

Part 01의 Chapter 1은 정제영 교수가 집필하였습니다. 디지털 대전환과 인공지능시대의 도래에 따라 미래를 위한 학교의 혁신 방향을 제시하고 있습니다. 부분적인 개선은 학교 시스템의 혁신을 가져오지 못한다는 역사의 교훈을 담아 전체적인 시스템적 접근을 강조하고 있습니다. 그리고 교사가 이끄는 맞춤형 교육, 즉 하이터치 하이테크 교육의 방향을 제시하였습니다.

Chapter 2는 이영선 교수님이 특수교육에서의 디지털 기술(AI)의 적용에 대해 집필하였습니다. 이 장에서는 디지털 기술이 장애학생의 학습 접근성과 독립성을 지원하며, 개별화된 맞춤형 교육을 가능하게 하는 방안을 다룹니다. 학습 데이터 분석과 맞춤형 콘텐츠 제공을 통해 반복적인 교사 업무를 줄이는 한편, 정서적 지원과 상호작용에 집중할 수 있는 방안을 제시합니다. 또한, 포용기술의 중요성을 강조하며, 접근성과 사용성을 고려한 설계를 통해 기술이 특수교육의 본질적 가치를 확장하고, 장애학생의 학습 참여와 성취를 증진할 가능성을 논의하였습니다.

Chapter 3은 이대송 선생님이 디지털 기반 특수교육에 대해 집필하였습니다. 이 장에서는 '제6차 특수교육 발전 5개년 계획(2023-2027)'과 '2022 개정 특수교육 교육과정'을 통해 특수교육의 디지털 교육과 정책에 대해 살펴보고, 멀티미디어북과 실감형 콘텐츠 등 다양한 디지털 교수학습자료가 어떻게 특수교육에 적용되는지 소개하였습니다. 마지막으로 AI 디지털교과서 추진 배경과 디지털교과서와의 차이점, 핵심기능, 특수교육 AI 디지털교과서를 살펴본 후, 홍보영상, 웹 전시 시스템 등을 활용하여 AI 디지털교과서를 직접 살펴볼 수 있도록 설명하였습니다.

Part 02의 Chapter 1은 이수빈 선생님이 특수교육에서의 디지털 도구를 활용한 수업 설계에 대해 집필하였습니다. 이 장에서는 디지털 전환 시대에 특수교육에서의 맞춤형 교육과정의 의미를 알아보고, 디지털 기술을 통해 특수교육 현장에서 학습의 다양성을 실천하는 사례들을 소개합니다. 디지털 도구를 활용한 디지털 특수교육 수업 설계의 3단계 로드맵을 따라 실제 수업 사례를 살펴볼 수 있습니다. 이 장을 통해 디지털 기술로 여는 특수교육의 새로운 가능성에 대해 탐색할 수 있는 기회가 되기를 바랍니다.

Chapter 2는 김소정 선생님이 AI 코스웨어의 기능과 맞춤형 교육에 대해 집필하였습니다. 이 장에서는 특수교육 맥락에서 AI 코스웨어의 교육적 의미와 가치를 살펴보고, 개별화교육계획(IEP)의 지원도구로서의 가능성을 탐색하였습니다. AI 코스웨어의 주요 기능인 학습자 데이터 분석과 진단평가 기능 등을 상세히 알아보고, 실제 교육 현장에서의 활용 방안을 제시하였습니다. 또한 AI 코스웨어 적용 시 고려해야 할 사항들을 논의하며, 특수학급 수학 수업의 적용 사례를 통해 실제적인 사례를 살펴볼 수 있도록 설명하였습니다.

Chapter 3은 이주은 선생님이 특수교육에서의 하이터치 하이테크(HTHT) 교육에 대해 집필하였습니다. 이 장에서는 HTHT 교육이 기술적 도구(하이테크)와 정서적 지원(하이터치)을 결합하여, 장애 학생들에게 최적화된 학습 환경을 제공하는 방법을 다룹니다. 인공지능(AI), 증강현실(AR)과 같은 첨단 기술을 활용해 개별화된 학습을 지원하고, 교사의 역할을 보완하여 학습 효과를 극대화할 수 있는 방안을 제시합니다. 이 장에서는 특히 다양한 사례를 통해 HTHT 교육이 학습 몰입과 흥미를 높이고, 학생들의 잠재력을 발휘할 수 있는 환경을 조성하는 과정을 탐구합니다. 또한, 기술적 요소와 인간적 지원의 조화가 특수교육의 본질적 목표를 실현하는 데 어떤 기여를 할 수 있는지 논의하였습니다.

Chapter 4는 김초희 선생님이 AI 디지털교과서를 활용한 통합학급에서의 교수적합화에 대해 집필하였습니다. 이 장에서는 교수적합화의 정의와 필요성, 기본 원리와 유형을 다루고 이를 바탕으로 AI 디지털교과서를 활용한 통합학급에서의 교수적합화 전략을 제시하였습니다. 교수 환경, 집단, 내용, 방법, 평가 등 교수적합화의 다양한 측면에서 AI 디지털교과서의 기능을 효과적으로 활용하는 방안을 구체적으로 논의하였으며, 수학과 영어 과목 사례를 들어 서책형 교과서와 AI 디지털교과서를 과목 특성과 학습 내용에 따라 적절하게 활용하는 수업 방안을 제안하였습니다. 이러한 논의를 통해 AI 디지털교과서가 통합학급에서 교수적합화를 지원하고 학생 개개인의 학습 요구를 충족하는 데 어떻게 기여할 수 있는지 종합적으로 설명하였습니다.

Part 03의 Chapter 1은 안지훈 선생님이 특수교육과 포용기술(Inclusive Technology)의 만남을 통한 디지털 기반 특수교육의 미래에 대해 집필하였습니다. 이 장에서는 AI 디지털 도구가 장애학생들의 학습 잠재력을 발현시키는 포용기술로서 가지는 의미와 가치를 살펴보고, 보편적 학습 설계(UDL)와 접근성의 원칙을 통해 모든 학습자를 위한 교육 환경을 구축하는 방안을 탐색하였습니다. 특히 포용기술을 기반으로 하는 UDL과 접근성, 통합교육(Inclusive Education)에서의 기술 활용 등 다양한 측면에서 AI 디지털 도구의 실제적 적용 방안을 구체적으로 제시하고, 미래 특수교육이 나아가야 할 방향과 과제를 종합적으로 논의하였습니다.

Chapter 2는 김진관 선생님이 미래교육을 위한 교사의 역량에 대해 집필하였습니다. 개별 맞춤형 인공지능 활용 교육은 단순히 기술을 도입하는 차원이 아님을 강조하며, AI 디지털 도구 기반의 교육 혁신의 근원적 이유이자 궁극적 목표는 곧 수업의 혁신이므로 기술이 교육에 효과적으로 통합되는 방안을 모색하는 데 중점을 두어야 함을 강조하였습니다. 교육 혁신의 핵심이자 주체로서의 교사의 역할을 강조하며, AI 디지털 도구의 성공적 적용을 위한 제언을 통해 디지털 교육 대전환의 시대, 교사가 이끄는 교실 혁명의 방향성을 제공합니다. AI 디지털 도구를 활용한 교육 혁신은 기술의 도입을 넘어, 교사의 역량 강화, 교육과정과의 연계, 그리고 학습자 중심의 교육 환경 조성, 학생의 깊이 있는 학습과 역량 함양에 특히 중점을 두어야 함을 강조하였습니다.

지금은 디지털 교육 대전환을 해야 할 골든 타임입니다. 그러나 교육부의 정책만으로 교실의 변화를 이루어낼 수는 없습니다. 왜냐하면 실제 교실에서 수업을 진행하는 주체는 교사이기 때문입니다. 교사가 주체가 될 수 있는 방법은 따로 있는 것이 아닙니다. 가장 중요한 것은 교사의 주도성이고, 정책은 이를 지원하는 것입니다. 스스로 혁신하는 교사가 늘어날 때 대한민국의 교실에 변화가 생기고, 조그만 변화가 모여 혁명적 변화로 확산될 것으로 기대합니다.

교육 혁신에서 이론과 데이터에 기반한 정책의 수립은 매우 중요합니다. 하지만 이론만으로는 디테일이 부족하고, 성급한 일반화의 오류에 빠질 수 있습니다. 반면에 수업의 디테일만 강조하면 큰 방향을 놓칠 우려가 있습니다. 이론에 기반한 정책과 현장의 노력이 결합될 때 우리가 바라는 교실 혁명이 이루어질 수 있으리라 믿고 있습니다. 이 책이 교실혁명을 위한 작은 시작이 되기를 기대합니다.

이 책의 저자들은 교사가 이끄는 교실혁명을 함께 만들어가고자 하는 작은 소망으로 뜻을 모았습니다. 너무나 바쁘신 일정 중에도 열정적으로 함께 해주신 저자분들께 감사드리며, 언제나 한결같이 기획, 편집, 출판에 도움을 주신 박영스토리 대표님과 직원분들께 고마움을 전합니다. 디지털 교육 혁신을 소망하는 예비 교원과 현장 선생님들에게 조금이나마 도움이 되기를 희망합니다. 하지만 이 책은 완성형이 아니라 진행형입니다. 지속적으로 변화하는 환경과 기술에 맞추어 더욱 업그레이드해 나가기를 기대합니다.

2025년 4월

저자를 대표하여 **정 제 영**

차례

PART 01 디지털 교육이 온다

차례

PART 02 교사가 이끄는 교실혁명

CHAPTER 1 특수교육에서의 디지털 도구를 활용한 수업설계 (이수빈)

CHAPTER 2 AI 코스웨어 맵핑과 맞춤형 교육 : 특수교육 현장에서의 이해와 활용 (김소정)

CHAPTER 3 특수교육에서의 하이터치 하이테크(HTHT) 교육 (이주은)

차례

CHAPTER 4 AI 디지털교과서를 활용한 통합학급에서의 교수적합화 (김초희)

PART 03 교사가 만드는 교실혁명

CHAPTER 1 디지털 기반 특수교육의 미래 (안지훈)

CHAPTER 2 교실혁명: 미래 교육을 위한 교사의 핵심역량 (김진관)

차례

PART 01

디지털 기반 특수교육이 온다

1. 디지털 기반 교육혁신의 방향 (정제영)
2. 특수교육에서의 AI, 디지털 기술의 적용 (이영선)
3. 디지털 기반 특수교육의 이해 (이대송)

CHAPTER 1

PART 01

디지털 기반 교육혁신의 방향

정 제 영

1 디지털 대전환과 인공지능 시대의 도래

우리 인류는 지금 역사의 대전환점에 서 있다. 디지털 기술의 급격한 발전과 함께 인공지능(AI)이 우리 삶의 모든 영역에 깊숙이 스며들고 있는 것이다. 이는 단순히 기술적 변화를 넘어 경제, 사회, 문화 전반에 걸친 거대한 패러다임의 전환을 예고하고 있다.[1]

18세기 산업혁명 이후 인류는 기계의 힘으로 물질적 풍요를 이루었지만, 이제 우리는 인공지능의 혁명을 통해 새로운 번영의 시대를 열어가고 있다. 인공지능은 단순 반복적인 작업뿐만 아니라 창의적이고 복잡한 인지 과제까지 수행할 수 있게 되었으며, 빅데이터 분석과 기계학습을 통해 스스로 진화하는 단계에 이르렀다. 이는 마치 인류에게 새로운 두뇌가 장착된 것과 같은 변화라

1 이 챕터의 내용은 “교사가 이끄는 교실혁명(초등편)”의 내용을 수정 보완한 것입니다.

할 수 있다.

디지털 대전환은 디지털 기술의 활용으로 비즈니스 모델이 확산되고 생산성이 향상되는 것을 의미한다. 초기에는 디지털 인프라 구축을 통한 전산화 단계에서 시작하여, 인터넷 상거래와 마케팅이 활발해진 디지털화 단계를 거쳐, 현재는 산업 전반을 혁신하는 디지털 대전환 단계에 이르렀다. 코로나19 팬데믹 이후에는 '디지털 우선(digital first)' 단계로 변화하여, 전 인류의 일상적 삶을 모두 바꿀 수 있는 '모든 영역의 디지털화(digital everywhere)' 라는 혁명적인 변화가 가속화되고 있다(송영근 외, 2022).

디지털 대전환의 핵심 요소는 클라우드 컴퓨팅, 빅데이터, 인공지능, 사물인터넷 등 신기술의 활용, 실험적 접근을 통한 조직문화의 변화, 데이터 기반의 의사결정 강조, 그리고 수요자 맞춤형 서비스의 확대 등으로 요약될 수 있다. 이러한 변화의 소용돌이 속에서 우리는 과거의 틀에서 벗어나 새로운 사고와 행동양식을 요구받고 있다. 디지털 네이티브로 불리는 새로운 세대는 이미 가상과 현실의 경계를 자유롭게 넘나들며 디지털 기술을 삶의 일부로 받아들이고 있다. 기업들도 디지털 트랜스포메이션을 통해 비즈니스 모델과 조직 문화를 혁신하고 있으며, 국가 차원에서도 디지털 경쟁력 확보가 최우선 과제로 부상하고 있다.

이러한 급격한 변화에 적응하고 이를 주도하기 위해서는 디지털 및 인공지능 소양이 필수적이다. 디지털 소양은 디지털 정보를 다루고, 디지털 기술을 활용하여 소통하고 창의적 산출물을 만들어내며, 디지털 세계에서 안전하고 윤리적으로 행동할 수 있는 종합적인 역량을 의미한다. 인공지능 소양은 인공지능의 기본 원리를 이해하고, 인공지능 기술을 활용하며, 인공지능이 야기하는 사회적·윤리적 문제를 비판적으로 사고할 수 있는 능력을 포함한다.

이러한 맥락에서 학교교육의 혁신은 선택이 아닌 필수가 되었다. 미래 사회를 이끌어갈 학생들에게 디지털 및 인공지능 소양을 갖추도록 하는 것은 교육의 핵심 과제이다. 이를 위해서는 단순히 기술 사용법을 가르치는 것을 넘어, 문제해결력, 창의력, 비판적 사고력, 의사소통 및 협업 능력 등 21세기 핵심 역량을 기를 수 있는 교육이 이루어져야 한다. 또한 교사들도 이러한 변화에 발맞춰 새로운 교수법과 평가 방식을 도입하고, 자신의 디지털 및 인공지능 소양을 지속적으로 업그레이드해야 한다. 나아가 학교는 유연하고 혁신적인 학습 생태계로 거듭나야 하며, 이를 위해 교육 정책과 제도, 인프라에도 근본적인 변화가 필요하다(정제영 외, 2021).

디지털 및 인공지능 소양은 단순히 기술에 대한 지식을 넘어, 우리의 사고방식과 행동양식, 그리고 가치관의 변화를 요구한다. 이는 미래 사회를 살아가는 데 있어 필수불가결한 핵심 역량으로, 교육과 직업 훈련, 그리고 평생학습을 통해 지속적으로 함양되어야 한다.

하지만 이러한 변화의 물결은 기회인 동시에 위기이기도 하다. 인공지능으로 인한 일자리 대체와 양극화 심화, 프라이버시와 보안 문제, 알고리즘의 편향성과 차별 등 우리가 직면한 과제들은 결코 가볍지 않다. 기술에 대한 맹신이 아닌 성찰과 지혜, 그리고 인간 중심의 가치관이 그 어느 때보다 필요한 시점이다.

특히, 이러한 변화는 사회적 약자와 장애를 가진 특수교육대상자들에게는 또 다른 도전으로 다가올 수 있다. 디지털 전환과 인공지능 기술은 이를 잘 활용할 경우 다양한 기회를 제공하는 동시에, 새로운 기술 환경에 접근하고 이를 활용하는 데 있어 구조적인 장벽과 사회적 지원 부족으로 인해 더욱 큰 어려움을 겪을 가능성도 존재한다. 따라서 디지털 전환 과정에서 이들을 포용하기 위한 정책적, 교육적 노력이 필수적이다.

디지털 대전환과 인공지능 시대는 이제 막 그 서막을 올렸다. 우리에게는 이 거대한 변화의 흐름을 주도하고 새로운 문명의 가치를 창조해 나갈 책임과 역할이 주어져 있다. 단순히 기술의 수혜자가 아닌 능동적인 창조자로서, 인간과 기계가 조화롭게 공존하며 모두가 행복할 수 있는 미래를 향해 나아가야 할 것이다. 우리가 어떤 선택을 하느냐에 따라 인류의 미래는 달라질 것이다. 지금 이 시대의 우리에게 주어진 역사적 소명을 깊이 새기며, 지혜롭게 대전환의 길을 헤쳐나가야 할 때이다.

2 미래를 위한 학교의 혁신 방향

① 미래 교육을 위한 시스템적 접근

미래 교육을 고려할 때 시스템적 접근은 유용한 방법 중 하나이다. 여기서 시스템은 여러 부분이나 여러 요소의 총체를 나타내며, 이 개념은 사회과학에서 조직을 유기체로 간주하여 이해하는 데 활용되고 있다(윤정일 외, 2015). 시스템 이론은 초기에는 생물학적인 개념으로서 유기체를 설명하는 데 사용되었지만, 이후 사회과학에서는 조직을 유기체로 보는 관점에서 활용되어 왔다. 시스템 이론은 시스템적 사고로 알려져 있으며, 시스템 내부의 구조와 작동 원리를 이해하기 위한 중요한 사고 방식으로 간주된다(Sterman, 2001). 다시 말해, 시스템적 사고는 시스템 내부의 구조적 변화와 작동 원리를 직관적으로 이해하는 데 도움이 되며, 이는 시스템을 효과적으로 변화시키기 위한 전략을 찾아내는 데 기여한다(정제영, 2018).

시스템적 사고는 학교를 여러 하위 시스템으로 이루어진 총체로 인식하고, 학교교육이 이러한 하위 시스템 간의 변환 과정을 통해 이루어진다고 이해한다. 학교교육 시스템은 '투입-전환-산출'의 과정으로 나눌 수 있으며, 환경과 긴밀하게 상호작용하며, 예상된 결과와 실제 결과 간의 차이에 따라 피드백이 발생한다. '투입'은 학생, 교원, 교육재정, 교육정책, 교육여건 등과 같은 인적 자원과 물적 자원을 포함한다. '전환'은 교육과정과 교육평가를 기반으로 교수-학습 활동이 진행되는 단계이다. '산출'은 학생들의 학업 성취도, 학교 만족도, 학업 지속, 교육의 질 등을 포함한다(정제영, 2016).

모든 조직은 추구하는 목적을 가지며, 이를 달성하기 위한 중요한 전환 과정이 존재한다. 학교교육 시스템에서는 교수자와 학생 간의 '교수-학습 활동'이 이러한 핵심 전환 과정이라 할 수 있다. 특히, 학생 주도의 학습 활동이 강조되며, 학교교육 시스템의 모든 하위 시스템은 주로 학생의 학업 성취를 촉진하기 위해 구성되어 있다.

그러나 많은 교육정책은 단일한 원인과 결과에 초점을 맞추며, 전체 시스템을 고려하지 않는 경향이 있다. 이러한 정책은 결과를 예측하기 어렵게 하며, 원인을 파악하기 위해서는 학교교육 시스템을 총체적으로 이해하는 것이 필수적이다(김창욱, 김동환, 2006). 이를 통해 교육정책의 부작용을 이해하고 해결하기 위한 방안을 모색할 수 있다.

Sashkin과 Egermeier(1992)의 연구에서는 미국의 교육개혁 정책을 분석하고, 이러한 개혁 접근의 한계를 제시하였다. 그들은 교육개혁을 '부분적 변화

(fix the parts)', '교원의 변화(fix the people)', '학교의 변화(fix the school)' 세 가지 접근으로 설명하였다. 그러나 이러한 접근 방법은 성공적이지 못했고, 대안으로 '시스템의 변화(fix the system)'를 제안하였다. 이는 시스템 내 한 부분의 변화가 다른 부분에도 영향을 미친다는 개념으로, 전체 시스템의 모든 부분에 동시에 주의를 기울여야 한다는 것을 강조한 것이다.

Senge(1990)가 제시한 시스템적 사고에 기반한 학습조직 이론은 기업 분야에서 시작하여 교육 분야로 확장되었으며, 학습자의 성취도 향상을 위해 시스템을 어떻게 설계할지에 대한 이론적 기반을 교육자들에게 제공하였다. Banathy(1995)는 교육 분야에서 시스템적 사고에 대해 설명하며, 학교의 교수-학습 활동에서부터 조직 및 행정까지 하위 시스템이 복잡하게 연계되어 있으며, 이러한 하위 시스템 간의 깊은 상호 의존성을 이해하는 중요성을 강조하였다. Smith와 O'Day(1991)은 시스템적 변화를 위한 핵심 요소로 비전과 목표의 통합, 목표와 일치하는 일관된 교수 시스템, 학교 관리 시스템의 재구성을 강조하였다. Fullan(2010)은 학교의 개선을 위해 총체적인 시스템의 변화가 필요하다고 강조하며, 7가지 중요한 과제를 제시하였다. 이러한 과제는 모든 학생의 학습 가능성을 고려하고, 목표의 우선순위 설정, 강력한 리더십의 필요성, 집합적 역량 강화, 전략의 정교화, 인지적 책무성의 중요성, 모든 하위 시스템의 개선을 포함한다(정제영, 2017).

이러한 시스템적 사고는 미래 교육의 혁신에 있어서도 매우 중요한 역할을 할 것으로 예상된다. 특히 급격한 기술 변화와 사회 변화 속에서 교육 시스템이 적응하고 진화하기 위해서는 전체 시스템을 조망하는 통합적 관점이 필수적이다. 미래 교육은 단순히 지식 전달의 장이 아닌, 학생들의 창의성, 문제해결력, 협업 능력 등 21세기 핵심 역량을 기르는 장으로 거듭나야 한다. 이를 위해서는 교육과정, 교수학습 방법, 평가 체계 등 교육의 전 과정을 아우르는 총체적 변화가 요구된다.

예를 들어, 인공지능, 빅데이터, 가상현실 등 첨단 기술을 교육에 접목하기 위해서는 단순히 기술을 도입하는 것을 넘어, 이를 효과적으로 활용할 수 있는 교육과정과 교수학습 방법의 혁신, 나아가 학교의 조직 문화와 인프라의 변화까지 종합적으로 고려해야 한다. 또한 미래 사회에 요구되는 역량을 갖춘 인재를 양성하기 위해서는 학교교육뿐만 아니라 가정, 지역사회, 기업 등 다양한 교육 주체들 간의 유기적 협력 체계를 구축하는 것도 중요하다.

우리나라의 학교교육을 개선하기 위해서는 하위 시스템들을 효과적으로 최적화하고, 이를 전체 시스템의 개선으로 연결시키는 시스템적 사고가 필요하다. 과거 학교 수준에서 이루어지는 교육 혁신은 주로 부분 최적화 전략을 사용하여 한계를 가지고 있었으며, 이로 인해 학교의 교육은 다양한 성과를 거두었음에도 불구하고 근본적인 혁신을 이루어내지 못한 상황이다. 미래 교육 전략을 수립하기 위해서는 '시스템적 사고'가 필수적이며, 학교교육을 지원하는 다양한 요소들이 유기적이고 종합적으로 고려되어야 한다. 이는 교육과정의 개선, 교육평가의 개선, 교육시설의 개선뿐만 아니라 교원 정책의 변화, 학과 구조의 개선 등 시스템적인 관점에서 총체적 교육 혁신을 추진해야 함을 시사한다. 수업을 중심에 두고 학교의 시스템을 총체적으로 혁신해야 학생들의 학습 성과를 높일 수 있다는 것이다.

첨단 디지털 기술의 학교 도입만으로 학교의 혁신을 이끌어낼 수 있다는 접근은 경계할 필요가 있다. 새로운 도구의 도입으로 조직의 성과를 높인 사례를 찾아보기 어렵다. 2013년에 미국에서 시도된 AltSchool 사례는 교사를 배제한 '디지털 중심 접근(Digital-Only Approach)'이 학교교육에서 실패할 수 있음을 보여주는 대표적인 사례이며, 기술 중심의 교육 혁신이 효과적이지 않을 수 있음을 시사한다. AltSchool은 학생 맞춤형 학습을 위해 디지털 플랫폼과 소프트웨어를 중심으로 한 학습 환경을 구축했다. 학생들은 개별화된 학습 경로를 제공받았으며, 대부분의 활동은 태블릿이나 컴퓨터를 통해 이루어졌다. 그러나 기술이 교사의 역할을 대체하려는 시도는 학습 효과를 저해하는 것으로 나타났다. 예를 들어, 일부 학생들은 읽기와 같은 기본적인 기술에서 뒤처졌으며, 기술적 도구가 이를 보완하지 못했다. 개인화된 학습 경험을 통해서 학생들이 능동적으로 참여하거나 깊이 있는 학습을 하도록 유도하지 못했고, 사회성 측면에서도 부정적인 결과들이 보고되었다.

결론적으로, 미래 교육의 혁신을 위해서는 시스템적 사고에 기반한 총체적 접근이 필요하다. 교육 시스템의 각 구성 요소들을 개별적으로 다루는 것이 아니라, 이들 간의 상호작용과 역동성을 이해하고, 전체 시스템의 변화를 이끌어내는 통합적 전략이 요구된다. 이를 통해 우리는 급변하는 미래 사회에 적응하고 선도할 수 있는 창의적이고 혁신적인 인재를 양성할 수 있을 것이다. 교육 혁신의 핵심은 바로 시스템적 사고에 있다.

❷ 디지털 기술을 활용한 교육의 혁신 방향

많은 나라에서 학교 혁신의 방향으로 개인별 맞춤형 교육을 강조하고 있다. 우리나라는 헌법과 법률에 개인별 맞춤형 교육의 국가적 책임을 구체적으로 명시하고 있다. 대한민국 헌법 제31조 제1항에서는 "모든 국민은 능력에 따라

균등하게 교육을 받을 권리를 가진다"라고 규정하였고, 교육기본법 제3조에서는 "모든 국민은 평생에 걸쳐 학습하고, 능력과 적성에 따라 교육 받을 권리를 가진다"라고 천명하고 있다. 국가는 모든 국민에게 맞춤형 학습의 권리를 보장해야 할 책무를 갖고 있는 것이다. 하지만 산업화 시대의 학교 교육은 학생 개개인의 학습 수준, 속도, 필요를 반영하지 않고 평균적인 기준에 맞춰 운영된다. 이로 인해 학생들이 고유한 잠재력을 발휘하지 못하게 하고, 일부 학생들이 소외되는 결과를 초래한다. 또한, 상대평가와 같은 경쟁 중심의 시스템은 협업 능력을 저하시켜 사회적 역량을 기르는 데 한계를 드러낸다.

21세기에 접어들면서 디지털 기술의 발전은 교육 분야에 큰 변화를 가져오고 있다. 인공지능, 빅데이터, 가상현실 등 첨단 기술은 교육의 방식과 내용, 그리고 학습 경험 자체를 혁신할 수 있는 잠재력을 지니고 있다. 이러한 기술을 효과적으로 활용한다면 개별 학습자의 특성과 필요에 맞춘 맞춤형 교육, 시공간의 제약을 뛰어넘는 유연한 학습, 그리고 실제적이고 창의적인 문제해결 능력의 함양 등을 실현할 수 있을 것이라는 기대감이 높아지고 있다. 국내·외에서 미래학교로의 전환을 위한 다양한 교육적 실험이 진행되고 있다.

디지털 대전환을 맞이하여 기존 학교에서 1명의 교사가 다수의 학생을 대상으로 강의식으로 수업을 진행하는 대량교육 시스템의 교수-학습 형태를 변화시키기 위해 노력하고 있다. 빅데이터 기반의 인공지능 기술을 활용하여 개인별 맞춤형 학습(one-to-one tutoring)을 구현하고자 시도하고 있다. 우리나라의 디지털 기반 교육혁신이 이에 해당한다. 디지털 기반 교육혁신의 방향은 학생의 개별적 성장과 지속적인 학습 경험의 축적, 삶에 적용되는 실제적 지식의 습득으로 변화하는 것을 지향하고 있다. 개인별 학습 시스템은 학습자 개인의 목표와 능력을 고려하여, 개인에게 최적화된 학습의 기회를 제공하는 것을 목적으로 한다.

예를 들어, 인공지능 기술을 활용한 적응형 학습(adaptive learning) 시스템은 학습자의 학습 스타일, 선행 지식, 학습 속도 등을 실시간으로 분석하여 개인에게 가장 적합한 학습 콘텐츠와 경로를 제시한다. 이를 통해 학습자는 자신의 수준과 속도에 맞는 학습을 할 수 있으며, 부족한 부분에 대해서는 추가적인 설명이나 개인별 과제를 제공받을 수 있다. 나아가 학습 데이터의 축적과 분석을 통해 개인의 학습 패턴과 성과를 종합적으로 파악하고, 이를 바탕으로 최적의 학습 전략을 수립할 수 있게 된다. 특히, 적응형 학습 시스템은 장애를 가진 특수교육대상자에게도 큰 가능성을 제시한다. 이들은 개별화된 학습 접근이 필요하며, 적응형 학습은 학습자의 특성과 필요를 실시간으로 반영해 보다 효과적인 교육을 지원할 수 있다.

다양한 수준의 학생들을 국가교육과정이라는 일정한 틀에 집어넣었던 교육과정은 개인별 학습의 속도와 수준에 맞추어 유연하게 적용하고 있다. 많은 교육 혁신의 성공적인 사례들은 학생들의 개별화된 미래 설계를 위해 최적의 학습 환경을 제공하고 있다. 학습의 과정에서 학생들 스스로가 지니고 있는 꿈과 재능, 진로에 맞는 학습 기회를 제공하는 것이 중요한 점이다. 이를 위해서 획일적인 교육과정에서 벗어나, 학생들의 개별적인 학습계획에 따라 유연하게 교육과정을 운영하는 것이 중요하다. 학생의 나이에 따라 교육내용을 결정하는 학년제의 틀에서 벗어나, 학습의 수준에 따라 유연하게 교육과정을 구성하는 무학년제 형태의 교육과정을 지향하고 있다. 2025학년도부터 전면적으로 도입되는 '고교학점제'는 이러한 유연한 교육과정을 구현한 사례라고 할 수 있다.

이러한 맥락에서 디지털 기술은 개인별 맞춤 교육과정의 설계와 운영을 용이하게 한다. 온라인 학습 플랫폼을 통해 다양한 수준과 주제의 교육 콘텐츠를 제공하고, 학생들이 자신의 관심과 필요에 따라 학습 내용을 선택할 수 있도록 한다. 교사는 학생 개개인의 학습 계획과 진도를 모니터링하고, 적절한 피드백과 지원을 제공하는 역할을 수행한다. 이를 통해 학생들은 자기주도적으로 학습을 설계하고 관리하는 능력을 기를 수 있다.

교수·학습 과정은 교사가 주도되어 정해진 진도에 따라 지식을 전달하는 형태에서 벗어나서 개념적 지식 학습을 바탕으로 미래 사회에 필요한 핵심역량을 갖추도록 하는 창의적 학습으로 전환할 필요가 있다. 지식의 암기와 이해 중심의 학습 방법을 첨단 기술 기반의 하이테크를 활용한 교육으로 모든 학생이 이해할 수 있도록 지원하고, 교사는 창의적 학습이 이루어질 수 있도록 고차원적 학습을 지도하도록 하는 것이 필요하다. 다양한 미래학교 사례에서 블렌디드 러닝이나 하이브리드 러닝의 방식을 활용하는 것을 볼 수 있는데 이는 모든 학생들이 기본적인 개념학습의 과정에서 개별화된 지원을 통해 성공적인 학습을 하도록 하는 것이다. 더욱 중요한 것은 교사가 '프로젝트 학습(PBL: project based learning)'이나 '문제기반 학습(PBL : problem based learning)'을 활용하여 고차원적인 학습이 이루어지도록 지도한다는 것이다.

디지털 기술은 이러한 창의적이고 협력적인 학습을 촉진하는 데 큰 역할을 할 수 있다. 가상현실(VR : virtual reality), 증강현실(AR : augmented reality), 혼합현실(MR : mixed reality), 확장현실(XR, extended reality) 기술 등을 활용한 학습 콘텐츠의 개발을 통해 실제 세계와 유사한 경험을 제공하여 몰입감 있는 학습이 가능하다. 예를 들어 역사 수업에서 과거의 사건이나 인물을 가상현실로 체험하거나, 과학 수업에서 실험을 가상으로 수행해 볼 수 있다. 또한 온라인 협업 도구를 활용하여 학생들이 물리적 거리에 구애받지 않고 함께 프로젝트를 수행하고, 아이디어를 공유할 수 있다. 또한, 가상현실(VR), 증강현실(AR), 혼합현실(MR) 기술은 특수교육대상자에게 실질적인 학습 경험을 제공하는 데 매우 효과적이다. 예를 들어, 자폐스펙트럼장애를 가진 학생들은 가상현실을 통해 사회적 상황을 연습하거나, 안전한 환경에서 새로운 기술을 습득할 수 있다. 이는 학습 몰입도를 높이고, 학습에 대한 두려움을 줄이는 데 기여할 수 있다. 이를 통해 학생들은 실제적인 문제 해결 능력, 창의력, 의사소통 및 협업 능력 등 21세기 핵심 역량을 기를 수 있다.

마지막으로, 학교에서 지식전달 수업이 아닌 프로젝트 학습 등이 이루어지기 위해서는 기존 총괄평가와 상대평가 중심에서 과정중심 평가, 개개인의 성취에 초점을 맞춘 절대평가로의 전환이 요구된다. 학습의 결과만이 학습이 아니라 학습 자체가 그 성과가 될 수 있다는 인식의 전환은 제도적 혁신과 더불어 교사, 학생, 학부모 모두에게 필요하다. 국가 교육과정을 전환하여 개인별 선택이 확대된 유연한 교육과정을 도입하기 위해서는 상대평가 중심의 기존 평가 방식이 개인별 평가 방식으로 전환되어야 한다.

디지털 기술은 학습 과정에 대한 다양한 데이터를 수집하고 분석할 수 있는 가능성을 제공한다. 온라인 학습 플랫폼에서 학생들의 학습 활동, 진도, 성과 등을 실시간으로 추적하고, 이를 바탕으로 개인별 성장과 발전을 평가할 수 있다. 또한 인공지능 기술을 활용하여 학생들의 과제나 시험 답안을 자동으로 채점하고, 개인별 피드백을 제공할 수 있다. 이를 통해 평가는 학습의 종착점이 아닌, 성장을 위한 출발점이자 나침반의 역할을 할 수 있게 된다.

결론적으로, 교육의 목적은 학생의 개별적 성장으로 전환되어야 한다. 표준화된 교육과정은 개인별 교육과정 및 무학년제로, 교사 주도의 지식전달 중심 교수·학습 과정은 학생 중심의 지식 기반 프로젝트 학습으로, 총괄평가와 상대평가 중심의 평가 방식은 과정중심 평가와 절대평가로 혁신되어야 할 것이다. 이와 같은 학교 시스템의 총체적 변화를 위해 교사는 학생을 평가하고 관리하는 주체가 아니라 개인별 학습을 독려하기 위한 학습의 조력자 혹은 설계자, 환경 조성의 역할로서 개별화된 학습 효과를 극대화시켜주는 역할로 변화가 필요하다. 학교의 공간 역시 미래교육을 위한 창의적 학습 공간으로 변화되어야 할 것이다.

이러한 교육 혁신의 과정에서 디지털 기술은 단순한 도구가 아닌, 변화를 가능케 하는 핵심 동인으로 작용할 것이다. 그러나 기술 자체가 교육을 변화시키는 것은 아니다. 중요한 것은 기술을 교육의 가치와 목적에 부합하는 방식으로 활용하고, 이를 통해 학생들의 성장과 발전을 이끌어내는 것이다. 이를 위해서는 교사의 역량 강화, 교육 제도와 정책의 유연성 확보, 그리고 사회 전반의 인식 변화가 뒷받침되어야 한다. 디지털 기술을 교육에 접목하는 것은 단순히 학교에 컴퓨터와 인터넷, AI 도구를 들여오는 것이 아니라, 교육의 본질을 재정립하고 학습자 중심의 교육 패러다임을 구현하는 종합적인 노력이 되어야 할 것이다.

[표 1.1] 학교 혁신을 위한 시스템적 접근

구분	대량교육 시스템 (Mass education system)	개인별 학습 시스템 (Personal learning system)
학교의 역할	• 사회 구성원의 양성 • 상급 학교의 진학	• 학생의 개별적 성장 • 지속적 학습 경험 축적
교육과정	• 표준화된 국가 교육과정	• 개인별 교육과정 • 무학년제
교수 · 학습과정	• 교사 주도 • 지식전달 중심	• 학생 중심 • 지식 기반의 프로젝트 학습
평가방식	• 총괄평가, 상대평가	• 과정중심 평가, 절대평가
교사의 역할	• 지식의 전달자 • 엄정한 평가자	• 개인별 학습 시스템 디자이너 • 학습의 조력자, 설계자
학교 공간	• 지식전달 편의형 • 효율적 관리 중심	• 창의적 학습촉진형 • 학습 효과 중심

3 교사가 이끄는 교실혁명의 방향

① 디지털 기반 미래 교육: 하이테크 교육

Bloom(1984)이 제시한 '완전학습 이론'에 따르면, 맞춤형 학습 기회를 제공함으로써 모든 학생이 학습에서 성공할 수 있다. 이 이론은 모든 학생이 동등한 학습 기회를 가져야 하며, 그 핵심 아이디어는 두 가지 주요 측면에 집중하고 있다. 첫째로, 학습에 필요한 시간을 분석하고 최소화하는 것이다. 전통적인 교육은 동일한 시간을 할당하여 각 학생이 동일한 내용을 동일한 시간 내에 완벽히 이해하도록 요구한다. 그러나 각 학생의 학습 속도와 방식이 다르기 때문에, 완전학습은 효과적인 학습 전략과 방법을 적용하여 시간을 최소화하려고 노력한다.

둘째로, 각 학생이 개인적으로 학습에서 성공할 수 있도록 충분한 시간을 제공하는 것이다. 각 학생이 필요로 하는 만큼의 시간을 할당해야 하며, 이는 각 학생이 교육 내용을 완전히 이해하고 습득할 수 있도록 하는 데 중요하다. 완전학습의 목표는 모든 학생이 학습 목표를 달성하는 것이다.

[그림 1.1] Bloom의 완전학습 이론의 학습 성과

학생의 학습속도에 맞는 실질적인 학습의 기회

$$\text{학습성과} = \frac{\text{학습에 사용된 시간}}{\text{학습에 필요한 시간}}$$

학생의 적성과 수업 이해력, 수업의 질

완전학습을 구현하기 위한 맞춤형 교육 방식으로 제안된 것이 개인별 튜터링 시스템(tutoring system)이라고 할 수 있다. 맞춤형 교육을 구현하는 가장 이상적인 방식은 학생 개인별로 능력과 적성에 따라 학습할 수 있도록 여러 명의 교사가 과목별로 지원하는 것이다. 그러나 이런 방식의 튜터링 시스템은 어느 나라에서도 구현되지 못하고 있다. 인적, 물적 자원의 한계로 모든 학습자에게 개인 튜터를 지원하기 어렵기 때문이다.

세계적으로 공교육의 한계를 보정하기 위한 튜터링 시스템들이 나타나고 있는데 우리나라를 비롯한 동아시아 국가의 대표적인 튜터링 시스템이 사교육이라고 할 수 있다. 하지만 사교육은 여러 가지 심각한 문제를 야기하고 있다. 우리나라에서 2024년에 발표된 사교육비 통계조사 결과에 따르면 총 사교육비는 27조를 넘어섰다. 특히 주목해야 할 부분은 사교육비의 계층간, 지역간 격차라고 할 수 있다. 월 사교육비 지출을 비교해 보면, 월 소득 300만원 이하의 가정에서는 18.3만원을 지출하는데 800만원 이상의 가정에서는 67.1만원을 지출하고 있어서 3.7배의 차이가 있다. 지역간 차이를 보면 서울은 월 62.8만원을 지출하는데 읍면지역은 28.9만원을 지출하는 것으로 나타났다. 사교육비 1원당 교육 효과가 같다고 가정한다면 초중고 재학중 사교육비 누적액의 격차는 훨씬 더 심화되는 것을 의미한다. 사교육비 통계에 유아 시기의 교육비가 반영되어 있지 않다는 점을 고려한다면 사교육에 의한 교육격차는 더욱 심각함을 시사한다. 공교육의 역할 강화가 반드시 필요한 상황이다.

[그림 1.2] 2023년 가구 수득수준별 전체학생 학생 1인당 월평균 사교육비 및 참여율

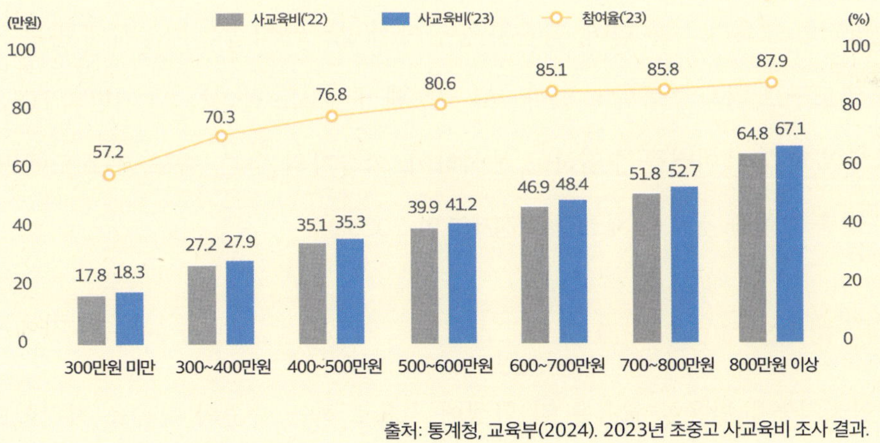

출처: 통계청, 교육부(2024). 2023년 초중고 사교육비 조사 결과.

[그림 1.3] 2023년 지역별 학생 1인당 월평균 사교육비

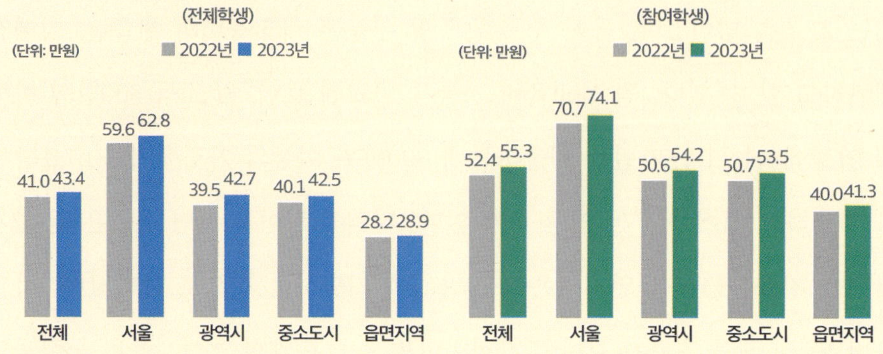

출처: 통계청, 교육부(2024). 2023년 초중고 사교육비 조사 결과.

국내외에서 학교에서의 개인별 튜터링을 구현하기 위해 오래전부터 연구된 이론이 '지능형 튜터링 시스템(ITS: intelligent tutoring system)'이다. ITS는 학생 개개인의 학습 수준과 필요를 분석하여 최적화된 학습 경험을 제공하는 컴퓨터 시스템이다. 최근 인공지능 기술이 결합되면서 ITS는 기존의 획일적이고 일방적인 교육 방식을 넘어, 학습자 중심의 개별화된 학습을 가능하게 하는 기술적 도구로 더욱 주목받고 있다. 'AI 코스웨어'라고도 불리는 AI 기반의 ITS는 학생의 학습 데이터를 수집하고 분석하여, 학습자의 수준, 속도, 선호도에 맞춘 맞춤형 학습 경로를 제공한다(정제영 외, 2023a).

❷ 하이터치 하이테크 교육

인공지능을 활용한 교육은 각 학생이 필요로 하는 수준의 학습을 지원함으로써 맞춤형 개별화 학습을 구현할 수 있는 역할을 한다. 미래 교육은 이러한 다양한 에듀테크를 활용하여 지식을 학습하고, 하이브리드 러닝을 통해 창의

적 교육을 이루는 방향으로 나아갈 것으로 기대된다(정제영 외, 2023b). 이는 하이터치 하이테크 교육의 원칙과 AI 기술을 결합하여 교수자와 학생이 함께하는 교육 방법을 제안한다. 이러한 접근은 학생 중심의 학습을 장려하며, 생성형 AI 등 다양한 기술이 교수자를 지원하는 역할을 수행할 것으로 예상된다.

하이터치 하이테크(HTHT: High Touch High Tech) 교육은 첨단 기술을 활용하여 개인별 맞춤형 창의적 학습을 이끌어내는 방식으로 제안되었다(이주호, 정제영, 정영식, 2021). 하이터치 하이테크 교육은 교사가 주체가 되어 에듀테크 기술을 활용하여 개인별 맞춤형 지식교육을 하고, 이를 기반으로 창의적 활동으로 연결하는 수업을 의미한다. 하이테크(High Tech) 교육은 학생들의 학습 데이터를 기반으로 수준과 속도에 맞는 개별화된 맞춤형 지식 이해 교육을 구현하는 것이다. 하지만 지식을 이해하는 것만으로는 학습자의 주도성을 확보할 수 없고, 지식을 활용한 다양한 활동과 경험을 통해서 역량을 키울 수 있다. 교사가 주도하는 하이터치(High Touch) 교육은 프로젝트, 토론 등의 다양한 창의적 활동을 통해서 학생들의 동기를 자극하고, 지식을 활용한 경험을 하도록 이끌어주는 것이다. 하이터치 하이테크 교육이란 기술을 사용하여 지식 학습의 효율성을 높이되, 학생들의 주도성과 역량이 높아지도록 이끌어내는 수업의 혁신이라고 할 수 있다(정제영 외, 2023c).

하이터치 교육은 사전 학습, 본 수업, 후속 학습의 과정에서 학습자의 교육성과를 이끌어내는 교사 주도의 교육 활동을 의미한다. 아무리 좋은 교육자료와 시스템이 있어도 학생의 학습 동기가 부족하다면 교육의 성과를 기대하기 어렵다. 개인별 목표를 설정하고 학습 계획을 수립하는 자기주도적 학습의 과정을 이끌어주는 역할이 무엇보다 중요하다. 이를 위해서는 개별 학생에 대한 정확한 진단 데이터가 필요한데 이를 AI 보조교사가 도와주는 것이다. 본 수업에서는 교사가 창의적 학습에 이를 수 있도록 지식을 바탕으로 '적용, 분석, 평가, 창조'의 고차원적 학습의 경험을 할 수 있도록 진행하는 것이 필요하다. 이를 위해 토론, 문제기반 학습, 프로젝트 학습 등의 다양한 창의적 교육 방법을 활용할 수 있다. 교수자는 이후의 후속 학습 과정에서 학생들이 학습의 결과를 이후의 학습에 이어갈 수 있도록 전이(transfer)될 수 있게 지원하는 역할을 수행해야 한다.

하이터치 하이테크 교육은 플립러닝의 방식을 활용하되 사전 학습에 동영상뿐 아니라 다양한 맞춤형 학습 시스템을 활용하는 것이다. 사전학습은 동영상을 통해서도 이루어질 수 있지만 인공지능과 빅데이터 기반의 지능형 튜터링 시스템(ITS)을 활용하면 지식의 이해와 암기에 더 큰 도움을 받을 수 있다. 사전학습의 과정에서 첨단 기술을 활용하여 맞춤형 교육을 구현하는 것을 하이테크 교육이라고 할 수 있다. 학습자의 수준을 정확하게 진단하여 완전 학습을 할 수 있도록 학습 기회를 제공하고 학습의 성과에 대해서도 확인할 수 있다. 이와 같이 하이테크 교육을 지원하는 다양한 시스템이 개발되고 있다.

하이터치 하이테크 교육을 구현하기 위해 학교는 기존 학습관리시스템(LMS)을 확장하여 ITS의 원리를 적용한 'AI 디지털교과서 시스템'으로 재설계할 필요가 있다. AI 디지털교과서는 다양한 방식으로 교사의 역할을 보조해 줄 수 있다. 교수자의 주요 역할인 '수업설계-교수-학습-평가-기록-피드백'의 과정에서 AI 디지털교과서의 도움을 받아 개별화된 교육 관리가 가능하다. 인공지능 활용 교육의 의미는 AI 디지털교과서를 활용하여 교수자가 주도하여 학생 개인별 맞춤형 학습을 수행하도록 하는 것이다.

우리나라에서 2025년부터 본격적으로 도입될 AI 디지털교과서가 우리 아이들의 학습 환경에 혁신적인 변화를 가져올 것으로 기대된다. 교육부가 제시한 'AI 디지털교과서 개발 가이드라인'에서 제시하고 있는 서비스는 학생, 교사, 학부모 모두를 위한 공통 서비스, 학생을 위한 서비스, 교사를 위한 서비스로 나누어 살펴볼 수 있다.

학생, 교사, 학부모를 위한 기능인 공통 서비스는 우선 대시보드를 통한 학습 데이터 분석이다. AI 디지털교과서는 대시보드를 통해 학생의 학습 데이터를 분석하고 제공한다. 이를 통해 학생의 학습 진도, 강점, 개선 필요 영역 등을 명확하게 파악할 수 있다. 교육 주체 간 소통 지원 서비스도 포함된다. 학생, 교사, 학부모 간의 효과적인 소통을 지원하여 교육과정에 대한 이해도를 높이고 협력을 강화한다. 그리고 모든 사용자가 하나의 플랫폼에서 통합 로그인을 통해 접근할 수 있어 사용의 편의성을 제공한다. 사용자 친화적인 UI/UX를 통해 쉽고 편리한 사용자 인터페이스와 경험을 제공하며, UDL(Universal Design for Learning)과 다국어 지원을 통해 모든 사용자의 접근성을 보장하도록 하였다.

학생을 위한 서비스는 한 마디로 맞춤형 학습을 지원하는 'AI 튜터'를 지원하는 것이다. 이를 위해 AI 디지털교과서에는 학생의 학습 수준과 요구를 진단하고 분석하여, 학습에 필요한 지원을 제공한다. 개별 학생에게 가장 적합한 학습 경로와 콘텐츠를 추천하여, 맞춤형 학습 경험을 제공하는 것이다.

교사를 위한 서비스는 'AI 보조교사'를 지원하는 것이다. AI 보조교사는 교사가 수업을 더 효과적으로 설계하고, 학생들에게 맞춤형 교육을 제공하고, 맞춤형 평가 결과를 교사에게 제공하는 것이다. 교사는 학습 콘텐츠를 재구성하거나 추가하여 수업을 더욱 풍부하고 다양하게 만들 수 있다. 학생들의 학습 이력과 관련 데이터를 기반으로 학습을 관리하고 효과적인 교육 방안을 모색할 수 있다.

AI 디지털교과서의 서비스는 교육의 질을 향상시키고, 학습 과정을 더 개인화하며, 교육 공동체 간의 협력을 강화하는 데 기여할 수 있다. 특히 학부모는 자녀가 이러한 혁신적인 교육 환경에서 교과 내용을 습득하면서 올바른 디지털 리터러시 역량을 갖추는 것을 확인할 수 있다.

하이터치 하이테크 교육은 교사가 다양한 첨단 기술을 활용하여 학생 중심의 학습이 이루어지도록 하는 새로운 교육 방식을 의미한다. 학생들이 스스로 질문하고 타인과 생각을 적극적으로 교환하는 과정 속에서 자신의 생각을 학습 전에 비해 더욱 발전시키고 보다 깊은 이해에 도달할 수 있도록 교육을 운영할 수 있다. AI 디지털교과서는 하이터치 하이테크 교육의 과정에서 교사를 돕는 역할과 함께 학습자를 지원하는 역할도 수행할 수 있다는 점에서 미래교육의 중요한 도구로 활용될 수 있을 것이다.

이러한 하이터치 하이테크 교육을 성공적으로 구현하기 위해서는 무엇보다 교사의 역량이 중요하다. 교사는 첨단 기술을 교육적으로 활용할 수 있는 디지털 리터러시와 교수 설계 능력을 갖추어야 한다. 또한 학생 개개인의 특성과 필요를 깊이 이해하고, 이에 맞는 맞춤형 교육을 제공할 수 있어야 한다. 나아가 학생들의 창의성과 협력 능력, 문제해결력 등을 이끌어낼 수 있는 퍼실리테이터로서의 역량도 요구된다.

이를 위해서는 교사 양성 및 연수 과정에서 하이터치 하이테크 교육에 대한 체계적인 교육이 이루어져야 한다. 교사들이 첨단 기술을 교육에 활용하는 방법을 익히고, 이를 바탕으로 창의적인 교수학습 방법을 설계하고 실천할 수 있도록 지원해야 한다. 또한 교사들 간의 협력과 지식 공유를 활성화하여, 우수 사례를 확산하고 서로의 전문성을 높여갈 수 있는 토대를 마련해야 할 것이다.

더불어 하이터치 하이테크 교육이 원활히 이루어지기 위해서는 교육 인프라와 제도의 혁신도 뒷받침되어야 한다. 학교의 IT 인프라를 확충하고, AI 보조교사 시스템 등 첨단 교육 플랫폼을 구축하는 한편, 개별화 교육을 뒷받침할 수 있는 유연한 교육과정과 평가 체계도 마련되어야 한다. 나아가 이러한 변화를 지속적으로 추진하고 안착시키기 위한 교육 정책과 재정 지원 방안도 모색되어야 할 것이다.

무엇보다 하이터치 하이테크 교육의 궁극적 목적은 학생들의 성장과 발달에 있음을 잊어서는 안 된다. 첨단 기술은 학생들의 잠재력을 극대화하고, 그들의 다양성을 존중하며, 미래 사회에 필요한 역량을 기르는 데 기여해야 한다. 기술은 교육의 보조 수단이지, 주체가 되어서는 안 된다. 교사와 학생 간의 상호작용, 배움의 즐거움, 인성 교육 등 교육의 본질적 가치는 기술 발전과 관계없이 늘 중심에 있어야 한다.

하이터치 하이테크 교육은 미래 교육의 한 모델로서 우리에게 많은 가능성과 과제를 동시에 제시하고 있다. 이것은 단순히 교실에 첨단 기술을 들여오는 것이 아니라, 교육 패러다임의 근본적인 변화를 의미한다. 교사와 학생, 학부모와 사회가 함께 이 변화의 방향과 속도에 대해 고민하고 합의해 나가야 할 것이다.

교육의 변화는 사회의 변화이자 미래의 변화이다. 하이터치 하이테크 교육이 우리 아이들이 더 나은 미래, 더 행복한 삶을 살아갈 수 있는 힘을 길러주는 교육이 되기를 기대해 본다. 첨단 기술의 발달이 인간 교육의 가치를 퇴색시키는 것이 아니라, 오히려 더욱 빛나게 하는 계기가 되어야 할 것이다. 하이터치 하이테크 교육, 그 속에서 우리는 교육의 새로운 지평을 열어갈 수 있을 것이다.

❸ 교사가 이끄는 교실혁명

국내외에서 미래학교로의 전환을 위한 다양한 교육적 실험이 진행되고 있다. 우리나라에서는 근대식 학교교육의 한계를 극복하기 위한 교육 혁신이 다양한 이름으로 여러 학교에서 시도되고 있다. 해외에서도 국가별로 미래 교육을 위한 다양한 노력을 기울이고 있다. 국내외에서 시도되고 있는 다양한 미래학교 사례를 분석해보면 개인별 맞춤형 교육 강조, 유연한 교육과정 운영, 창의적 학습으로의 전환, 과정중심 평가와 절대평가 도입 등의 공통적 노력이 이루어지고 있음을 확인할 수 있다.

이러한 변화의 중심에는 디지털 기술의 발전과 이를 교육에 활용하려는 노력이 자리잡고 있다. 인공지능, 빅데이터, 가상현실 등 첨단 기술은 개별 학습자의 특성과 필요에 맞는 맞춤형 교육, 시공간의 제약을 뛰어넘는 유연한 학습, 실제적이고 창의적인 문제해결 능력의 함양 등을 가능케 한다. 이러한 기술을 학교 교육에 효과적으로 융합한다면 모든 학생의 성장과 발전을 이끄는 혁신적인 교육을 실현할 수 있을 것이다.

그러나 중요한 것은 기술 그 자체가 아니라, 이를 교육의 본질적 가치를 구현하는 도구로 활용하는 것이다. 디지털 기술은 교사를 대체하는 것이 아니라 교사의 역량을 강화하고, 학생 개개인에 더 집중할 수 있도록 돕는 역할을 해야 한다. 또한 기술 활용이 단순히 지식 전달의 효율화에 그치는 것이 아니라,

학생들의 창의력, 문제해결력, 협업능력 등 고차원적 역량을 기르는 방향으로 나아가야 한다.

결국 디지털 기술을 활용한 교육 혁신의 핵심은 '사람'이다. 학생의 잠재력을 믿고 이를 최대한 이끌어내려는 교사, 자기주도적으로 학습하는 힘을 기르는 학생, 그리고 이를 뒷받침하는 학부모와 사회의 노력이 어우러질 때, 진정한 의미의 교육 혁신이 가능할 것이다. 우리에게 주어진 과제는 디지털 기술을 교육의 본질적 변화를 위한 촉매제로 삼아, 모든 아이들이 미래 사회를 살아갈 힘을 기를 수 있는 교육을 만드는 것이다. 디지털 기술은 그 길을 열어줄 열쇠가 될 것이다.

이 혁신의 중심에는 교사가 있다. 교사는 학생들과 가장 가까이에서 상호작용하며, 그들의 성장과 발전을 이끄는 핵심 주체이다. 따라서 교사의 역량과 전문성, 그리고 열정이 교실 혁명의 성패를 좌우한다고 해도 과언이 아니다.

2020년에는 코로나19로 인해 온라인 원격수업이 일상화되면서 교육에서 IT 기술의 활용에 대한 교수자들의 인식이 높아졌다. 그러나 수업 인정 기준이 주로 출석에 중점을 두어 다양한 소프트웨어 지원 부족 등의 한계가 있었다. 특히, 교원의 에듀테크 활용 역량이 중요하다. 클라우드 기반 교수학습 플랫폼과 에듀테크 시스템이 등장했지만, 교수자들이 이를 효과적으로 활용하는 것이 어려웠다.

에듀테크 시스템을 효과적으로 활용하려면 교수자들의 온라인 원격수업 능력을 강화하는 교육과 연수가 필요하다. 교수자들은 아직 에듀테크를 활용한 창의적 수업에 익숙하지 않아 두려움을 느끼며 시행착오를 겪고 있다. 교수자의 교육, 연수, 경험 공유, 문화 전파가 필요하다. 특히 교수자들이 에듀테크를 통해 다양한 수업과 학습 콘텐츠를 스스로 만들어 나갈 수 있도록 지원돼야 한다. 정부의 대규모 투자와 재정 지원이 필요하다.

코로나19 상황에서 온라인 원격수업 경험은 교수자의 성공적인 운영에 있어 가장 중요한 역할을 한 것으로 확인되었다. 교수자들은 에듀테크를 활용한 창의적 수업에 대한 지식, 긍정적 태도, 디지털 역량 등 종합적인 역량이 필요하다. 에듀테크를 활용한 창의적 수업을 위해서는 교실에서의 상호작용뿐만 아니라 온라인과 오프라인에서의 학생 상호작용, 온라인 튜터링 및 학습 퍼실리테이션 기법 등에 대한 새로운 교육 내용이 필요하다.

학교에서 에듀테크를 활용한 창의적 수업을 진행하기 위해서는 온라인과 오프라인을 넘나들 수 있는 하이브리드 수업 능력이 필요하다. 특히 포스트 코로나 시대에는 원격수업이 더욱 확대될 것이므로 효과적인 교육 계획과 운영이 필요하다. 미래의 학교 수업은 교실 수업, 현장학습, 플립러닝 등의 다양한 형태를 결합한 하이브리드 형태가 될 것으로 예상된다. 이를 위해서는 학교 차원에서 국내외 학교의 수업 혁신 사례를 토대로 가이드라인, 사례, 수업 모델 등을 제공하는 것이 필요하다.

코로나19 상황에서 경험한 온라인과 오프라인의 병행 수업에서 얻은 교수자들의 전문성과 자율성을 활용하여 미래 교육을 대비하는 것이 중요하다. 미래를 대비해 온라인과 오프라인 수업이 유연하게 혼합된 교육 체제를 구축해야 한다. 교원들이 가진 역량은 오프라인뿐만 아니라 온라인에서 학생들과 소통하는 능력을 높이는 것이 필요하다. 학부모, 학생, 교수자 등 현장의 어려움을 면밀하게 파악하고, 다양하고 분산된 플랫폼을 효율적으로 관리할 수 있는 능력이 요구된다.

이를 위해서는 무엇보다 교사의 디지털 리터러시와 에듀테크 활용 역량이 강화되어야 한다. 교사 양성 과정과 현직 교사 연수에서 디지털 기술과 교수법의 융합, 데이터 기반 교육, 개별화 학습 설계 등의 내용이 보강되어야 한다. 뿐만 아니라 교사들이 새로운 기술과 교육 방식을 시도하고 혁신할 수 있는 자율성과 유연성도 보장되어야 한다. 학교 현장에서 다양한 실험과 도전이 이루어질 수 있도록 제도적, 문화적 토양을 만드는 것이 중요하다.

한 분야의 전문성을 갖추고 있는 인재(expert)가 인공지능 기술로 대표되는 첨단 분야의 전문성을 갖추는 경우 이를 '인공지능 분야의 역량을 갖춘 분야별 전문가'라는 표현으로 'X with AI'라고 지칭한다. 교수자는 해당 교육 분야의 내용과 방법적 전문성을 갖추고 있는 교육전문가(EX: Educational Expert)라고 할 수 있는데, 이제는 인공지능 등 첨단 분야의 전문성을 결합하는 것이 필수적인 과제라고 볼 수 있다. '인공지능 분야의 역량을 갖춘 교육 전문가'라는 표현으로 'EX with AI'라고 표현하고 싶다. EX with AI가 바로 미래형 인재인 교육 분야의 'M자형 인재'라고 할 수 있다.

나아가 교사는 인공지능 기술을 활용하여 자신의 역량을 배가시킬 수 있다. 인간 교수자가 AI 보조교사를 잘 활용하여 도움을 받게 되면 이를 증강지능(augmented intelligence)과 같은 강력한 역량을 갖춘 EX with AI라고 할 수 있다. 교육과정의 재구성에서부터 수업 중에 개별화된 지식 이해와 전달, 평가에 있어서의 개별화된 접근과 평가 결과의 정리, 맞춤형 평가 결과의 기록을 위한 기초 자료 생성, 학생별로 필요로 하는 피드백의 기초 자료 제공 등의 역할을 인공지능에게 맡길 수 있을 것이다.

영화 '아이언맨'에서처럼 인간이 AI 보조교사를 활용하면 증강지능을 갖춘 강력한 역량을 발휘할 수 있다. 학교의 교수자들도 AI 보조교사의 지원을 받게 되면 지금보다는 더 뛰어난 교육적 역량을 발휘할 수 있을 것으로 기대된다. 인공지능 기술을 교육에 적극적으로 활용하되 창의적 교육은 교수자의 주도로 학생들과 함께 이루어져야 한다. 교수자는 에듀테크 기술을 활용한 하이테크 교육을 기반으로 학생별 개성에 맞는 하이터치 교육을 결합하여 미래교육을 완성할 수 있을 것이다. 모든 학생이 학습에 성공하고 각자의 역량을 키울 수 있는 교육이 미래교육의 지향점이다.

이러한 교사의 혁신적 노력이 교실을 변화시키고, 나아가 학교와 교육 전반의 변화를 이끌어 낼 수 있다. 교사가 주도하는 bottom-up 방식의 혁신은 top-down 방식의 정책 변화와 함께 시너지 효과를 낼 수 있다. 교육 당국과 학교 관리자는 이러한 교사들의 노력을 적극 지원하고 장려해야 한다. 교사의 창의성과 전문성이 발휘될 수 있는 자율적이고 협력적인 학교 문화를 조성하는 것이 중요하다.

미래 교육의 시작은 디지털 대전환과 함께 이루어졌으며, 미래 교육의 성공을 위해서는 교육부, 교육청뿐 아니라 학교의 구성원인 교직원, 학생, 학부모, 지역사회의 적극적인 협력과 노력이 필요하다. 방향을 고민하는 동시에 실행을 위한 참여와 협력이 중요하며, 첨단 기술을 효과적으로 활용해야 교육의 혁신을 구현할 수 있을 것이다.

결국 교실 혁명의 주체는 교사이다. 디지털 기술은 강력한 도구이지만, 이를 교육적으로 활용하고 학생들의 성장을 이끄는 것은 교사의 몫이다. 교사가 변화와 혁신의 주체가 되어 새로운 교육 패러다임을 만들어 갈 때, 우리 교육의 미래는 밝을 것이다.

물론 이 과정이 순탄하지만은 않을 것이다. 교사들은 새로운 역할과 책임에 대한 부담감을 느낄 수 있고, 기술 활용이나 교수법 혁신에 어려움을 겪을 수도 있다. 또한 학생들과 학부모들의 기대와 요구에 부응하는 것도 쉽지 않은 과제이다. 그러나 이러한 도전을 극복하고 전문성을 계발해 나가는 것이 교사의 사명이자 보람이다. 교사 스스로가 끊임없이 배우고 성장하는 모습을 보여줌으로써, 학생들에게도 평생학습의 중요성을 알려줄 수 있다. 또한 교사들 간의 협력과 네트워크를 통해 어려움을 함께 해결하고, 좋은 실천 사례를 공유할 수 있다.

무엇보다 교사는 학생들과의 관계와 소통에 기반하여 변화를 이끌어야 한다. 기술은 학생들과 교사의 상호작용을 대체할 수 없으며, 오히려 이를 더욱 풍부하고 의미 있게 만들어주는 도구가 될 수 있다. 학생 개개인의 관심사와 특성을 깊이 이해하고, 그들의 목소리에 귀 기울이는 교사의 따뜻한 시선이 결국 교육을 바꾸는 원동력이 될 것이다.

우리는 지금 교육의 대전환기를 맞이하고 있다. 산업사회의 패러다임에서 벗어나 미래 사회에 필요한 인재를 길러내야 하는 시대적 과제 앞에 서 있다. 이 변화의 중심에는 교사가 있다. 교사가 새로운 비전과 역량을 갖추고 변화를 선도할 때, 우리 교육은 미래를 향해 힘차게 전진할 수 있을 것이다.

교실의 작은 변화가 학교를 바꾸고, 더 나아가 사회를 변화시킬 수 있다는 믿음으로, 교사 한 명 한 명이 혁신의 주체가 되어야 한다. 그것이 바로 우리 아이들의 미래를 위한, 교사의 사명이자 희망이다. 교사가 이끄는 교실 혁명, 그 속에서 우리 교육의 새로운 지평이 열릴 것이다.

· 참고문헌

- 송영근, 박안선, 심진보(2022). 디지털 전환의 개념과 디지털 전환 R&D의 범위. 한국전자통신연구원.
- 윤정일, 송기창, 조동섭, 김병주(2015). 교육행정학 원론. 서울: 학지사.
- 이주호, 정제영, 정영식 (2021). AI 교육혁명. 서울: 시원북스.
- 정제영 외(2021). 뉴 이퀼리브리엄 : 미래교육의 새로운 균형을 찾아서. 테크빌교육.
- 정제영 외(2023a). AI융합교육개론. 박영스토리.
- 정제영 외(2023b). 이슈 중심의 교육학개론. 박영스토리.
- 정제영 외(2024). 교사가 이끄는 교실혁명(초등편). 박영스토리.
- 정제영(2016). 지능정보사회에 대비한 학교교육 시스템 재설계 연구. 교육행정학연구, 34(4), 49-71.
- 정제영(2017). 4 차 산업혁명 시대의 학교제도 개선 방안: 개인별 학습 시스템 구축을 중심으로. 교육정치학연구, 24(3), 53-72.
- 정제영(2018). 디지털 시대와 4차 산업혁명에 대비한 교육의 시대. 박영스토리.
- 정제영(2023a). 2028 대학입시: 학교 교육에 집중하라. 포르체.
- 정제영(2023b). 챗GPT 교육혁명. 포르체.
- Banathy, B. H. (1995). Developing a systems view of education. Educational Technology, 35(3), 53-57.
- Bloom, B. S. (1984). The 2 sigma problem: The search for methods of group instruction as effective as one-to-one tutoring. Educational researcher, 13(6), 4-16.
- Fullan, M. (2010). All systems go. Thousand Oaks, CA. : Corwin Press; Toronto: Ontario Principals Council.
- Sashkin, M., & Egermeier, J. (1992). School Change Models and Processes: A Review of Research and Practice. Paper presented at the Annual Meeting of the American Educational Research Association, San Francisco, CA, April 20-24, 1992.

· Senge, P. M. (1990). The fifth discipline. Doubleday/Currency.
· Smith, M. S., & O'Day, J. A. (1991). Systemic school reform. In The Politics of curriculum and testing, Politics of Education Association yearbook 1990, ed. Susan Fuhrman and Betty Malen, 233-267. London: Falmer Press.
· Sterman, J. D. (2001). System Dynamics Modeling: Tools for Learning in a Complex World. California Management Review, 43(4), 8-25.

CHAPTER 2

PART 01

특수교육에서의 AI, 디지털 기술의 적용

이영선

1 특수교육대상자와 특수교육

특수교육은 일반교육과 다르게, 장애를 가진 학습자의 독특한 교육적, 사회적, 물리적 필요를 충족시키기 위한 목적으로, 체계적으로 설계된 교육적 접근이다. 이는 특수교육을 필요로 하는 다양한 학습자 개개인의 능력과 잠재력을 극대화할 수 있도록 개별화되고 맞춤화된 지원과 교육 환경을 제공하는 것을 목표로 한다. 즉, 특수교육은 단순히 결핍을 보완하는 것을 넘어, 학습자의 강점을 발굴하고 이를 교육 과정에 통합함으로써 보다 포용적이고 효과적인 학습 경험을 만들어내는 데 중점을 둔다.

❶ 특수교육대상자: 무엇이 특별한가?

1) 법적 정의와 장애 영역

특수교육대상자는 법적으로 「장애인 등에 대한 특수교육법」에 따라 정의되며, 특수교육이 필요하다고 진단·평가하여 선정된 학생을 의미한다. 이 법은 장애 학생들의 교육적 권리를 보장하고, 이들이 필요로 하는 개별화된 교육 및 지원을 제공하기 위한 기틀을 마련한다.

법적으로 특수교육대상자는 장애 유형에 따라 분류되며, 다음의 [표 1.2]와 같이, 아홉 가지의 장애 유형과 함께 영유아기에 또래보다 전반적으로 발달이 늦은 발달지체라는 유형이 포함된다.

[표 1.2] 「장애인 등에 대한 특수교육법」에서 정하는 장애 유형

- 시각장애: 시각 기능의 손상으로 인해 학습 자료를 시각적으로 처리하기 어렵거나 불가능한 경우
- 청각장애: 청력 손실로 인해 의사소통 및 학습 활동에 어려움을 겪는 경우
- 지적장애: 지적 기능 및 적응 행동에서 지속적인 어려움이 있어 교육적 성취가 제한되는 경우
- 지체장애: 신체적 손상으로 인해 학습 및 생활 전반에서 추가적인 지원이 필요한 경우
- 정서·행동장애: 감정 조절 및 행동에서 지속적인 어려움이 있어 특별한 교육적 조치가 요구되는 경우
- 자폐성장애: 사회적 상호작용과 의사소통에서의 결함 및 제한적이고 반복적인 행동 패턴을 보이는 경우
- 의사소통장애: 언어 수용 및 표현, 말의 유창성 또는 음성 장애로 인해 의사소통에 어려움이 있는 경우
- 학습장애: 듣기, 읽기, 쓰기, 수학 등 학업 성취에서 현저한 어려움을 겪는 경우
- 건강장애: 만성 질환으로 인해 학업 및 학교 생활에서 지속적인 지원이 필요한 경우
- 발달지체: 신체, 인지, 의사소통, 사회·정서 발달에서 또래보다 지체된 아동(주로 9세 미만)
- 그 외 장애: 법령에서 정하는 추가적인 장애 유형

또한 법령에서 정하는 추가적인 장애 유형이 있을 수 있는데, 두 가지 이상의 장애를 동시에 가지는 중도·중복장애 등이 이에 해당될 수 있다. 중도·중복장애는 복합적이고 다차원적인 교육적·사회적 지원을 필요로 한다. 예를 들어, 지적장애와 청각장애를 동시에 가진 학생의 경우, 의사소통 지원과 인지적 접근 방식을 모두 포함한 교육적 접근이 요구된다. 특히, 이들은 법적 정의와 지원 체계에서 더욱 세밀한 계획이 필요하며, 특수교육 운영위원회의 심사와 맞춤형 지원이 필수적이다.

2) 특수교육대상자의 특수성과 이들이 가지는 다양한 요구

특수교육대상자는 일반적인 학습 환경에서 요구되는 조건 외에도 각기 다른 교육적·사회적·물리적 지원을 필요로 한다(이소현, 박은혜, 2024).

따라서 이들의 고유한 특성을 이해하고 이에 맞춘 체계적인 지원을 설계하는 것은 특수교육의 핵심이다. 예를 들어 시각장애 학생은 점자 학습 자료나 음성 안내 시스템과 같은 보조 도구가 필요할 수 있고, 청각장애를 가진 학생은 수어 통역이나 자막 제공을 통해 학습 접근성을 보장받는다. 이러한 법적 정의와 장애 영역은 특수교육의 방향성을 구체화하는 데 있어 중요한 기준을 제공하며, 특수교육대상자들의 권리와 필요를 보장하기 위한 기초가 된다.

[표 1.3] 「장애인 등에 대한 특수교육법」에서 정하는 장애 유형

- 교육적 요구: 학습 속도, 인지적 수준, 정보 접근 방식 등이 다르며, 개별화된 학습 전략이 필요하다. 예를 들어, 청각장애 학생은 시각적 자료를 선호할 수 있으며, 학습장애 학생은 단계적으로 설계된 교수법이 효과적일 수 있다.
- 사회적 요구: 대인관계 기술과 정서적 지원이 필요하다. 예를 들어, 자폐성장애 학생은 사회적 상호작용에 대한 명시적 지도와 연습이 요구된다.
- 물리적 요구: 휠체어 사용자를 위한 물리적 환경 조정, 시각장애 학생을 위한 점자 자료, 그리고 청각장애 학생을 위한 자막 또는 수어 통역 서비스 등이 포함된다.

2 특수교육: 특별하게 설계된 교육의 의미

1) 개별화된 교육과 맞춤형 접근

특수교육은 학생 개개인의 필요를 충족하기 위해 특별히 설계된 교육이다. 여기서 "개별화"는 특수교육의 핵심이며, 학습 목표, 교수 방법, 학습 자료, 평가 방식 등이 학생의 개인적 특성과 목표에 맞춰져야 함을 의미한다. 이는 일반교육에서 흔히 말하는 개별화된 학습보다 훨씬 세밀하고 맞춤화된 접근을 필요로 한다.

예를 들어, 단순히 학업 성취도에 따라 학습 단계를 조정하는 것이 아니라, 학습자가 특정 과제를 수행하지 못할 경우 그 원인을 파악하고, 이를 보완하기 위해 그 학생의 수행에 기반한 세분화된 학습 경로를 제공해야 한다. 이러한 개별화는 디지털 기술과 AI의 발전을 통해 더욱 강화될 수 있다.

2) 예방적이고 교정적이며 보상적인 교육과 지원

특수교육은 장애와 관련된 부정적 영향을 줄이기 위한 예방적 지원(prevention), 학습자가 직면한 어려움을 보완하거나 장애로 인해 제한을 개선하는 교정적(remedial) 교육, 그리고 학습자의 강점을 활용하여 성공적으로 학습에 참여하도록 돕는 보상적(compensatory) 접근을 포함한다.

예방적 지원은 학습자가 겪을 수 있는 잠재적 어려움을 사전에 없애거나 줄이는 데 초점을 맞춘다. 이는 장애와 관련된 부정적인 영향을 최소화하거나 발달 과정에서 나타날 수 있는 문제를 미리 파악하여 지원함으로써 다른 문제의 발생 가능성을 낮추는 것을 목표로 한다. 예를 들어, 읽기 어려움이 예측되는 학생에게 조기 개입을 통해 기초 문해력을 강화하는 활동이 이에 해당한다.

교정적 교육은 학습자가 특정 기술이나 능력을 개발하도록 돕는 데 초점을 맞추며, 반복적이고 체계적인 훈련을 통해 약점을 보완하거나 기능을 향상시키는 것을 목표로 한다. 예를 들어, 읽기장애를 가진 학생에게 단계적으로 설계된 읽기 프로그램을 제공하여 기초적인 해독 능력과 독해력을 향상시키는 것이 이에 해당한다.

보상적 교육은 학습자가 어려움을 극복하기 위해 환경적 또는 도구적 지원을 활용하는 데 중점을 둔다. 이는 학습자의 강점을 활용하고 장애로 인한 제약을 최소화하여 학습 환경에 적극적으로 참여할 수 있도록 돕는다. 예를 들어, 시각적 사고 능력이 뛰어난 학생에게 그래픽 조직자(graphic organizer)를 활용한 학습 자료를 제공하거나, 청각적 기억력이 강한 학생에게 오디오 학습 콘텐츠를 제공하는 접근이 이에 해당한다.

특수교육의 목표는 단순히 학생이 직면한 약점을 해결하는 데 그치지 않는다. 예방적이고 교정적이며 보상적인 접근을 통합하여, 학생 개개인의 강점을 발견하고 이를 기반으로 최대한의 잠재력을 발휘할 수 있는 학습 환경을 조성하는 것이 핵심이다. 이러한 접근은 학습자의 독립성을 강화하고, 그들이 보다 의미 있는 방식으로 교육적, 사회적 환경에 참여하도록 돕는다.

3) 효율성만을 추구하지 않는 교육

(1) 특수교육의 독특한 접근

특수교육은 일반교육에서 강조되는 효율성 중심의 교육과 본질적으로 구별된다. 이는 특수교육이 학생 개개인의 고유한 필요를 충족시키고, 잠재력을 극대화하기 위해 설계된 특수한 교육이기 때문이다. 상대적으로 다수의 학습자를 대상으로 하는 일반교육에서 어느 정도의 효율성을 강조한다면, 특수교육은 한 명의 학생이 직면한 학습적·사회적 과제를 철저히 분석하고, 이에 맞춘 정교한 전략을 수립하는 데 중점을 둔다.

특수교육은 학생이 자신의 학습 환경을 조정하고 주도적으로 학습 과정에 참여할 수 있도록 다양한 선택지를 제공한다(권정민, 이영선, 2023). 이는 단순히 기술적 도구나 알고리즘으로 해결할 수 있는 문제가 아니다. 예를 들어, AI 기반 학습 분석 도구는 학생의 학습 패턴을 분석하여 맞춤형 학습 경로를 제안할 수 있지만, 특수교육에서는 이러한 기술적 분석을 넘어 학생의 과거 학습 경험, 행동 패턴, 그리고 학습 도구와의 상호작용까지 고려해야 한다. 이를 가능하게 하는 것은 교사의 전문성과 노력이다. 즉, "손이 많이 가는" 교육이고, 교사의 시간과 노력이 많이 소요되지만, 바로 그 지점에서 특수교육의 가치는 발현된다. 장애 학생들이 단순히 학습 내용을 이해하는 데 그치지 않고, 자신만의 강점과 학습 방식을 발견할 수 있도록 돕기 위해서는 반복적이고 세심한 관찰, 자료 준비, 그리고 지속적인 피드백이 필수적이다. 이는 기술만으로는 불가능하며, 기술과 교사의 협력적 접근을 통해서만 실현될 수 있다.

결국, 특수교육에서 효율성은 단순히 시간이나 자원을 절약하는 것이 아니라, 학생의 고유한 요구를 충족시키는 데 얼마나 정교하게 접근할 수 있는지로 정의된다. 교사의 헌신과 AI 같은 기술의 지원이 결합될 때, 장애 학생들에게 진정으로 의미 있는 학습 경험이 제공될 수 있다.

(2) 새로운 기술과의 조화

특수교육은 최신 기술을 적용하여 그 효과를 누릴 가능성이 크다. 새로운 테크놀로지가 적용된 프로그램을 통해 학습자의 작은 변화가 일어날 수도 있고, 테크놀로지를 활용함으로써 교사의 업무를 어느 정도 덜어낼 수 있으며 다양한 수준의 학습 자료를 자동으로 생성하거나, 학생의 학습 진행 상황을 요약하고 시각화하여 교사에게 제공함으로써, 보다 체계적이고 효율적인 지원도 가능해진다. 이러한 기술은 특수교육의 핵심인 개별화된 학습 접근을 보완하며, 학생들에게 더욱 풍부하고 의미 있는 학습 경험을 제공하는 데 기여할 수 있다.

동시에 기술 도입 초기에는 여러 가지 제한과 도전이 나타날 수 있다. 예를 들어, 최신 디지털 기술이 물리적 환경을 개선하고, 학습 접근성을 높이는 데 기여할 수 있지만, 이 기술이 특수교육대상자의 다양한 요구를 충분히 반영하지 못할 경우, 오히려 새로운 장벽이 될 수도 있다. 따라서 최신 기술은 특수교육의 철학과 접근법에 기반하여 세밀하게 설계되고 적용되어야 한다.

특수교육은 전통적으로 개별화된 접근, 포용적 설계, 강점 기반 교육 철학을 중심으로 발전해왔다(권정민, 이영선, 2023). AI와 디지털 기술은 이러한 전통적 강점을 강화할 수 있는 가능성을 가지지만, 동시에 기술을 조화롭게 통합하여 특수교육의 본질을 유지하는 과제가 따른다. 이러한 방향성을 바탕으로, 다음 절에서는 AI와 디지털 기술이 특수교육에서 개별화와 맞춤형 교육을 어떻게 실현할 수 있는지 살펴보고자 한다.

3 디지털 전환, AI시대의 특수교육대상자

❶ 기술의 가능성과 새로운 장벽

디지털 전환과 AI 기술의 등장은 사회 전반에 걸쳐 혁신을 일으키고 있으며, 특수교육 역시 이러한 흐름에서 큰 변화를 맞이하고 있다. 장애 학생들의 학습 경험과 교육적 성과는 기술의 발전으로 새로운 가능성을 얻었지만, 동시에 해결해야 할 도전 과제도 함께 등장했다.

AI 기술은 학습자의 데이터를 분석하여 강점과 약점을 파악하고, 이를 바탕으로 맞춤형 콘텐츠와 피드백을 제공하여 장애 학생들에게 개인화된 학습 환경을 지원할 수 있다. 이는 기존 교육 방식의 한계를 보완하며, 보다 효율적이고 접근 가능한 교육 기회를 제공한다. 예를 들어, 텍스트를 음성으로 변환하는 기술은 시각 장애 학생들의 정보 접근성을 높이고, 증강현실(AR)과 가상현실(VR)은 청각장애 학생들이 보다 직관적이고 몰입적인 학습 환경을 경험하게 할 수 있다.

또한, AI 기술은 반복적이고 시간 소모적인 교사의 업무를 자동화함으로써 교사들이 학생들과의 상호작용에 더 많은 시간을 투자할 수 있도록 돕는다. 이는 특히 장애 학생들과의 정서적 유대와 사회적 상호작용이 중요한 특수교육에서 큰 장점으로 작용할 수 있다.

하지만 기술의 발전은 새로운 도전과제와 장벽을 만들어내기도 한다(REF). 예를 들어, 시각장애 학생들은 도스(DOS) 시대의 단순한 텍스트 기반 환경에서 윈도우(Windows)의 그래픽 사용자 인터페이스로 전환하면서 정보 접근성이 급격히 낮아지는 어려움을 겪었다. 마찬가지로, AI 시대와 메타버스 같은 가상 세계의 부상은 시각장애 학생들에게 새로운 유형의 장애를 초래할 수 있다. 메타버스 환경에서는 사용자들이 가상의 공간에서 자유롭게 이동하고 활동할 수 있지만, 시각장애 학생들은 이러한 환경에서 자신의 아바타를 원활히 조작하기 어려워 "이동의 장애"라는 새로운 문제를 경험할 수 있다. 특히, 메타버스 플랫폼은 일반적으로 시각장애인들이 사용하는 스크린 리더와 호환되지 않는 경우가 많아, 기본적인 인터페이스 탐색조차 어려워진다(최진, 김주성, 가현욱, 2023). 이는 메타버스뿐만 아니라 줌(Zoom)과 같은 화상회의 플랫폼에서도 유사하다. 예를 들어, 회의 중 오류 메시지가 발생하거나 인터랙티브한 환경에서 즉각적인 피드백이 필요한 경우, 시각장애 학생들은 이를 인지하고 대처하기 어렵다.

더 나아가, 음성 인식이나 시각적 AI 도구를 사용하는 과정에서도 학습자는 새로운 기술에 적응하기 위해 추가적인 학습 부담을 느낄 수 있다. 특히 인지장애를 가진 학생들에게는 이러한 도구의 사용법을 익히고 이를 자신의 학습 환경에 적용하는 과정 자체가 큰 도전이 된다. 기술이 이들의 학습을 지원하기 위해 설계되었다 하더라도, 그 기술을 충분히 이해하고 사용할 수 있도록 설계되지 않는다면 오히려 학습의 새로운 장애물이 될 가능성이 크다.

결론적으로, 기술은 장애 학생들에게 새로운 가능성을 열어주는 동시에, 접근성과 사용성 측면에서 새로운 장벽을 만들어낼 위험을 내포하고 있다. 이러한 문제를 해결하기 위해, 기술 개발 초기 단계부터 소외된 사용자 그룹을 적극적으로 참여시키고, 이들의 실제 요구와 사용성을 반영한 설계가 필요하다.

1) 접근성 개선의 한계와 "모두를 위한" 접근의 함정

기술의 접근성을 높이기 위한 노력은 장애 학생을 포함한 다양한 학습자들에게 긍정적인 변화를 가져왔다. 그러나 "모두를 위한 기술"이라는 접근은 때로는 진정한 포용성을 담보하지 못하는 한계를 드러내기도 한다. 겉보기에는 다양한 사용자를 포용하려는 보편적 설계가 이루어졌다고 해도, 실제로는 특정 집단의 복잡하고 세밀한 필요를 충분히 반영하지 못해 오히려 소외감을 키울 수 있기 때문이다.

예를 들어, 보편적 설계(Universal Design, 이하 UD)가 지향하는, "모두를 위한" 접근은 다양한 사용자 집단을 폭넓게 고려하려는 의도를 담고 있지만, 특정 표준화된 설계에 의존할 경우 일부 사용자는 여전히 기술의 혜택을 누리지 못한다.

- 물리적 접근성의 한계: 경사로 설치와 같은 물리적 접근성 개선은 이동장애를 가진 학생들에게는 유용하지만, 동시에 시각적 지침 없이 경로를 탐색해야 하는 시각장애 학생들에게는 여전히 도전이 된다.
- 디지털 접근성의 부족: 디지털 플랫폼에서 텍스트 기반 자료가 제공되더라도, 시각 자료를 텍스트로 설명하는 기능이 없다면 시각장애 학생은 해당 자료를 제대로 이해하지 못한다. 반면, 동영상 자료에 자막이나 실시간 번역 기능이 없는 경우 청각장애 학생은 학습에서 소외될 수 있다.

보편적 학습 설계(Universal Design for Learning, 이하 UDL)[2]는 다양한 사용자의 요구를 포괄하려는 중요한 시도다. 그러나 이러한 설계가 특정 사용자의 실제 요구를 충분히 반영하지 못한다면, "모두를 위한" 접근은 "모두를 위한 것처럼 보이는" 접근에 머물 가능성이 높다. 구체적으로, UDL에서 제공되는 학습 옵션이 표면적으로 다양해 보일지라도, 선택지가 충분히 세밀하지 않거나 특정 장애 그룹의 필요를 반영하지 못한다면 그 효과는 제한적이다. 예를 들어, 학습 자료를 오디오로 제공한다 하더라도 속도 조정이나 특정 단어를 강조하는 기능이 없다면 읽기장애 학생들에게 진정한 도움이 되지 않을 수 있다.

이러한 한계를 극복하기 위해서는 단순히 표면적인 접근성을 개선하는 데 그치지 않고, 사용자 경험(User Experience, UX)을 중심으로 한 설계가 이루어져야 한다(권지은, 김주성, 이영선, 2023). 진정한 사용자 중심 설계는 장애 학생들이 실제로 기술을 어떻게 사용하고, 그 과정에서 무엇이 효과적이며 무엇이 장벽으로 작용하는지를 깊이 이해하는 데서 출발해야 한다. 또한, 설계 과정에서 주류 사용자 중심의 데이터를 활용하는 대신, 장애 학생들의 데이터를 의도적으로 포함하여 편향성을 줄이는 노력이 필요하다.

2) 미래를 위한 방향성

디지털 전환과 AI 시대에 특수교육은 단순한 기술의 도입을 넘어, 학생 중심의 교육 철학과 포용적 설계를 결합해야 한다. 이는 기술이 학습을 효율화하는 도구일 뿐만 아니라, 장애 학생들이 사회적 자율성과 자신감을 키울 수 있도록

2 보편적 학습 설계(Universal Design for Learning, UDL)는 다양한 학습자의 요구를 충족하기 위해 교수 및 학습 환경을 유연하게 설계하고 최적화하기 위한 프레임워크이다(http://casr.org). 이 책의 3부 1장에서 보다 자세하게 제시된다.

돕는 촉진제 역할을 해야 함을 의미한다. 나아가, 이러한 기술이 장애 학생들에게 더 나은 학습 경험을 제공할 뿐만 아니라, 포용적 사회로의 전환을 촉진할 수 있을 것이다. 이를 위해서 기술은 학습자의 다양성을 인정하고 개별적인 상호작용을 정교하게 지원해야 하며, 기술 설계 과정에서 사용자 경험을 중심으로 전문가와 학습자가 적극적으로 참여해야 하고, 설계된 기술은 단순한 접근성을 넘어 창의적 사고와 문제 해결 능력을 지원할 수 있어야 할 것이다. 또한 보다 직관적인 설계를 통해, 사용자가 자연스럽게 기술을 이해하고 사용할 수 있는 환경을 제공함으로써 학습 과정에서 불필요한 장애물을 줄일 수 있다. 이러한 설계 철학은 기술의 복잡성을 낮추고 학습자의 참여를 촉진하는 데 기여할 수 있다.

결론적으로, 디지털 전환과 AI 기술은 특수교육에 새로운 가능성과 패러다임을 제시하지만, 중심에는 여전히 사람이 있어야 한다. 기술은 도구일 뿐이며, 장애 학생들이 사회적 자율성과 자신감을 키울 수 있도록 돕는 촉진제 역할을 해야 한다(이영선, 권정민, 2021). 진정으로 포용적이고 창의적인 학습 환경을 제공하기 위해, 디지털 기술은 “모두를 위한” 기술에서 “모든 사람에게 맞춘” 기술로 전환되어야 할 필요가 있다. 이는 기술을 넘어 교육 철학과 설계 방식 전반에 걸쳐 포용성을 제고하고, 학생들의 잠재력을 최대한 발휘할 수 있는 교육 환경을 만드는 데 집중해야 함을 의미한다.

앞으로 특수교육은 기술 격차 해소, 데이터 보호, 학습 동기와 창의성 지원, 그리고 교사 역량 강화를 중심으로 디지털 기술의 통합을 모색해야 한다. 이러한 과제들을 해결하기 위해선 장애 학생들의 실제 요구를 반영한 설계 철학과 정책적 지원이 뒷받침되어야 한다.

지금까지 논의된 접근성의 한계와 과제들은 디지털 기술이 장애 학생들의 어려움을 직접적으로 지원하는 방식으로 발전해야 함을 보여준다. 다음 절에서는 디지털 기술이 장애를 극복하고 학습 환경을 개선하기 위해 구체적으로 어떻게 활용될 수 있는지에 대해 제시해보고자 한다.

❷ 장애로 인한 어려움을 지원하는 접근, 보조공학

보조공학(Assistive Technology, AT)은 장애로 인해 일상생활과 학습에서 직면하는 어려움을 해결하기 위해 고안된 기술과 도구, 서비스까지를 포함하는 개념이다(국립특수교육원 에듀에이블, n.d.; US Congress, 2022). 이는 장애 학생들이 보다 독립적이고, 효율적이며, 성공적으로 자신의 잠재력을 발휘할 수 있도록 지원하는 중요한 역할을 한다. 보조공학은 불가능한 것을 가능하게 하고, 어려운 것을 쉽게 만들어줌으로써 장애 학생들의 삶과 학습 환경에 혁신적인 변화를 가져온다.

1) 불가능한 것을 가능하게 해주는 기술

보조공학은 장애로 인해 수행이 어려운 활동을 가능하게 한다. 이러한 기술들은 물리적, 감각적, 인지적 장애를 가진 학생들이 교육 자료에 접근하고 학습 환경에서 독립적으로 활동할 수 있도록 돕는다. 단순히 장애를 보완하는 것을 넘어, 이들이 자신감을 가지고 학습과 생활에 참여하도록 지원한다.

- 휠체어와 보행 보조기구: 이동의 자유를 제공하여 물리적 환경에 대한 접근성을 높임
- 보완·대체의사소통(Augmentative and Alternative Communication,

이하 AAC) 기기: 의사소통에 어려움을 겪는 학생들이 심볼, 텍스트, 음성을 활용하여 자신의 생각과 요구를 표현할 수 있도록 돕는 도구

- 점자 디스플레이와 스크린 리더: 시각장애 학생들이 텍스트 정보를 점자나 음성으로 접근할 수 있도록 함

그림출처: Tobii Dynavox. (2021, May 19). Tobii Dynavox. What Is Eye Tracking? Retrieved December 29, 2024, from https://fb.watch/wMma8-uIVJ/

2) 어려운 것을 쉽게 해주는 기술

보조공학은 장애 학생들이 어려움을 겪는 작업을 더 효율적이고 쉽게 수행할 수 있도록 돕는다. 이는 반복적이고 시간이 소요되는 작업을 단순화하거나, 학습의 효율성을 높이는 데 기여한다. 예를 들어, 읽기에 어려움을 가지는 학생들이 서책형의 도서 대신 웹 또는 앱 기반 디바이스를 활용하는 경우가 있을 수 있다. 단순히 읽어주는 것이 아닌, 텍스트가 제시되면 해당 부분을 표시하며 읽어주거나, 읽어주는 내용을 동시에 시각화하여 제시해주는 읽기 이해 지원 프로그램은 학생들이 이를 활용하여 텍스트와 맥락의 의미를 쉽게 파악할 수 있도록 돕는 기술이다. 또한 신체적 제한으로 키보드를 사용할 수 없는 학생들이 음성으로 글을 입력하거나 명령을 수행할 수 있고, 또는 인지적 어려움을 가진 학생들이 스마트펜과 같은 필기 보조도구를 사용하여 노트 필기를 더 쉽고 효율적으로 할 수 있도록 지원하며, 필기 내용을 디지털화하여 복습과 학습에 활용할 수도 있다. 이러한 기술은 학생들이 학습에서 느끼는 좌절감을 줄이고, 보다 적극적이고 주체적인 학습 참여를 가능하게 한다.

3) 접근성을 높이기 위한 노력들

보조공학은 장애 학생들의 접근성을 향상시키기 위해 지속적으로 발전해왔다. 접근성이란 모든 학생이 자신의 환경에서 제약 없이 참여하고 학습 자료와 활동에 원활히 접근할 수 있도록 보장하는 것을 의미한다. 이는 학습 기회를 평등하게 제공하기 위한 필수 조건으로, 물리적 환경뿐만 아니라 디지털 환경에서도 중요한 요소로 작용한다.

- 물리적 접근성: 장애 학생이 물리적 환경에 편리하게 접근할 수 있도록 공간을 설계하거나 기술을 활용(예: 경사로, 자동문, 높이 조절이 가능한 책상, 보행 보조 기구)
- 디지털 접근성: 디지털 자료와 시스템이 모든 학생들에게 열려 있도록 설계(예: 웹 접근성 지침(WCAG)에 따라 설계된 학습 플랫폼, 색상 반전이나 텍스트 확대 기능을 제공하는 소프트웨어)

이처럼 물리적 접근성과 디지털 접근성은 보조공학의 주요 목표로, 장애 학생들이 학습 환경에서 동등하게 참여할 수 있는 기회를 제공한다. 이는 특수교육의 철학과 일치하며, 학생 개개인의 고유한 필요를 반영한 설계와 지원을 통해 더욱 발전하고 있다.

4) 독립성과 자율성을 위한 지원

보조공학은 단순히 장애를 극복하는 도구로 머물지 않고, 장애 학생들에게 독립성과 자율성을 제공하기 위한 철학적 기반을 가지고 있다(이영선, 권정민, 2021). 이는 학생들이 자신의 학습과 생활에서 주체적으로 선택하고 행동할 수 있도록 돕는 것을 목표로 한다. 예를 들어, 시각장애 학생은 음성으로 책을 읽는 기술을 사용하여 독립적으로 학습 자료를 접근함으로써 학습 과정에서의 자율성을 보장 받을 수 있고, 이동 제한이 있는 학생이 전동 휠체어와 같은 보조 기기를 활용해 교실과 학교 내외에서 스스로 이동함으로써 물리적 환경에서의 독립성을 지원받을 수 있다. 또한, 의사소통장애를 가진 학생이 AAC 기기를 사용해 자신의 의견을 명확히 표현하고 의사 결정을 내릴 수 있다면, 이는 기술이 단순한 보조를 넘어 개인의 자율성과 주체성을 실현하는 데 기여함을 의미한다.

이처럼 보조공학의 철학적 기반은 단순히 장애를 "극복"하는 데 있지 않다. 오히려 학생들이 스스로 자신의 환경을 통제하고 선택할 수 있는 도구를 제공함으로써, 보다 포용적이고 평등한 학습 환경을 조성하는 데 있다고 볼 수 있다.

5) 보조공학의 현재와 미래

보조공학은 장애 학생들에게 필수적인 학습 도구일 뿐만 아니라, 기술 발전의 속도에 따라 더욱 정교해지고 효과적으로 변화하고 있다. AI를 접목한 보조공학은 학생 개개인의 특성을 분석하여 맞춤형 지원을 제공하는 방향으로 나아가고 있다. 그러나 여전히 기술 활용 초기의 높은 비용, 기술 도입 및 유지보수의 어려움, 그리고 사용자 훈련 부족과 같은 과제들이 남아 있다.

보조공학은 장애 학생들에게 "가능성의 문"을 열어주는 열쇠와도 같다. 전통적으로 장애를 돕는 기술로 발전해온 보조공학은 이제 포용적 기술로 확장되며, 장애 학생들뿐만 아니라 모든 학생들이 자신의 잠재력을 발휘할 수 있는 교육 환경을 만드는 데 중요한 역할을 할 것이다.

❸ 디지털 접근성을 강화하기 위한 포용 기술

디지털 기술은 장애 학생들에게 학습과 삶의 다양한 영역에서 새로운 가능성을 제공하지만, 이들이 기술을 온전히 활용하기 위해서는 포용 기술(Inclusive Technology)이 필수적이다. 보조공학이 특정 장애를 보완하고 학생 개개인의 고유한 필요를 충족하는 데 중점을 둔 맞춤형 기술이라면, 포용 기술은 기술이나 공학의 혜택을 모든 사용자가 누릴 수 있도록 설계 단계부터 사회적으로 소외되거나 기술의 혜택에서 배제될 가능성이 높은 사용자 그룹을 적극적으로 참여시키는 접근을 의미한다.

이는 단순히 보편적인 기술을 설계하는 것을 넘어, 장애인과 같은 소외된 집단이 기술 개발 과정에 목소리를 내고 그 필요가 반영되도록 보장하며, 데이터 편향성을 극복하려는 노력을 포함한다(Lee & Lee, 2024). 이 절에서는 포용 기술이 특수교육에서 수행하는 역할과 중요성을 살펴보고, 이를 실현하기 위한 설계 원칙과 사례를 이야기하고자 한다.

1) 보조공학과 포용 기술의 차이

보조공학은 장애인을 포함한 특정 사용자를 지원하기 위해 개발된 특화된 기술로, 장애로 인해 어려움을 겪는 활동을 가능하게 하거나 더 쉽게 만들어준다. 반면 포용 기술은 장애를 가진 사용자를 고려한 접근이라는 점에서는 유사한 개념으로 이해될 수 있지만, 특정 문제 해결을 넘어 기술의 설계와 데이터 수집 과정에서 장애인을 비롯한 소외된 집단을 의도적으로 참여시키는 방식으로 접근한다.

포용 기술은 데이터 편향성 문제를 극복하고 소외된 집단이 기술의 혜택에서 배제되지 않도록 설계와 실행 전반에 걸쳐 이들의 참여를 보장한다. 즉, 포용적 기술은 장애 학생들의 학습 접근성을 높이고, 개인화된 학습 환경을 제공함으로써 교육에서의 평등과 포용을 촉진하는 중요한 도구로 자리잡았다. 이는 학습자의 다양성을 인정하고, 각기 다른 능력과 필요를 충족시키는 기술적 솔루션을 통해 이루어진다. 특수교육에서는 특히 디지털 기술이 장애 학생들의 커뮤니케이션, 학습 자료 접근, 그리고 사회적 상호작용을 지원하는 데 중추적인 역할을 한다.

- 보조공학: 특정 장애를 가진 사용자를 지원하기 위해 설계된 특화된 도구(예: 시각장애인을 위한 점자 디스플레이, 청각장애인을 위한 보청기)
- 포용 기술: 설계부터 소외된 집단의 관점을 포함하며, 이들의 필요가 기술 개발의 중심에 반영되도록 함(예: 시각장애인을 고려해 설계된 일반 학습 플랫폼에서 점자 출력 기능을 제공하거나, 음성 명령과 같은 접근성을 기본 옵션으로 통합)

예를 들어, 시각장애 학생들을 위한 스크린 리더, 청각장애 학생들을 위한 실시간 자막 제공 기술, 그리고 신체적 장애를 가진 학생들을 위한 음성 명령 기반 학습 도구는 모두 포용적 기술의 대표적인 사례다. 이러한 기술은 단순히 장애를 극복하는 데 그치지 않고, 학생들이 자신의 강점과 잠재력을 발휘할 수 있도록 돕는다.

2) 포용적 기술의 정의와 지향점

포용적 기술은 접근성, 사용성, 적응성을 핵심 개념으로 하여 설계되며, 기술이 모든 사용자를 대상으로 포용적이고 균형 있게 발전할 수 있도록 하는 철학적 접근을 포함한다.

접근성이란 기술이 물리적 또는 디지털적으로 모든 사용자가 접근할 수 있도록 보장하는 기본 조건으로, 스크린 리더와 점자 디스플레이를 지원하는 디지털 학습 플랫폼, 색상 반전 및 텍스트 확대 기능을 포함한 소프트웨어 등이 이에 해당한다. 사용성은 사용자가 기술을 쉽게 이해하고 효율적으로 활용할 수 있도록 직관적으로 설계하는 것으로, 시각적 인터페이스 대신 음성 명령이나 간단한 터치로 조작할 수 있는 디바이스가 그 예가 될 수 있다. 마지막으로 적응성은 각 사용자의 개별적인 필요와 상황에 맞게 기술을 유연하게 조정할 수 있는 능력으로, 학습 속도에 따라 콘텐츠 난이도를 자동으로 조정하거나, 사용자가 원하는 기능만 선택적으로 활용할 수 있는 인터페이스가 이에 해당한다고 볼 수 있다.

동시에, 포용 기술은 단순히 접근성을 높이는 것을 넘어, 데이터의 편향성과 설계의 한계를 극복하려는 철학적 접근을 포함한다(Lee & Lee, 2024). 기술 개발 초기부터 기존 개발 과정에서의 참여가 낮거나 소외된 그룹(예: 장애인)의 목소리를 반영하고, 이들이 기술 설계의 주체로 참여할 수 있는 구조를 마련한다. 장애인을 대상으로 한 사용자 테스트를 활성화하고 피드백 수집을 강화하는 것이 좋은 예이다. 또한 기존 기술이 주로 비장애인을 중심으로 설계되며 발생한 데이터의 편향성을 해결하기 위해, 소외된 그룹의 데이터를 의도적으로 확대하여 수집하고 분석한다. 현재 미국 일리노이 대학의 연구팀이 Amazon, Apple, Google, Meta, Microsoft와 같은 빅테크 기업의 지원으로 진행하고 있는 Speech Accessibility Project[3]가 좋은 예가 될 수 있는데, AI 기반

3 미국 일리노이 대학(UIUC)의 Speech Accessibility Project는 다양한 음성 패턴을 가진 사람들을 위한 음성 인식 기술을 개선하는 것을 목표로 하는 프로젝트로 장애와 관련된 음성

음성 인식 기술에서 발음이 명확하지 않은 사용자의 데이터를 포함해 학습 알고리즘의 편향성을 줄이는 방식으로, 기술의 포용성을 구현하고자 한다. 또한, 적응성과 유연성을 강화하여, 특정 사용자 그룹의 필요를 충족할 수 있는 개별화된 기술을 설계하는 것이 포용기술의 주요한 방향이다. 예를 들어, 인지장애 학생을 위한 학습 도구는 사용자가 단계를 하나씩 따라가도록 직관적이고 명확한 인터페이스를 제공하며, 동시에 비장애 학생들도 쉽게 사용할 수 있도록 설계하는 것이다.

포용기술은 "One size doesn't fit all(하나의 방식이 모두에게 맞을 수는 없다)"[4] 이라는 철학을 바탕으로, 보편적 접근성과 개별화된 지원 간의 균형을 추구한다. 보편적 접근성은 특정 장애를 넘어 모든 사용자가 기술 혜택을 누릴 수 있도록 설계하는 것으로, 학습 자료를 텍스트, 오디오, 비디오 등 다양한 형식으로 제공하여 각기 다른 학습 스타일을 가진 학생들이 활용할 수 있도록 한다. 반면, 개별화된 지원은 필요한 경우 특정 사용자 그룹의 고유한 요구를 충족하는 특수화된 솔루션을 제공하는 것으로, 예를 들어 인지장애를 가진 학생에게 단계별 학습 안내와 오류를 줄이기 위한 보완적 힌트를 제공함으로써 보다 세밀한 지원을 가능하게 한다. 즉, 포용적 설계는 기술이 특정 사용자에만 국한되지

패턴을 반영하기 위해 음성 샘플을 수집하고, 이를 기반으로 기계 학습 모델을 훈련시켜 포용적인 음성 인식을 구현하는데 목적을 둔다(https://speechaccessibilityproject.beckman.illinois.edu/).

4 모든 사람에게 동일한 접근이 적합하지 않음을 강조하는 표현으로, 평균적 설계의 한계를 보여준다. 특히, 미국 공군이 조정사들의 평균 사이즈에 맞추어 설계한 전투기가 어느 조종사에게도 맞지 않는 실패를 겪은 사례는 이 철학의 대표적 예이다. 이는 개별화된 접근의 중요성을 부각하며, 포용적 설계의 필요성을 시사한다.

않고 더 넓은 교육적 가치를 가지도록 함과 동시에, 필요한 경우 특정 사용자 그룹의 고유한 요구를 충족하기 위해 개별화와 특수화도 중요하다.

3) 디지털 디바이스와 소프트웨어의 선택 기준 및 활용 사례

이러한 보편성과 개별화의 균형은 특수교육에서 사용되는 디지털 디바이스와 소프트웨어의 설계와 선택 기준에서도 구체적으로 드러난다.

앞서 언급된 바와 같이, 디지털 기술은 접근성, 사용성, 적응성을 주요 기준으로 선택되어야 한다. 접근성은 모든 사용자가 물리적 또는 기술적으로 디바이스를 활용할 수 있는지를 보장하며, 예를 들어 터치스크린뿐만 아니라 음성 명령 입력을 지원하는 것이 해당된다. 사용성은 직관적이고 명확한 인터페이스를 제공하는 것을 의미하며, 최소한의 학습 곡선으로 기술을 이해하고 사용할 수 있어야 한다. 적응성은 각 사용자의 필요에 따라 기능을 조정할 수 있는 유연성을 포함하며, 텍스트 크기 조정이나 색상 반전 기능과 같은 옵션이 대표적이다.

포용적 기술의 사례는 이러한 원칙을 구체적으로 반영하고 있다. 청각장애인을 위한 자막과 실시간 번역 기술은 단순히 접근성을 높이는 데 그치지 않고, 다언어 환경에서도 사용성을 증대시켜 모든 사용자에게 유익한 기능으로 발전하고 있다. 또한, 음성, 터치, 키보드와 같은 다양한 입력 방식을 지원함으로써 장애를 가진 사용자뿐만 아니라 다양한 상황에서 기술을 활용하는 모든 사용자의 편의를 증진시킨다. 이와 함께, AI를 활용한 데이터 기반 접근성 강화는 사용자 데이터를 분석하여 개인화된 학습 경험을 제공함으로써 기술이 보편성과 개별화를 동시에 실현하도록 돕는다.

이러한 디지털 기술의 설계와 활용은 단순히 특정 그룹의 장애를 극복하는 데 그치지 않고, 기술의 혜택이 모든 사용자에게 확산될 수 있도록 하는 데 기여한다. 포용적 기술의 설계 철학과 구체적인 사례는 보편성과 개별화의 균형을 이루는 방법을 보여주며, 특수교육 환경에서의 효과적인 기술 통합을 가능하게 한다.

4) 강점 기반 접근: 학생의 강점과 잠재력 활용

포용 기술은 강점 기반 접근을 통해 장애인을 기술 설계의 수동적 수혜자가 아닌 능동적 참여자로 인정한다. 이는 장애를 단순히 결핍으로 보는 시각에서 벗어나, 기술을 통해 장애인의 강점과 잠재력을 발휘할 수 있는 기회를 제공하는 것을 목표로 한다.

강점 기반 접근의 핵심은 설계 단계에서 장애인의 적극적인 참여를 보장하는 것이다. 예를 들어, 청각장애인을 포함한 사용자들이 실시간 자막 기술 개발에 참여하여 자주 사용하는 표현이나 수어 데이터베이스를 구축하면, 기술의 정확성과 사용성을 크게 개선할 수 있다. 이와 같은 참여는 기술이 장애인의 실제 필요를 더 잘 반영하도록 돕는 동시에, 기술 개발 과정에서 장애인을 중요한 설계 주체로 인정하는 변화를 가져온다.

또한, 기술의 적응성을 확장하여 개별 사용자의 선호와 필요에 맞춘 지원을 제공하는 것도 강점 기반 접근법의 중요한 요소다(김주성, 이영선, 2024). 예를 들어, 시각장애인을 위한 텍스트 설명 기술이 단순히 음성으로 내용을 전달하는 데 그치지 않고, 사용자가 간단한 요약 또는 상세한 설명 중 하나를 선택할 수 있도록 설계된다면, 보다 맞춤화된 학습 경험을 제공할 수 있을 것이다.

이처럼 포용 기술은 단순히 장애인의 강점을 활용하는 것에 멈추지 않는다. 장애인들이 기술 설계의 모든 단계에 능동적으로 참여하며, 강점과 필요를 정의하는 데 주도적인 역할을 할 수 있도록 보장하는 것이 핵심이다. 이를 통해, 기술은 사용자의 필요를 충족시키는 수단을 넘어, 장애인들이 자신의 잠재력을 발휘하고 사회에 적극적으로 기여할 수 있는 도구로 발전할 수 있다.

5) 모두가 쓸 수 있는 기술을 위한 포용 공학의 방향

포용 공학은 가능한 한 많은 사용자의 필요를 충족하기 위해 편향적이지 않은 설계를 목표로 한다. 이는 기술 설계 초기 단계에서부터 다양한 사용자의 목소리를 반영하고, 실제 사용 경험을 통해 설계의 적합성을 검증하는 과정을 포함한다. 동시에, 포용 공학(Inclusive Engineering)은 단순히 "모두를 위한 기술"을 설계하는 것을 넘어, 소외된 집단이 기술 설계의 중심에서 주체적인 역할을 할 수 있도록 설계하고 실행한다. 이는 보조공학의 특수성을 유지하면서도, 더 넓은 사용자 집단을 포괄하는 방향으로 나아가야 함을 의미한다. 동시에 기술의 사용이 장벽이 되지 않도록, 특정 사용자 그룹의 요구를 반영하면서도, 기술의 적용 가능성을 최대화하는 유연한 구조를 제공한다.

포용 기술은 장애를 결핍으로 보는 시각을 넘어, 기술을 통해 학생들의 강점을 발굴하고 발휘할 수 있도록 돕는다. 이는 장애인을 기술 설계의 수동적 수혜자가 아닌 능동적 참여자로 인정하는 강점 기반 접근을 강조한다. 또한, 포용적 설계의 철학에 따라, 포용 기술은 단순히 장애 학생의 강점을 활용하는 데 그치지 않고, 설계 과정에서 이들의 강점과 필요를 정의하는 역할을 장애인들이 직접 수행할 수 있도록 보장한다. 이는 기술이 사용자 중심의 철학을 넘어, 사용자 주체성을 강화하는 방향으로 나아가도록 한다.

다시 말해, 포용 공학은 단순히 접근성을 높이는 것을 넘어서, 기술을 통해 사용자가 자신의 환경에서 주체적으로 학습하고 활동할 수 있는 기회를 제공한다. 이는 모든 학생, 특히 장애 학생들이 학습 환경에 단순히 접근하는 데 그치지 않고, 그 환경에서 자신의 강점과 잠재력을 발휘할 수 있도록 하는 데 초점을 맞춘다.

결국, 포용적 기술은 "모두를 위한 기술"과 "모든 사람에게 맞춘 기술"의 균형을 유지하며 발전해야 한다. 이러한 기술은 인간 중심의 교육 철학과 결합하여, 소외된 집단이 기술의 혜택에서 배제되지 않도록 보장하며, 진정한 포용적 사회를 구현하는 데 기여할 수 있다. 포용 공학은 교육, 기술, 사회적 평등을 아우르는 종합적 접근으로, 장애 학생들이 사회적 자율성과 자신감을 키울 수 있도록 돕는 촉진제 역할을 할 것이다.

4 AI 디지털교과서 시대, 특수교육대상자를 위한 기술 적용 방향

AI 디지털교과서(AI Digital Textbook)는 디지털 전환 시대에 교육의 새로운 장을 열고 있다. 그러나 일반교육과 달리 특수교육에서는 단순히 효율성을 추구하는 데 그치지 않고, 세밀한 개별화와 맞춤형 지원을 통해 장애 학생 개개인의 학습 경험을 극대화하는 것이 핵심이다. 이 절에서는 특수교육의 AI 디지털교과서의 도입과 관련된 기대, 원칙, 그리고 성공적인 통합 방안을 논의하고자 한다.

① AI 디지털교과서가 가져올 특수교육의 변화와 가능성

AI 디지털교과서는 특수교육의 전통적 강점인 개별화교육을 더욱 발전시킬 가능성을 지니고 있다. AI 기술은 학생의 학습 데이터를 분석하여 강점과 가능성을 보다 명확히 파악하고, 이를 바탕으로 학습 활동을 더욱 의미 있게 설계할 수 있다. 단순히 문제를 맞추고 틀린 결과에 따라 다음 단계를 추천하는 수준이 아닌, 특수교육대상학생이 문제를 풀지 못했을 때 그 기초가 되는 하위 단계를 세분화하여 추가적인 자료와 함께 학습 기회를 제공할 수도 있고, 이 학생의 개별화교육계획(IEP)에서의 주요한 목표들과 연계하여 의미 있는 대안적 활동을 제시할 수도 있을 것이다.

또한, 이 과정에서 AI 디지털교과서는 교사가 학습 진도 체크나 자료 수집과 같은 반복적 업무에서 벗어나 학생과의 상호작용에 집중할 수 있도록 돕는다. 예를 들어, AI는 학습 자료를 더 넓은 범위에서 적절한 자료를 선별하여 제안하며, 학생의 수준이나 선호를 반영할 수 있게 자동화하고, 학생의 학습 진행 상황을 효율적으로 모니터링할 수 있다면, 교사는 제안된 자료에 대한 마지막 점검 정도만 하며, 학생의 정서적·사회적 요구를 더 깊이 살펴보고 의미 있는 학습 경험을 설계할 시간과 기회를 마련해줄 수 있다.

이처럼 AI 디지털교과서는 단순히 기술을 활용하는 데 그치지 않고, 특수교육의 본질적 목표인 학생 개개인의 성장과 학습의 질을 높이는 데 기여할 수 있을 것으로 기대해볼 수 있다. 이러한 가능성은 AI 디지털교과서가 특수교육에서의 개별화와 맞춤형 접근을 한 단계 더 발전시키는 촉진제가 될 수 있음을 보여준다. 그러나 이 모든 잠재력을 실현하기 위해서는 이를 효과적으로 설계하고 구현하기 위한 명확한 원칙과 방향성이 필요하다.

② 특수교육에서의 AI 디지털 코스웨어 도입 및 적용을 위한 원칙

특수교육에서 AI, 디지털 기술의 성공적인 적용은 단순히 기술을 도입하는 것에 그치지 않는다. 학생 개개인의 특성과 필요를 반영한 설계와 실행이 필수적이며, 이를 위해 다음 세 가지 원칙을 중심으로 한 접근이 필요하다.

1) 진정한 개별화의 실현

특수교육에서 개별화는 단순히 성취도 기반으로 다음 단계를 추천하는 것 이상의 의미를 가진다. AI, 디지털 기술을 활용한 개별화 역시 학생의 학습 과정을 분석하고, 어려움을 겪는 단계에 대해 다차원적이고 세밀한 지원을 제공해야 한다. 예를 들어, 수학 문제 하나를 풀지 못한 학생에게 단순히 낮은 수준의 문제를 추천하는 것이 아니라, 문제 해결 과정에서 필요한 특정 기술(예: 연산 능력 vs. 문제 해석 능력 등)을 파악해 이를 강화할 학습 활동을 설계해야 한다. 또한 이 과정에서 모든 학생이 자신의 학습 경로와 도구를 선택하고, 개인화할 수 있는 충분한 선택지가 제공되어야 하며, 학생의 강점과 잠재력을 중심으로 학습 경험을 설계해야 한다. 이러한 접근은 학생의 약점을 보완할 뿐만 아니라, 강점을 발휘할 수 있는 방향으로 개별화교육을 발전시킨다.

2) 학습 과정을 보는 새로운 관점

일반교육에서의 AI 디지털 코스웨어가 학습 성과 데이터를 기반으로 학생의 성취도를 평가하고 이를 다음 학습 단계에 반영했다면, 특수교육에서는 학습 과정 자체에 주목해야 한다. 학생이 문제를 풀어가는 방식, 시간을 소모하는 부분, 교사나 도구와의 상호작용 데이터를 분석함으로써 학습 과정을 면밀히 이해하고 지원하는 방향으로 나아가야 한다.

또한 디지털 기술은 단순히 성취도를 측정하거나 학습 진도를 추적하는 데 그치는 것이 아니라, 학생들의 창의성을 자극하고 학습 동기를 강화하는 방향으로 설계되어야 한다. 예를 들어, AI를 활용한 게임화된 학습 플랫폼은 학습자를 능동적 참여자로 전환하고, 문제 해결 능력과 협업 기술을 강화할 수 있다. 또한 학생들이 주도적으로 자신의 학습 경로를 설정하고, 강점을 발휘할 수 있는 환경을 제공함으로써 학습 만족도를 높일 수 있다.

3) 설정과 맞춤화의 유연성

특수교육에서 AI 기반 교수-학습 플랫폼은 모든 학습자가 스스로 설정을 조정하고, 학습 환경을 개인화할 수 있도록 유연한 설계를 제공해야 한다. 예를 들어, 시각 장애 학생이 텍스트 크기를 자유롭게 조정하거나, 청각장애 학생이 자막의 속도와 크기를 설정할 수 있는 옵션을 제공해야 한다. 또한 인지에 어려움을 가지는 학생을 위한 단계별 학습 안내와 보완적 힌트를 제공할 수 있는 인터페이스도 좋은 예가 될 수 있다. 이와 같은 유연한 설정과 맞춤화는 모든 학생들이 자신의 학습 환경을 주도적으로 설계하고, 개별화된 학습 경험을 얻을 수 있도록 돕는다. 이는 학생들의 자율성과 독립성을 강화하며, 포용적이고 효과적인 학습 환경을 조성하는 데 핵심적인 역할을 한다.

이상의 세 가지 원칙은 AI 디지털 코스웨어가 특수교육에서 단순한 도구를 넘어, 학생 개개인의 성장과 학습의 질을 높이는 핵심적인 역할을 수행할 수 있도록 하는 기반이 된다. 향후 장애 학생을 위한 AI 기반의 교수-학습 솔루션은 이러한 원칙을 바탕으로, 특수교육의 전통적 강점을 더욱 강화하고, 학생들의 잠재력을 최대한 발휘할 수 있는 환경을 만들어 나가야 할 것이다.

❸ AI 시대, 더욱 중요해진 특수교사의 역할

AI 시대에도 교사의 역할은 여전히 중요하다. AI가 학습 데이터를 분석하고 맞춤형 콘텐츠를 제공하더라도, 학생의 정서적 상태와 학습 의지를 이해하고 격려하는 것은 사람만이 할 수 있는 일이다. AI는 교사가 학생을 더 잘 지원할 수 있도록 시간과 노력이 많이 드는 수업과 자료의 준비나 반복적인 업무를 처리하며 보조 역할을 수행해야 한다. 예를 들어, 수업을 위한 준비를 하는 과정에서 두세 가지 수준의 학습자료를 준비할 수 있다면 AI를 활용할 경우, 교실의 학습자의 요구와 수준을 반영한 훨씬 다양한 수준과 유형의 학습자료를 생성하는 것이 가능할 것이다. 또한, AI 및 디지털 기술이 학생의 학습이나 행동 기록을 자동으로 요약하고 시각화하여 교사에게 제공하면, 교사는 이를 바탕으로 학생과의 대면 시간을 보다 의미 있게 활용할 수 있다.

과거와는 차원이 다른 기술의 활용 범위와 잠재력을 고려할 때, 이를 어떻게 사용할 것인지에 대해서는 훨씬 깊은 고민이 필요하다. 특수교육에서 AI 디지털 코스웨어는 개별화교육을 더욱 정교하게 지원할 잠재력을 가지고 있다. 그러나 기술이 모든 문제를 해결할 수는 없다. 사람과 기술의 조화로운 통합만이 장애 학생들이 자신의 잠재력을 최대한 발휘할 수 있는 학습 환경을 만들 수 있다.

특수교육에서의 AI 및 디지털 기술은 장애 학생들에게 단순한 효율성이 아닌, 진정으로 포용적이고 개인화된 학습 경험을 제공하는 길을 열어야 한다. 이를 실현하기 위해서는 교사가 기술의 선택과 활용 과정에서 자신의 교육적 철학을 명확히 이해하고 이를 실천하는 역량을 갖추어야 한다. 또한 교사는 AI 및 디지털 기술을 단순히 사용하는 데 그치지 않고, 이를 통해 학생의 잠재력을 최대한 발휘할 수 있는 학습 환경을 설계하고 조정하는 중심적인 역할을 수행해야 한다.

결론적으로, AI 및 디지털 기술은 특수교육의 전통적 강점인 개별화와 맞춤형 교육을 강화하는 도구로 기능할 수 있지만, 그 성공은 교사의 교육적 통찰과 기술의 조화로운 활용에 달려 있다. 기술이 교사의 역량을 확장하고, 학생들과의 상호작용을 더욱 풍부하게 만들 때, 특수교육은 진정한 포용성과 개인화를 실현할 수 있을 것이다.

· 참고문헌 및 사이트

· 권정민, 이영선(2023). ChatGPT시대 인공지능교육정책의 문제점 고찰. 인공지능인문학연구, 13, 9-38.

· 권지은, 김주성, 이영선(2023). 발달장애인의 질병표현을 돕는 의료용 AAC 도서 사례 분석 및 모바일 프로토타입 제안. 디지털콘텐츠학회논문지, 24(1), 91-101.

· 김주성, 이영선(2024). 디지털 격차 해소를 위한 실제적 접근: 발달장애인을 위한 VR 기반 신체활동 프로그램 개발 및 적용. 디지털콘텐츠학회논문지, 25(4), 843-853.

· 이영선, 권정민(2021.12.4.). 스위치에서 AI까지: 장애학생의 통합을 위한 공학적 접근. 이화여자대학교 특수교육과 창립 50주년 기념 학술대회/ 제21회 이화특수교육 학술대회, 서울.

· 최진, 김주성, 가현욱(2023). 스크린리더(Screen Reader) 사용자 관점에서의 메타버스 플랫폼 접근성 실태 분석.디지털콘텐츠학회논문지,24(3), 473-488.

· Lee, B., & Lee, Y. (2024, January, 17-19.). Bridging communication gaps by employing LLMs to support individuals with ASD. 25th International Conference on Autism, Intellectual Disability & Developmental Disabilities, Honolulu, Hawaii, United States of America.

· 국립특수교육원 에듀에이블. (n.d.). 교육용 보조공학 안내. Retrieved from https://www.nise.go.kr/sub/info.do?m=040101&page=0303011&s=eduable&utm_source=chatgpt.com

· U.S. Congress. (2022). 21st Century Assistive Technology Act. Retrieved from https://ataporg.org/at-act-info

CHAPTER 3

PART 01

▶ 디지털 기반 특수교육의 이해

▶ 이대송

1 특수교육 디지털 교육 관련 정책

❶ 제6차 특수교육발전 5개년 계획('23~'27)

2022년 11월 28일(월) 교육부는 '장애 학생 맞춤형 교육을 특수교육에 국가 책임을 다하다'라는 제목으로 '제6차 특수교육발전 5개년 계획(2023~2027)'을 발표했다. 이번 계획의 추진 전략 중 '3. 개별 맞춤형 특수교육 확대'의 주요 과제인 '3-1. 에듀테크 활용 맞춤형 교육과정 운영'에서는 '장애 학생 맞춤형 디지털 교육'과 '특수교육 플랫폼 운영'을 제시했다.

> '장애 학생 맞춤형 디지털 교육'이란 AI와 에듀테크를 활용하여 장애 학생을 위한 맞춤형 학습 환경을 조성하고, 지능형 로봇 활용을 확대하며, 디지털 미디어 문해교육 강화를 목표로 한다.

이를 위해 장애 유형과 특성을 고려한 AI형 에듀테크(AI 학습보조 로봇, AI 스피커, AI 스마트 기기 등)와 실감형 콘텐츠를 보급하고, SW·AI 교육자료 개발을 2023년 2종에서 2025년 6종, 2027년에는 10종으로 확대할 예정이다.

[그림 1.4] 제6차 특수교육발전 5개년 계획 비전 및 주요과제

출처: 교육부(2022a). 제6차 특수교육발전 5개년 계획 비전 및 주요과제. p11

(SW·AI 교육자료 추진 사례) SW·AI 교육자료는 2019년 '나랑 놀자! 소프트웨

어(시각장애 학생용), '나랑 놀자! 소프트웨어(청각장애 학생용), '나랑 놀자! 소프트웨어(지체장애 학생용)', '나랑 놀자! 소프트웨어(발달장애 학생용)' 4종, 2020년 '나랑 놀자! 소프트웨어 교과연계(언플러그드)', '나랑 놀자! 소프트웨어 교과연계(피지컬컴퓨팅)' 2종, 2021년 '나랑 놀자! SW교육(문제해결중심 SW교육)', '나랑 놀자! AI 교육(AI 교육 시작하기)' 2종, 2022년 '나랑 놀자! 피지컬 컴퓨팅', '나랑 놀자! AI교육 심화' 2종, 2023년 '나랑 놀자! AI 융합 교육(초등학생용)', '나랑 놀자! 메이커 융합 교육(초등학생용)' 2종, 2024년 '나랑 놀자! AI 융합교육(중·고등학생용)', '나랑 놀자! 메이커 융합 교육(중·고등학생용)' 2종, 주제로 개발되어 에듀에이블 누리집에서 활용할 수 있다.

[그림 1.5] 2023~2024년 개발된 에듀에이블 누리집 내 SW · AI교육 콘텐츠

2023년 AI 융합교육 콘텐츠

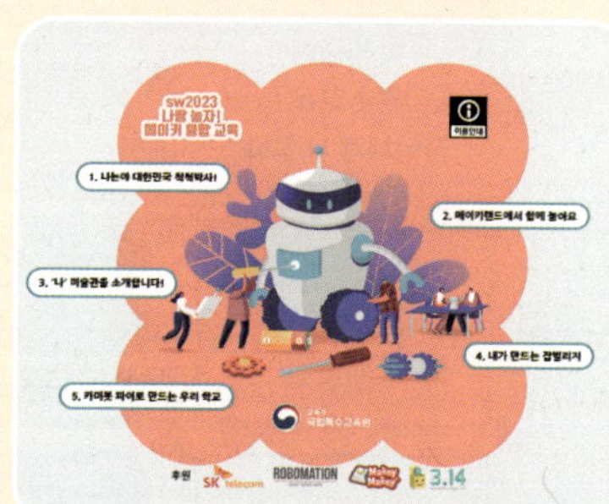

2023년 메이커 융합 교육 콘텐츠

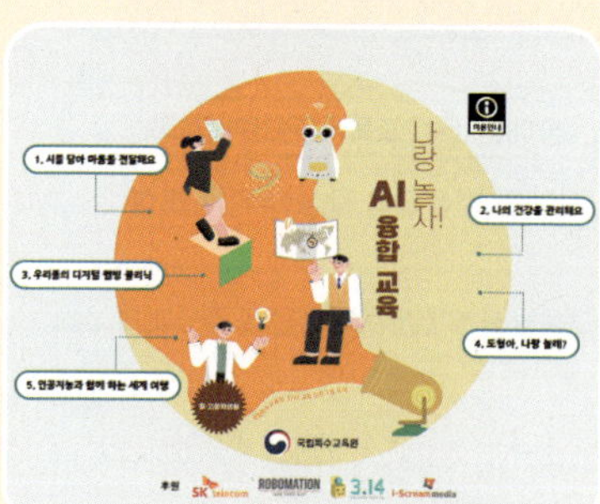

2024년 AI 융합교육 콘텐츠

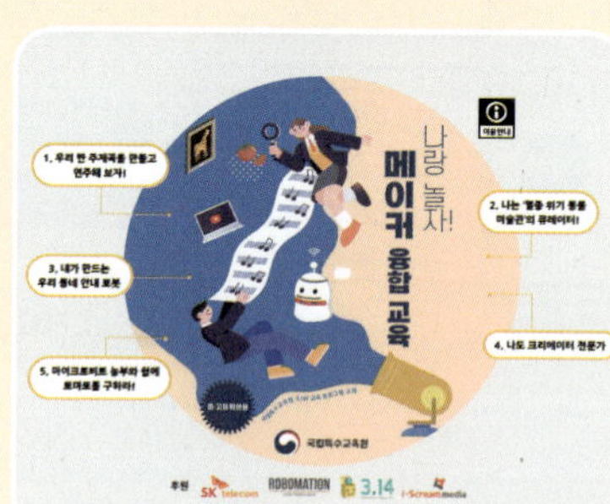

2024년 메이커 융합 교육 콘텐츠

첨단 기술을 연계한 장애 학생 맞춤형 에듀테크 체험 기회를 제공하기 위해 실감형 콘텐츠 체험교실을 구축 및 체험버스 운영을 확대하여, 2022년 73개 기관에서 2027년 143개 기관으로 체험교실을 구축하고, 체험버스 운영 횟수도 2023년 70회에서 2027년에 350회로 증가할 계획이다.

[그림 1.6] 장애 학생 디지털 혁신 기술 지원 환경 구축 및 활용 사례

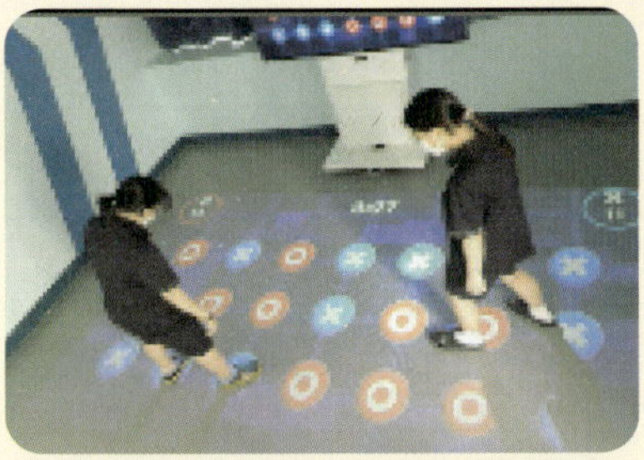

모션인식 및 액션플로우 활용 신체활동

메타버스 활용 수학 교과 수업

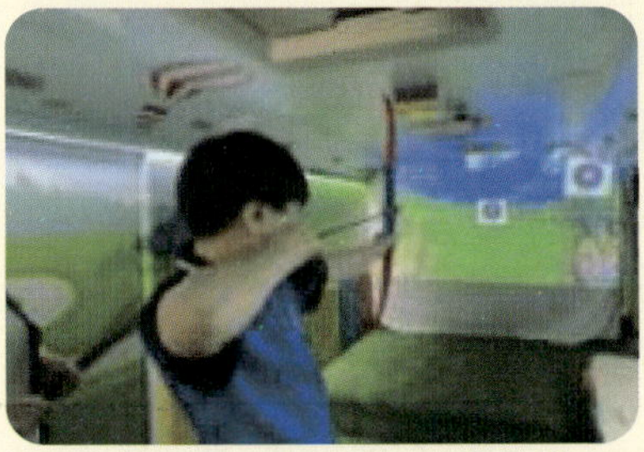

XR 스마트 스크린 체험(체험버스)

바이브 VR체험(체험버스)

출처: 교육부(2022a). 제6차 특수교육발전 5개년 계획('23-'27) p.23.

이와 함께 지역 내 AI 활용 및 융합교육의 거점 역할을 수행할 'AI 교육 선도 특수학교'를 지정·운영하여, 2023년 5교에서 2025년 17교, 2027년에는 34교로 확대하고 교원의 디지털교육 역량을 강화하기 위한 연수 기회도 지속적으로 확대하여 장애 학생 교육의 질적 향상을 도모할 예정이다.

장애 학생의 의사소통 능력 향상, 정서적 안정, 학습 흥미 유발 등 일상생활과 교육 지원을 위한 지능형 로봇 활용을 확대할 예정이다. 더불어 지역 및 민간 인프라를 활용하여 드론-로봇 등을 체험할 수 있는 체험형 교육 프로그램을 지역 SW교육기관 방문, 찾아가는 교육 프로그램, 장애 학생 SW대회 개최 등 다양한 형태로 제공할 예정이다.

[그림 1.7] 희망학교 소프트웨어 교실(민간협업 사례)

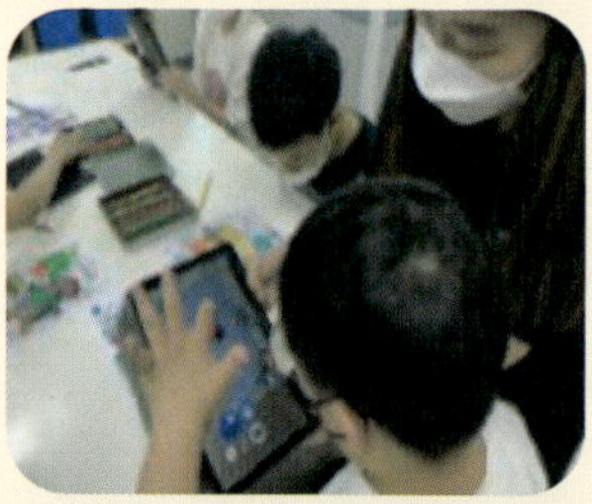

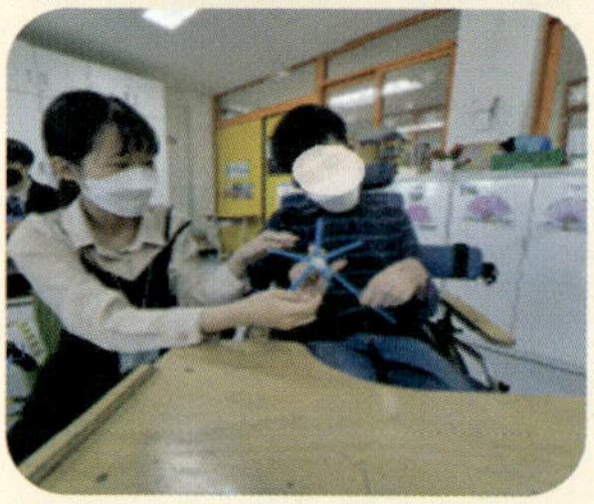

- **대상**
  : 전국 특수학교
- **프로그램**
  : SW개발, ICT, 체험형 프로그램
- **내용**
  ① 실생활에 필요한 로봇과 SW 개발(코딩)
  ② 다양한 디지털기기 활용법
  ③ 스마트 앱 활용 SNS 소통 능력 강화

출처: 교육부(2022a). 제6차 특수교육발전 5개년 계획('23-'27) p.24.

일상생활에서 필요한 장애 학생의 디지털 문해력을 강화하고 정보격차를 해소하기 위해 다양한 교육자료를 개발하고 보급하며, 전문가인 디지털 튜터를 지원할 예정이다. 장애 학생 정보화 교육자료는 2023년에 2종, 2025년 6종, 2027년 10종으로 개발할 예정이다.

'특수교육 플랫폼 운영'이란 장애 학생 맞춤형 교육 플랫폼을 개발해 운영하고, 건강장애 학생의 학습권을 보장하기 위한 원격교육 플랫폼 운영을 목표로 한다.

(장애 학생 맞춤형 교육 플랫폼 추진 사례) 장애 학생 맞춤형 교육 플랫폼인 '열림배움터'는 다양한 교육 콘텐츠와 학습관리시스템 기능을 제공하는 특수교육 디지털 교육지원 플랫폼이다. 유·초·중·고 특수교육대상학생 참여형 공공 학습관리시스템으로 운영되며, 온·오프라인 연계 교수·학습 및 평가로 학생 개별 맞춤형 지원이 가능하다. 기본 교육과정 기반 콘텐츠와 의사소통교육 등 다양한 자료를 제공하며, 소통을 통해 교사와 보호자가 함께 학생의 교육적 성장을 지원할 수 있다.

[그림 1.8] 열린배움터 주요 서비스 안내

온라인 수업

특수교육 전문 이러닝 콘텐츠를 활용하여 학생 수준별 학습 설계 및 학생출석, 온라인 수업진도 등 학생 학습관리 및 운영

화상 수업

온라인 기반으로 실시간 화상수업을 제공하는 서비스로, 수업특화 개별화 수업 및 수업 판서기능, 주의환기 / 도움 요청 / 실시간 채팅 기능 지원

교실 수업

서책형 교재 등 실물형 학습교재와 e러닝 콘텐츠 병행 활용이 가능하여 오프라인 기반 전통적 교육과 디지털 교육의 통합 운영 환경 제공

개별화수업 지원

장애 유형 및 특성에 따른 개별화 수업 운영, 교사 협력 수업, 학생별·수준별 학습자료 관리 기능 제공

의사소통교육 지원

의사소통 역량 향상을 위한 서비스로, 교사가 그림 상징으로 구성한 질문에 학생이 상징을 선택하여 소통할 수 있는 기능 제공

특수교육 교육과정 기반 학습자료 제공

온라인 기반으로 실시간 화상수업을 제공하는 서비스로, 수업특화 개별화 수업 및 수업 판서기능, 주의환기 / 도움 요청 / 실시간 채팅 기능 지원

화상 회의

학생의 교육 활동 지원을 위한 교내 회의 등에 활용할 수 있는 소규모 화상회의 서비스 제공

상담센터 운영

교사 및 학생, 보호자의 실시간 사용자 문의 응대 등을 위한 상담센터 설치 및 전용 상담전화 운영 (053-609-7020, 09:00-17:00)

출처: 열린배움터 누리집 https://class.nise.go.kr/hre/cm/mcom/hreIntroduce.do

열린배움터는 교사의 온라인 수업을 위해 장애학생이 비대면 원격수업에 참여할 수 있도록 특수교육 교육과정 학습관리 서비스와 화상 수업 서비스, 그림 상징 기반의 의사소통 지원 서비스를 제공하고, 교실 수업을 위해 서책형 교육자료와 디지털 교육자료의 선택과 병행 사용이 가능한 교육 환경 및 온·오프라인 교육의 통합 운영 환경을 제공한다.

[그림 1.9] 열림배움터 교사 온라인 수업 서비스 안내

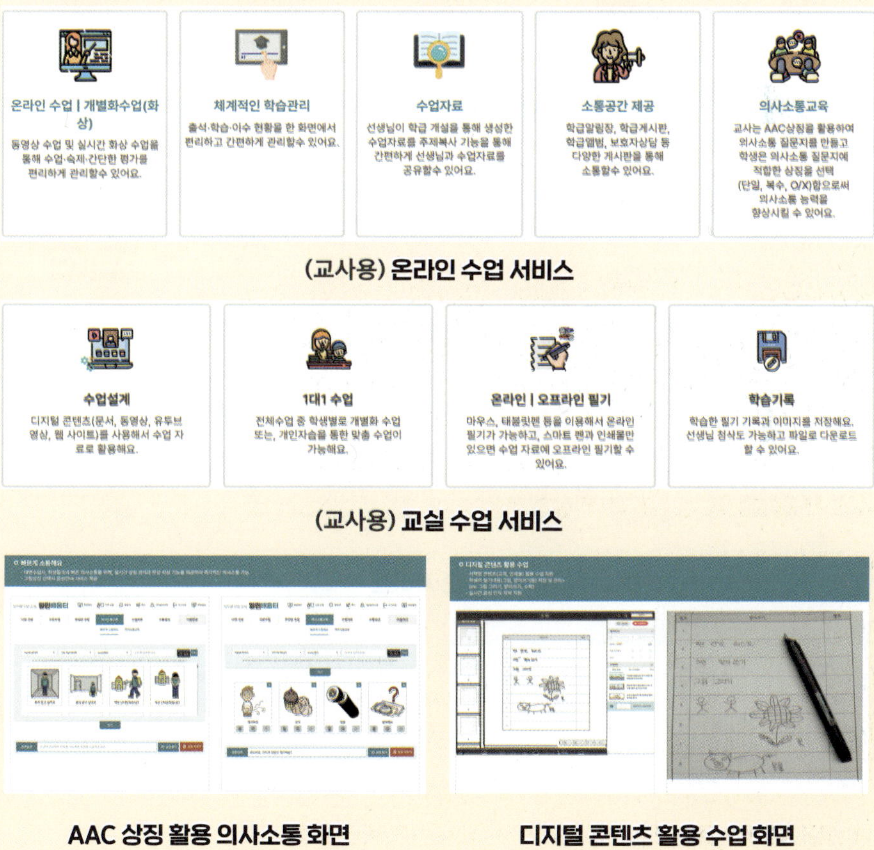

출처: 열림배움터 누리집 https://class.nise.go.kr/hre/cm/mcom/serviceIntro.do

열린 배움터는 학생의 온라인 수업을 위해 오늘의 학습, 나의 수업, 자율학습, 그림 상징을 활용한 의사소통 교육 및 상징 놀이 서비스를 제공하고 보호자를 위해서는 학습지도 서비스를 제공한다. 보호자 학습지도 서비스란 자녀의 학습지도를 위한 학습 진행과 출석 상황을 모니터링하고, 학교 알림장을 통한 교사와의 소통 및 가정통신문 등의 서비스를 말한다. 보호자 상담 서비스를 통해 교사가 설정해 둔 상담 가능 시간을 요청할 수도 있다.

[그림 1.10] 열림배움터 학생, 학부모 온라인 수업 서비스 안내

출처: 열림배움터 누리집 https://class.nise.go.kr/hre/cm/mcom/serviceIntro.do

장·단기 결석이 불가피한 건강장애 학생의 학습권 보장을 위해 맞춤형 원격교육 플랫폼을 운영한다. 2022년에는 학습데이터 활용 체계와 교사용 대시보드를 구축하고, 2023년에는 학생용 대시보드를 구축한다. 2024년에는 AI 보조교사를 도입하여 학생들에게 더욱 개인화된 학습 지원을 제공할 예정이며, 2025년부터 2027년까지는 맞춤형 학습 지원 기능을 고도화할 계획이다.

[그림 1.11] 스쿨포유 누리집(초등학교, 중학교, 고등학교)

스쿨포유(초등학교) 스쿨포유(중학교) 스쿨포유(고등학교)

(원격교육 플랫폼 추진 사례) 맞춤형 원격교육 플랫폼인 '스쿨포유'는 건강장애 학생들이 시간과 장소에 구애받지 않고 편리하게 학습하고 출석을 인정받을 수 있도록 지원하는 원격수업기관이다. 스쿨포유 누리집은 초등학교, 중학교, 고등학교별로 운영되고 있다. 스쿨포유에서는 동영상 수업, 화상 수업(실시간 쌍방향 수업), 학습더하기, 출결 관리, 온라인 선생님의 관리 및 학습 지원이 가능하다.

[그림 1.12] 중등 스쿨포유 영역별 화면

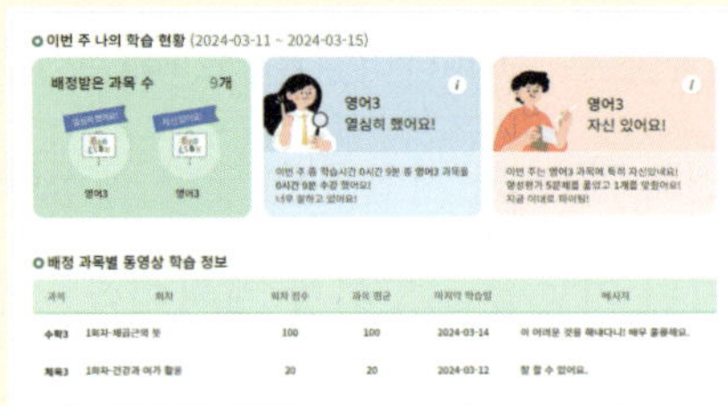

중등 스쿨포유 학습이력 화면

중등 스쿨포유 나의 별점 화면

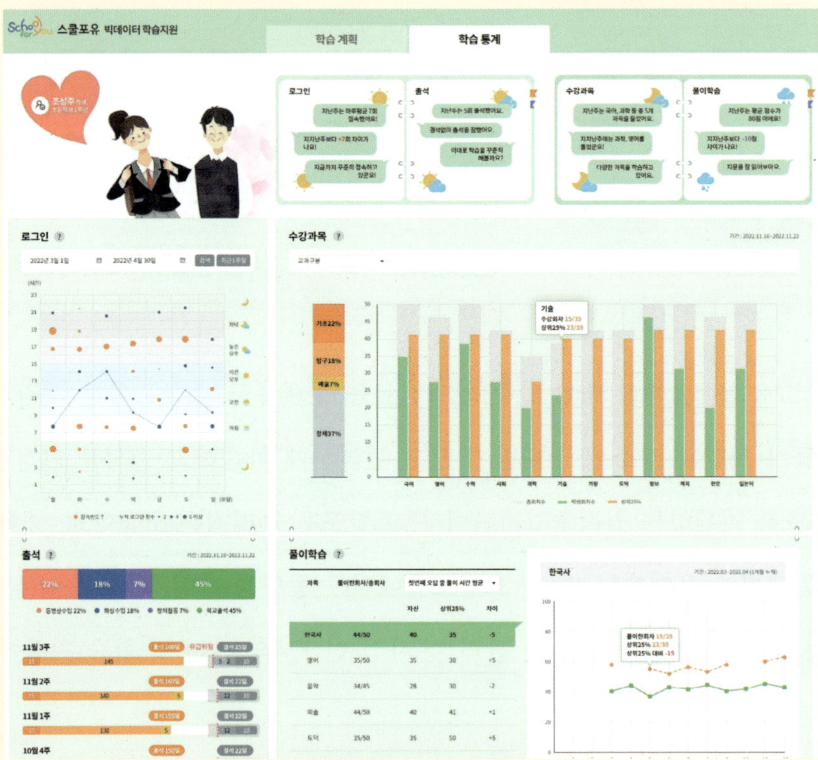

중등 스쿨포유 학습 분석 화면

출처: 한국교육개발원(2024). 중등과정 학생·학부모용 스쿨포유 가이드북 pp.35-38.

❷ 2022 개정특수교육 교육과정 총론

2022년 12월 22일 목요일, 교육부는 '2022 개정 초·중등학교 및 특수교육 교육과정'을 확정·발표하였으며, 이번 개정 교육과정에서는 미래 사회가 요구하는 역량을 효과적으로 함양할 수 있는 교육과정을 구현하고 디지털 및 AI 교육 환경에 적합한 교수·학습 및 평가 체제를 구축하는 것을 기본 방향으로 제시하면서, 이에 대한 세부적인 내용을 포함하고 있다. 2022 개정 교육과정의 기본 방향과 세부 내용은 아래와 같다.

[표 1.4] 2022 개정 교육과정의 기본 방향

① 미래 사회가 요구하는 역량 함양이 가능한 교육과정
- 미래 사회 변화에 대응할 수 있는 기초소양과 역량을 함양할 수 있도록 교육과정을 개선 - 디지털 대전환 시대로의 전환에 대응할 수 있도록 인공지능·소프트웨어 교육을 비롯한 디지털 기초소양을 강화 - 정보교육 시수를 확대
② 학습자의 삶과 성장을 지원하는 교육과정
③ 지역·학교 교육과정 자율성 확대 및 책임 교육 구현
④ 디지털·AI 교육 환경에 맞는 교수·학습 및 평가체제 구축
- 원격교육의 확대 및 디지털 시대 교육환경 변화에 부합하는 미래형 교수·학습 방법과 평가체제를 구축할 수 있도록 교육과정 개선 - 인공지능의 발달 등 디지털 전환 시대에 대응하여 디지털 원격교육, 수업용 소프트웨어 활용 등 에듀테크를 활용한 수업 설계 - 학습자의 성장을 지원하고 부족한 점을 개선하는 데 도움을 줄 수 있는 평가체제의 구축과 빅데이터 분석을 활용한 개별화 맞춤형 평가 및 지도 체제 모색 - 수업 설계·운영 및 평가에서 다양한 디지털 플랫폼과 기술 및 도구를 효율적으로 활용할 수 있도록 시설·설비 및 기자재 확충 - 교사의 디지털 에듀테크 활용 역량과 교수·학습 및 평가 전문성 함양을 위한 국가 및 지역 수준의 연수 지원

출처: 교육부(2022b). 2022 개정 교육과정 총론 해설 특수교육 수정 발췌 pp.49-50.

③ 2022 개정 특수교육 기본 교육과정 국어

2022 특수교육 교육과정 중 기본 교육과정 초등 3~4학년 국어 교과는 AI 디지털교과서가 개발되어 2025년부터 적용될 예정이며, 국어 교육과정에 제시된 디지털 관련 역량을 살펴보면 다음과 같다.

2022 특수교육 기본 교육과정의 교육과정 설계 개요에서는 국어과의 역량을 '의사소통 역량', '자기관리 역량', '공동체 및 대인 관계 역량', '디지털 및 미디어 역량', '창의적 사고 역량', '문화향유 역량'으로 제시했다. '디지털 및 미디어 역량'은 디지털 다매체 환경의 변화를 반영하여 2015 개정 교육과정에 정의된 '지식정보처리 역량'을 수정한 것이다.

[그림 1.13] 2022 개정 특수교육 기본 교육과정 국어과 구성 원리

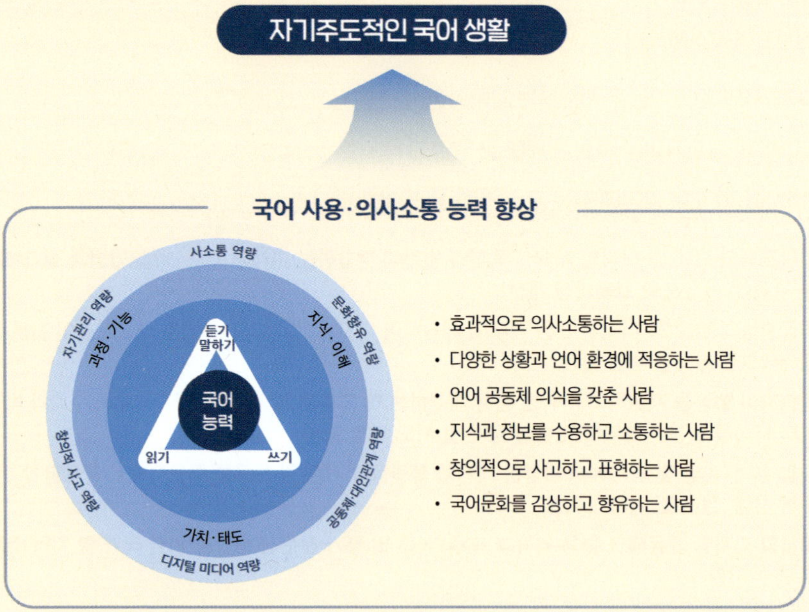

출처: 교육부(2022c). [별책3] 기본 교육과정. p.60.

2022 특수교육 기본 교육과정 국어과는 '듣기·말하기', '읽기', '쓰기' 세 가지 영역으로 구성되어 있다. 각 영역별 내용 구성은 [표 1.5]와 같다.

[표 1.5] 2022 특수교육 기본 교육과정 국어 교과 구성

영역	구성 내용
듣기·말하기	음성 언어 의사소통과 보완대체의사소통 중심으로
읽기	문자 언어, 보완대체의사소통 상징과 기기, 매체와 매체 자료 등 다양한 방식과 유형의 언어 이해와 표현 중심으로
쓰기	

2022 개정 특수교육 기본 교육과정에는 국어 수업 시 다양한 매체와 인공지능, 디지털기기 활용을 제시하고 있다. 예를 들어 [고등학교 1~3학년] 듣기·말하기에서 "[12국어01-05] 다양한 매체와 매체 자료를 활용하여 의사소통한다." 성취기준을 위해 다음과 같은 내용을 제시하고 있다.

- [12국어01-05] 이 성취기준은 매체를 활용하여 정보를 접하고, 다양한 방법으로 의사소통하는 능력을 기르기 위해 설정하였다. 컴퓨터, 인공지능 스피커 등을 활용하여 필요한 정보를 얻거나 콘텐츠 시청하기, 스마트폰으로 영상 통화와 음성 통화하기, 정보통신 기기 등으로 원격수업과 온라인 모임에 참여하기 등을 다룬다. 디지털 매체의 터치스크린, 음성검색 기능 등을 사용하여 시청각 정보를 찾아 접하고, 대화 예절을 지키며 매체를 활용한 의사소통에 참여하게 한다.

(나) 성취기준 적용 시 고려 사항

- 학생이 매체의 종류와 특성, 기본적인 사용 방법을 익혀서 다양한 매체

자료를 통해 정보에 접근하고, 자신에게 필요한 내용을 파악하여 일상생활에서 활용하게 한다. 비대면 상황에서 매체를 활용하여 타인과 적절히 의사소통할 수 있도록 지도하여 변화하는 언어 환경에 대처하게 한다. 필요한 경우 학생의 의사소통 제한성을 보완해 줄 수 있는 다양한 인공지능 기술을 활용하여 지도한다.

- [12국어01-05] 중도중복장애 학생에게는 컴퓨터, 태블릿 등으로 기기의 기본 조작 방법 익히기, 매체를 이용해 좋아하는 주제의 영상 찾아 시청하기, 좋아하는 음악이나 소리 책 감상하기, 나에게 적합한 애플리케이션을 활용하여 의사 표현하기, 영상 통화나 온라인 모임에서 인사 나누기 등으로 성취기준을 재구성하여 적용할 수 있다.

출처: 교육부(2022c). [별책3] 2022 특수교육 기본 교육과정. pp.33-34 부분 발췌.

2 특수교육 디지털 교수학습자료

① 멀티미디어북

멀티미디어북은 장애 학생이 교과 학습에 효과적으로 참여할 수 있도록 돕기 위한 멀티미디어 기반의 디지털 학습지원 자료로, 2017년부터 현재까지 지속적으로 개발되어 보급되고 있다. 멀티미디어북은 장애 학생들의 학습을 보다 직관적이고 효율적으로 지원하기 위해 다양한 디지털 콘텐츠와 학습 활동을 포함하고 있으며, 현재까지 2015 특수교육 기본교육과정의 수학, 국어, 사회, 과학, 창의적 체험활동, 진로와 직업 교과와 2015 공통 교육과정의 국어, 그리고 2022 개정 특수교육 기본 교육과정의 일상생활 교과에 대한 콘텐츠가 개발되어 제공되고 있다. 멀티미디어북은 개발 현황은 [표 1.6]과 같다.

[표 1.6] 에듀에이블 누리집 멀티미디어북 개발 현황(2024.12.21.)

구분	교과	멀티미디어북
2015 특수교육 기본 교육과정	수학	초등 6종, 중학 4종, 고등 4종
	국어	초등 6종, 중학 4종, 고등 4종
	사회	초등 4종, 중학 3종, 고등 3종
	과학	초등 4종, 중학 2종, 고등 2종
	창체	초등 4종, 중등 4종
	진로와직업	중학 4종, 고등 4종
2015 공통교육과정	국어	초등 4종
2022 개정 특수교육 기본 교육과정	일상생활	7종

멀티미디어북을 사용하기 위해서는 먼저 에듀에이블 누리집에 교사 계정으로 로그인한 후 상단 메뉴 ① 수업지원을 선택한 후, ② 멀티미디어 메뉴를 클릭해서 멀티미디어북 화면으로 이동한다.

[그림 1.14] 에듀에이블 누리집 화면

멀티미디어북 화면에서 ① 교육과정 선택, ② 과목 선택, ③ 학년 선택, ④ 사용할 멀티미디어북을 선택하면 해당 멀티미디어북이 실행된다.

[그림 1.15] 에듀에이블 누리집_수업지원_멀티미디어북 화면

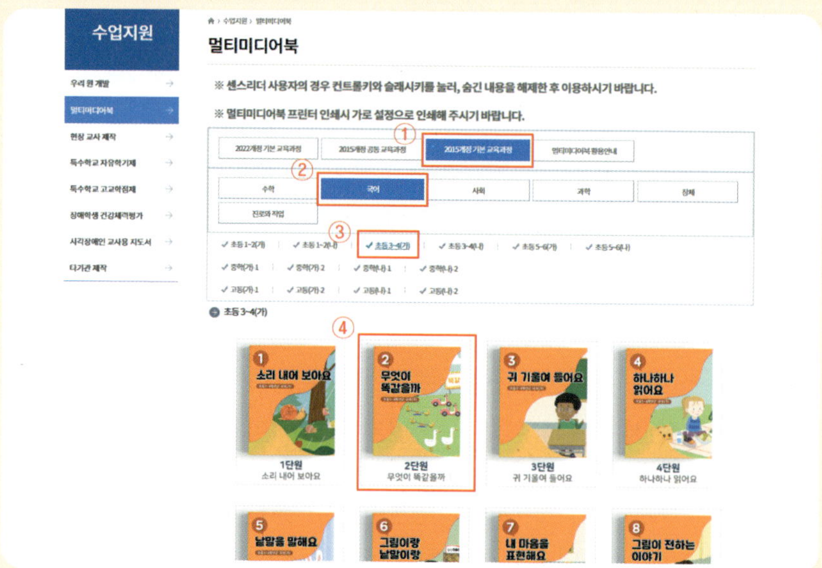

멀티미디어북 상단에는 '본문 바로가기', '목차 이동', '수어보기', '대체자료', '화면확대', '학습자료실', '화면확대', '사전검색', '인쇄하기', '내용찾기', '책갈피' 등의 메뉴가 있다.

[그림 1.16] 멀티미디어북 '2015개정 기본 교육과정_초등3~4(가)_2단원' 실행화면

멀티미디어북은 장애 학생들이 보다 쉽게 접근할 수 있도록 수어 영상, 점자 번역 파일 등 다양한 접근 방안을 지원하는데, '수어보기', '대체자료' 메뉴에서 확인할 수 있다.

[그림 1.17] 멀티미디어북 '2015개정 기본 교육과정_초등3~4(가)_2단원' 접근성 화면

수어 영상

대체 자료(점자 등)

❷ 실감형 콘텐츠

실감형 콘텐츠란 가상현실, 증강현실 등을 통해 실제와 유사한 경험을 제공하는 콘텐츠를 말한다.

1) 가상현실

'가상현실'이란, 어떤 특정의 상황이나 환경을 컴퓨터로 만들어 놓은 가상의 세계에서 사람이 실제와 같이 상호작용을 할 수 있도록 구현된 첨단 기술을 말한다. 직접 체험하기 어렵거나 관찰이 어려운 상황 또는 현상을 현실세계와 차단된 상태에서 입체적이고 몰입감 있게 경험할 수 있으며, 주로 HMD(Head Mounted Display) 또는 스마트폰을 활용하여 체험한다.

가상현실 콘텐츠를 활용한 교육은 직접 경험하는 것처럼 느껴지기 때문에 학습에 대한 몰입감이 향상된다. 학생은 가상환경과 상호 작용하여 직접 시도하고 배우면서 문제 해결 능력, 비판적 사고 능력, 창의력이 신장된다. 가상현실에서는 현실세계에서 불가능하거나 위험한 상황까지도 경함할 수 있기 때문에 현실세계 보다 더 다양한 학습경험을 제공할 수 있다. 또한 개별 맞춤형으로 학습이 가능하며 현장을 방문하거나 기자재 구입 등의 비용이 절감되어 저비용으로도 교육 기회의 확대와 교육의 질을 높일 수 있다.

가상현실 콘텐츠는 다양한 교과 수업시간에 활용될 수 있다. 예를 들면 과학 시간에는 가상현실을 통해 태양계를 탐험하거나 인체 내부를 직접 탐험하며 배울 수 있다. 역사 시간에는 역사적인 사건 현장을 직접 방문하여 관련 인물과 상호작용하며 그 시대의 삶을 경험할 수 있다.

[그림 1.18] 특수학교에서 가상현실 수업 및 체험 장면

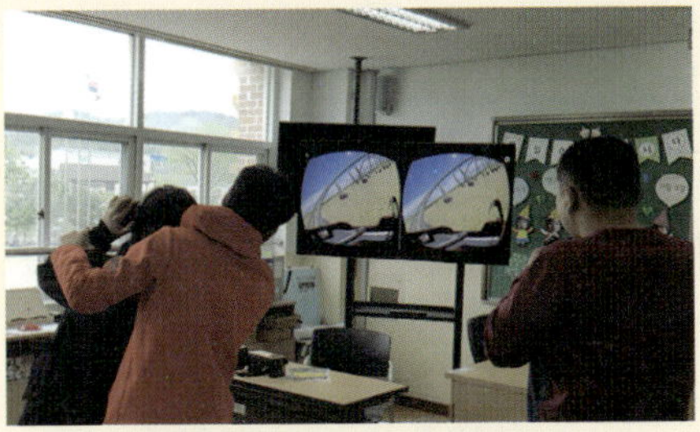

놀이동산 롤러코스터 체험

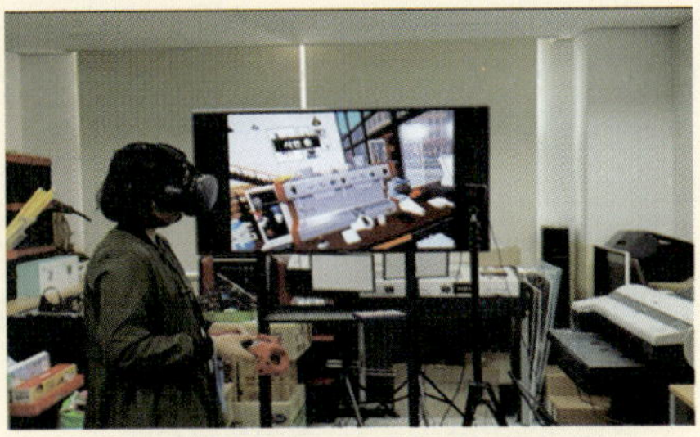

바리스타 기능 익히기

(가상현실 활용 사례) 특수학교에서는 중증장애 학생 대상으로 창의적체험활동 시간에 카드보드와 스마트폰을 활용해 가상현실 놀이동산에서 롤러코스터를 간접적으로 체험하거나 진로직업 교과 시간에 HMD를 활용해 바리스타 직무를 익히는 등 다양한 가상현실 수업 활용 사례가 있다.

2) 증강현실

증강현실은 스마트폰이나 태블릿을 활용해 현실 세계에 가상의 정보를 덧씌워 보여주는 기술을 말한다. 증강현실은 게임, 교육, 의료, 제조, 쇼핑, 관광 등 다양한 분야에서 활용되고 있다.

국립특수교육원 에듀에이블 누리집에는 다양한 교과에서 활용할 수 있는 실감형 콘텐츠를 제공하고 있다. 제공되는 교과는 초등과학 3~4학년, 초등과학 5~6학년, 중학과학(가), 중학과학(나), 고등과학(가), 고등과학(나)이다. 안드로이드, iOS, 컴퓨터에서 모두 사용 가능하다. 실감형콘텐츠는 에듀에이블 누리집 에듀테크 메뉴-실감형 콘텐츠에서 내려받아 사용할 수 있다.

[표 1.7] 에듀에이블 누리집 실감형콘텐츠 개발 현황(2024.12.21.)

교과	VR	VR360	AR	계
초등과학3~4학년	초등과학3~4학년	-	10종	16종
초등과학5~6학년	초등과학5~6학년	4종	4종	14종
중학과학(가)	중학과학(가)	-	12종	22종
중학과학(나)	중학과학(나)	1종	7종	18종
고등과학(가)	고등과학(가)	-	12종	18종
고등과학(나)	10종	-	4종	12종

(증강현실 활용 사례) AR동물관찰 증강현실 앱을 활용한 특수학교 '과학' 수업 사례를 살펴보면, 서식지(산, 강, 바다)에 사는 동물을 알아보기 위해, 증강현실을 위한 AR동물관찰 마커를 오린 후, 마커에 그려진 다양한 동물을 관찰한다. 그다음 다리 개수, 날개 유무 등 각자 자기가 정한 기준으로 동물카드를 분류해 본다. 이후 학습지를 풀고 AR동물관찰 앱으로 학습지에 있는 동물을 관찰한다. 마지막으로 동물카드 그림의 동물을 오린 후 자신이 선택한 서식지 배경에 동물을 붙여 서식지 꾸미기를 완성한다.

[표 1.8] '어디에 사는 동물일까?' 교수학습지도

교과	과학	주제	어디에 사는 동물일까?
성취 기준	[9과학04-01] 서식지에 따른 동물의 특징과 생활 방식을 조사한다.		
학습 목표	산, 강, 바다에 사는 동물을 구분하고 말한다.		
학습 단계	교수·학습 활동	시간	자료 및 유의점
수업 전	· AR동물관찰 마커 및 학습지 인쇄 · 태블릿PC 충전 및 무선 인터넷 연결 점검		
도입	어디에 사는 동물일까요? - 영상 시청하고 이야기하기	5′	(자) 영상자료
전개	활동 1 동물을 탐색해요! · AR동물관찰 카드 가위로 오리기 · AR동물관찰 카드 관찰하기 · AR동물관찰 카드를 활용해 분류하기 · 학습지 완성하기	15′	(자) 가위, 풀 (자) 마커 (잘) 학습지
	활동 2 동물을 관찰해요! · AR동물관찰 앱 설치하기 · 학습지에 붙인 동물 증강현실로 관찰하기	10′	(자)태블릿PC (잘) 학습지
정리	· 서식지 꾸미기 · 차시 학습 내용 예고하기	10′	(자) 가위, 풀

[그림 1.19] 증강현실(AR동물관찰) 활용 과학 수업 사례

① AR동물관찰 마커 오리기

② AR동물관찰 카드 탐색하기

③ AR동물관찰 카드 분류하기

④ 학습지 풀기

⑤ AR동물관찰 앱으로 관찰하기

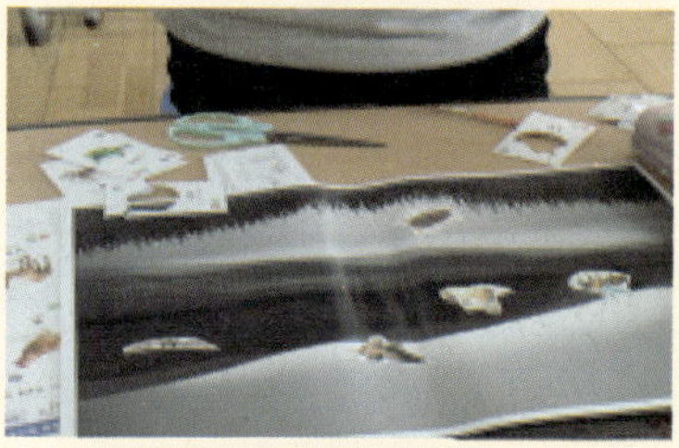

⑥ 서식지 꾸미기

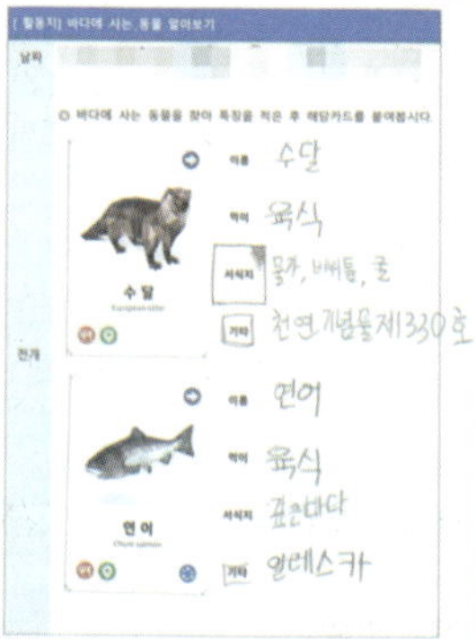

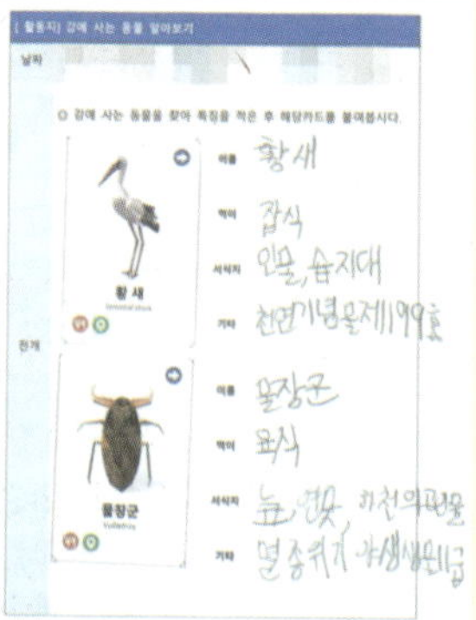

3 AI 디지털교과서의 이해

❶ AI 디지털교과서 추진

교육부(2023)는 'AI 디지털교과서 추진방안'을 발표했다. AI 디지털교과서는 학생 개인의 능력과 수준에 맞춘 학습 기회를 지원하기 위해 인공지능 등 지능정보화기술을 활용하여 다양한 학습자료와 학습지원 기능을 탑재한 교과서를 의미한다. 이러한 AI 디지털교과서는 1:1 맞춤교육과 하이터치 하이테크 교육의 구현, 그리고 모두를 위한 맞춤형 교육을 통해 교육 격차를 해소하기 위해 추진되었다.

추진 방향으로는 맞춤학습 제공, 학습자의 흥미와 몰입 유도, 데이터 기반 학습경험 제공, 첨단기술의 적용이 설정되었으며, 교사, 학생, 학부모가 AI 디지털교과서를 통해 상호작용하여 하이터치 하이테크 교육을 실현할 수 있도록 구성된 것이 특징이다. 또한 보편적 학습 설계 기반으로 시각장애, 청각장애, 운동장애, 인지장애 학생이 AI 디지털교과서 활용에 어려움이 없도록 AI 디지털교과서 접근성 가이드라인을 마련하여 개발하도록 하였다.

최근 교육부(2024)는 교육현장과 전문가 의견, 시도교육청의 정책적 여건을 반영하여 AI 디지털교과서 도입 이행안을 조정하였다. 2025년에는 영어, 수학, 정보 교과를 중심으로 운영하고, 국어 및 기술·가정(실과) 교과는 제외하며, 사회와 과학 교과는 2027년부터 적용할 예정이다. 또한, 특수교육 기본 교육과정에서는 국어와 수학을 초·중·고까지 개발하되, 생활영어와 정보통신활용 교과는 적용 대상에서 제외하였다.

AI 디지털교과서 도입 로드맵 조정(안)은 [표 1.9]와 같다.

[표 1.9] 인공지능(AI) 디지털교과서 도입 로드맵 조정(안)

	교과목	기존	변경
초	영어, 수학, 정보	2025년 도입 → 2027년 도입 완료	동일
	사회(역사), 과학	2026년 도입 → 2028년 도입 완료	2027년 도입 → 2028년 도입 완료
	국어, 실과	2026년 도입 → 2028년 도입 완료	적용 제외
중	영어, 수학, 정보	2025년 도입 → 2027년 도입 완료	동일
	사회(한국사)	2027년 도입 → 2028년 도입 완료	2027년 도입 → 2028년 도입 완료
	과학	2026년 도입 → 2028년 도입 완료	
	국어, 기술·가정	2026년 도입 → 2028년 도입 완료	적용 제외
고	영어, 수학, 정보	2025년 도입 → 2027년 도입 완료	동일
	사회(한국사), 과학	2028년 도입	동일
	국어, 실과	2028년 도입	적용 제외
특수	국어	2025년 초등 도입	2027년 중·2028년 고까지 확대
	수학	2026년 초등 도입	2027년 중·2028년 고까지 확대
	생활영어	2027년 도입	적용 제외
	정보통신	2028년 도입	적용 제외

출처: 교육부(2024). 2025년, 교실에서 마주할 인공지능(AI) 디지털교과서, 모두를 위한 맞춤 교육을 실현. 2024년 11월 28일. p.2

[그림 1.20] AI 디지털교과서 비전 체계

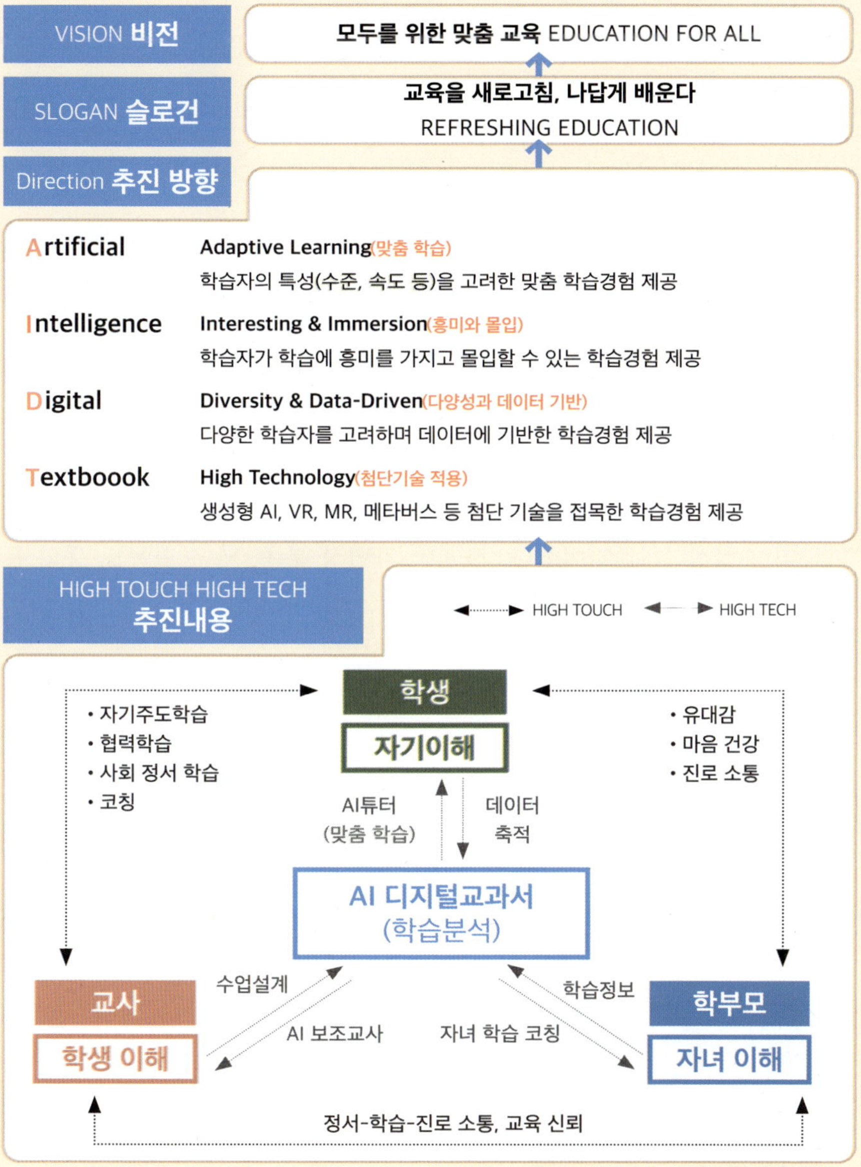

출처: 교육부(2023). AI 디지털교과서 추진방안 p.7.

❷ 디지털교과서와 AI 디지털교과서의 차이

에듀넷·티클리어 누리집에서는 "디지털교과서는 기존 교과 내용(서책형 교과서)에 용어사전, 멀티미디어 자료, 실감형 콘텐츠, 평가문항, 보충 심화학습 등 풍부한 학습자료와 학습 지원 및 관리 기능이 추가되고, 에듀넷·티클리어 등 외부자료와 연계가 가능한 학생용 교과서"라고 정의하고 있다.

디지털교과서는 초·중·고등학교 사회, 과학, 영어 3개 교과를 개발하여 적용되고 있으며 검정 심사를 거친 후 정기적으로 수정·보완하는 체제로 운영된다. 단위학교에서는 서책형 교과서를 선택하면 자동으로 동일 발행사의 디지털교과서를 꾸러미로 배정받아 사용한다.

디지털교과서는 다양한 멀티미디어를 활용하여 학습에 대한 학생들의 흥미와 학습역량 향상 등에 기여했다. 하지만 차별성 부족, 낮은 활동도 등의 문제로 한계를 보였으며, 이를 극복하기 위해 서책형 교과서와 차별성, 학생 맞춤 콘텐츠 제공, 디지털교과서 선택권 보장, 학습 데이터 관리 개선이 요구되었다.

[그림 1.21] 디지털교과서 한계와 시사점

現 디지털교과서 한계와 시사점

한계		시사점
서책형 교과서와 내용 차별성 부족 *(교사)내용 재구성 불가	[차별성]	서책형 교과서와 차별성 필요 *내용 재구성 가능하도록 제작
학생 맞춤 학습이 불가능한 구조 *동일한 내용을 모든 학생이 학습	[학생 맞춤]	학생별 맞춤 콘텐츠 제공 필요 *학생별로 다른 학습경로 제공
서책형 교과서의 꾸러미(bundie) *(가격)개발비 보전형	[선정 및 공급]	디지털교과서 선택구너 보장 필요 *질향상을 위한 가격정책 개선
학습 데이터의 체계적 관리 체제 미비 *개인별 일부 학습데이터 관리 수준	[데이터 관리]	학생별 데이터 체계적 누적 관리 필요 *데이터 축적 및 분석 체계 마련

출처: 교육부(2023). AI 디지털교과서 추진방안. p.5.

디지털교과서는 종이 교과서를 디지털화한 형태로 멀티미디어 자료 제공과 정보 접근성 등에 중점을 둔 반면, AI 디지털교과서는 인공지능을 활용해 학생의 수준과 능력에 맞춘 맞춤형 학습 콘텐츠와 실시간 피드백 제공 등 개인화된 학습 경험을 지원한다. 구체적인 디지털교과서와 AI 디지털교과서의 차이는 [표 1.10]과 같다.

[표 1.10] 디지털교과서와 AI 디지털교과서의 차이

기준	디지털교과서	AI 디지털교과서
정의	전통적인 인쇄 교과서를 디지털 형식으로 변환한 교육 자료	인공지능 기술을 통해 학습자의 개별적인 요구와 학습 수준에 맞춘 콘텐츠를 제공하는 교육 자료
목적	교육 자료의 디지털 접근성 향상과 생동감있는 디지털 교육 자료 제공	개별 맞춤형 교육을 통한 학습자 개인의 학습 효율성 및 성과 향상
기능	멀티미디어 콘텐츠 제공, 단순한 단방향 인터랙티브 학습 활동 지원	학습 진단 및 분석, 맞춤형 콘텐츠 추천, 개인화된 학습 경로 설정, 데이터 기반 학습 관리
교육 방식	단일 형식의 콘텐츠 제공, 일반적인 학습자 그룹을 대상	학습자의 개별적인 특성과 필요에 맞춘 다양한 형태의 콘텐츠 제공
교사 역할	교육 콘텐츠 전달자 및 가이드	학습 설계자, 학습자 개별 요구에 대한 피드백 제공자
학습자 경험	표준화된 학습 경험, 제한된 개인화	깊이 있는 개별 맞춤 학습 경험, 높은 수준의 개인화 가능
효과 측정	전통적인 평가 방법에 의존	AI 기반 분석을 통한 실시간 학습 효과 및 진행 상황 모니터링
소통	제한된 교사-학생, 학생-학생 간의 상호작용	AI 기술을 통한 교사-학생, 학생-학생, 학부모 간의 증진된 소통 및 협력

출처: 정제영 외(2024). 교사가 이끄는 교실혁명 AI 디지털교과서 100% 활용하기 초등편. p.146.

❸ AI 디지털교과서 핵심서비스

AI 디지털교과서의 핵심서비스는 공통(학생, 교사, 학부모), 학생, 교사로 나누어 살펴볼 수 있으며, 구체적인 내용은 [그림 1.22]와 같다.

[그림 1.22] AI 디지털교과서 핵심기능

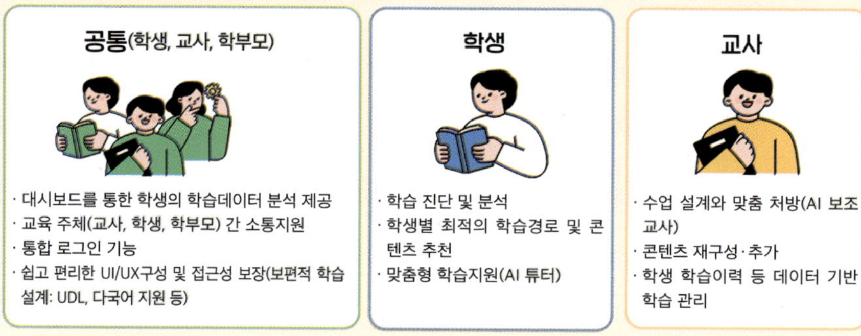

출처: 한국교육학술정보원(2023). AI 디지털교과서 개발 가이드라인. p14 .

AI 디지털교과서는 개별 맞춤형 학습이 지원될 수 있도록 다양한 서비스를 제공해야 하며, AI 기반 맞춤형 학습 지원의 흐름을 보면 [그림 1.23]과 같다.

[그림 1.23] AI 기반 맞춤형 학습 지원 흐름도(안)

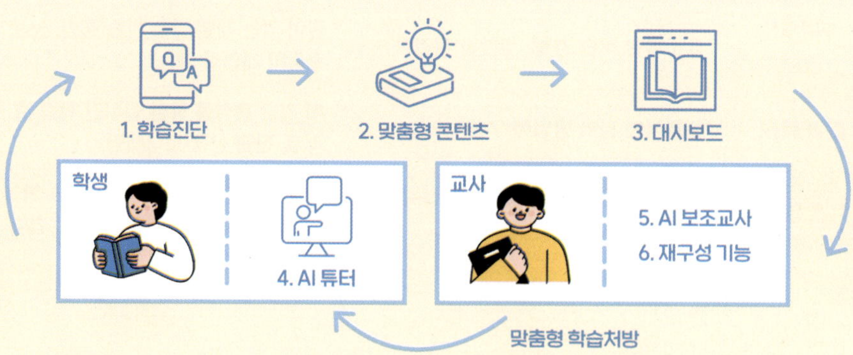

출처: 한국교육학술정보원(2023). AI 디지털교과서 개발 가이드라인. p.73.

AI 디지털교과서의 핵심서비스 중 학습진단 및 추천 개요와 교사·학생 대시보드 사례, 질의응답 및 힌트를 제공하는 AI 튜터 활용 예시, 교사의 수업설계를 돕는 AI 보조교사 활용 예시는 [그림 1.24]에서 볼 수 있다.

[그림 1.24] AI 디지털교과서 핵심서비스(핵심기능) 예시

출처: 한국교육학술정보원(2023). AI 디지털교과서 개발 가이드라인. pp.74-99.

④ 특수교육 AI 디지털교과서

1) 특수교육 AI 디지털교과서 도입 교과 및 일정

AI 디지털교과서 도입 로드맵 조정안(2024.11.) 및「2022 개정 교육과정에 따른 초·중등학교 디지털 교과서 국·검정 구분」고시(교육부 고시 제2025-9호, 2025.2.24.)에 따라 특수교육 AI 디지털교과서는 2028년까지 초·중·고등학교 과정에 단계적으로 도입될 예정이며 자세한 내용은 [표 1.11]과 같다.

[표 1.11] 특수교육 AIDT 도입 일정

구분		2025.9	2026	2027	2028
국정특수	초	국어 ③, ④	국어 ③, ④, ⑤, ⑥	국어 ③, ④, ⑤, ⑥	국어 ③, ④, ⑤, ⑥
			수학 ③, ④	수학 ③, ④, ⑤, ⑥	수학 ③, ④, ⑤, ⑥
	중			국어	국어
				수학	수학
	고				국어
					수학

출처: 국립특수교육원. 특수교육 AI 디지털교과서 도입 안내. 2025.3.6.

2) 2025년 특수교육 AI 디지털교과서 선정 절차

기본교육과정을 적용하는 특수학교에서는 학교운영위원회 심의를 통해 자율적으로 선정하여 활용할 수 있으며 선정 절차는 [표 1.12]와 같다.

[표 1.12] 특수교육 AI 디지털교과서 선정 절차

교원 의견수렴	→	안건 상정	→	심의	→	확정
교과협의회 등		학교장 학운위		학교운영위원회		학교장
학교장이 소속 교원 의견수렴 (구체적인 절차·방법은 자율적으로 결정)	→	소속 교원 의견을 반영한 선정심의(안) 작성, 학교운영위원회에 안건 상정	→	선정심의(안) 심의 후 심의 결과를 학교장에게 이송	→	최종확정 및 선정 결과 학교 홈페이지에 공개

출처: 국립특수교육원. 특수교육 AI 디지털교과서 도입 안내. 2025.3.6.

3) 일반 및 특수교육 AI 디지털교과서 비교

일반교육 AI 디지털교과서와 특수교육 AI 디지털교과서를 서로 비교해보면 [표 1.13]과 같다.

[표 1.13] 일반 및 특수교육 AI 디지털교과서 비교

	"일반 AIDT"	"특수교육 AIDT"
적용 대상	일반학교 초3~고1(4백만명)	특수학교 초3~고3 지적·자폐성 장애학생(1만7천명)
개발 방법	검인정	국정
개발 교과	6개 교과(53책)	2개 교과(12책)
도입 시기	학생, 교사용 웹	지적·자폐성 장애학생용 앱 + 교사용 웹
접근성	시각·청각·지체 장애학생 (예시) ①시각장애인: 하면해설 스크립트 제공 ②청각장애인: 콘텐츠 자막 제공 ③운동장애인: 키보드, 대안적 입력 장치 사용 등	지적·자폐성 장애학생 (예시) ①보완대체의사소통: 음성합성 장치, 음성인식, 의사소통판 ②학습보조: 텍스트를 대체하는 그림·기호·음성, 게임기반 인터랙티브 콘텐츠 등
교사용 주요 기능	학습자 수준 진단·분석 수업·평가 지원	학습자 수준 지단·분석 수업·평가 지원 + 개별화교육계획(IEP)설계 지원
보안 인증	클라우드 보안인증 '중'등급 이상	클라우드 보안인증 '중'등급 이상 + 앱 개발 보안인증 절차 준수
데이터 처리 및 전송	수집·관리 학습데이터 허브로 전송 - 실시간(통합 대시보드 데이터셋) - 매일 자정(국가수준 학습데이터셋)	수집·관리 ※통합 플랫폼 학습데이터 허브와 비연계 학습데이터 간헐적 전송 (클라우드)
콘텐츠	실시간 클라우드	학생 디바이스 내 저장
선정 방식	'25년 자율 선정 학급 단위 선정 불가	'25년 자율 선정 학급 단위 선정 불가
구독료	부담	미부담

출처: 국립특수교육원. 특수교육 AI 디지털교과서 도입 안내. 2025.3.6.

4 AI 디지털교과서 살펴보기

① 홍보영상

특수교육 AI 디지털교과서는 현재(2024.12.21. 기준) 공개되지 않아 확인할 수 없다. 대신 통합학급에서 활용될 AI 디지털교과서는 한국교육학습정보원에서 운영하는 AI 디지털교과서 누리집의 홍보자료 게시판 또는 한국교육학술정보원 유튜브를 방문하면 미리 살펴볼 수 있다.

[그림 1.25] AI 디지털교과서 소개 영상

AI 디지털교과서를 활용한
교사가 이끄는 교실혁명!!
https://youtu.be/-4vkoutl3MQ

[AI 디지털교과서 미리보기]
초등학교 수학편
https://youtu.be/dSqG74DFOwY

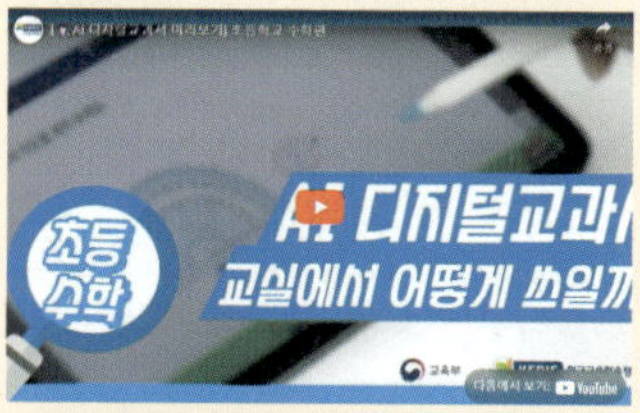

[AI 디지털교과서 미리보기]
중학교 수학편
https://youtu.be/PhAmFxLQXGw

출처: AI 디지털교과서 누리집_홍보자료

AI 디지털교과서 활용 수업 사례가 궁금하다면 다음 영상을 참고할 수 있다. 이 영상은 AI 디지털교과서 일부 공통 기능만을 활용한 40분 수업을 요약해 AI 디지털교과서 수업을 간접적으로 경험할 수 있다.

[그림 1.26] AI 디지털교과서 활용 수업 사례 영상

[미리보는 AI 디지털교과서 활용 수업]

https://youtu.be/l1nPDLPRsT0

출처: AI 디지털교과서 누리집_홍보자료 '초등학교 4학년 수학시간! AI 디지털교과서로 배워요!'

❷ AI 디지털교과서 웹 전시 시스템

2024년 12월 2일 월요일부터 2025년 2월까지 2022 개정 교육과정에 따라 2025학년도에 적용될 검정에 통과된 AI 디지털교과서의 웹 전시가 진행되며, 초등학교 수학과 영어, 중학교 수학과 영어 및 정보, 그리고 고등학교 공통수학, 공통영어 및 정보 교과서의 교사용과 학생용을 사용해 볼 수 있다. 단, 교과서민원바로처리센터 누리집에 교원으로 회원 가입 후 이용 가능하다.

[그림 1.27] AI 디지털교과서 웹 전시 시스템 누리집 화면

본 누리집에서는 초등학교, 중학교, 고등학교에서 활용 가능한 AI 디지털교과서를 체계적으로 제공하여 쉽게 체험하고 이해할 수 있도록 돕는다. 초등학교는 수학(12종), 영어(14종), 중학교는 수학(4종), 영어(10종), 정보(2종), 고등학교는 공통수학(12종), 공통영어(20종), 정보(2종) 교과가 전시되어 있으며, 해당 학교급과 과목을 선택하면 검정에 통과된 AI 디지털교과서를 출판사별로 선택해서 체험할 수 있다. 각 AI 디지털교과서는 동영상 매뉴얼, 활용 매뉴얼, 교사와 학생용 AI 디지털교과서로 각각 체험 링크가 제공되어, 각 교과서의 특성과 활용 방법에 대해 실제 체험을 통해 명확하게 알 수 있다.

③ AI 디지털교과서 출판사 누리집

웹 전시 시스템 외에도 AI 디지털교과서 출판사에서 제공하는 누리집에서 해당 출판사의 AI 디지털교과서에 대해 살펴볼 수 있다. 웹 전시 시스템에서 초등의 경우 수학 교과와 영어 교과 AI 디지털교과서를 살펴볼 수 있는데, 수학 교과는 와이비엠(YBM)과 천재교과서, 영어 교과는 동아출판, 천재교과서, 와이비엠(YBM), 아이스크림미디어 발행처에서 제공하는 AI 디지털교과서 관련 누리집에 접속해서 해당 출판사의 AI 디지털교과서에 대한 정보와 자료를 살펴볼 수 있다.

예를 들어 초등 수학에서 천재교과서 수학 AI 디지털교과서에 대한 정보와 자료를 알고 싶다면 T셀파 누리집에 접속한 후 'AIDT 체험 바로가기'를 클릭해서 직접 체험해보거나 '사용법 및 특징'을 클릭해서 해당 AI 디지털교과서 소개 영상과 활용 가이드, 수업 활용 영상, 교과서 구성 및 특장점 소개 등의 자료를 살펴볼 수 있다. 그리고 'AI 디지털교과서 자료실'에서는 과목별 소개 자료와 교육/행사 지원 신청, 교사 연수, 매거진 등을 활용할 수 있다.

[그림 1.28] T셀파 누리집

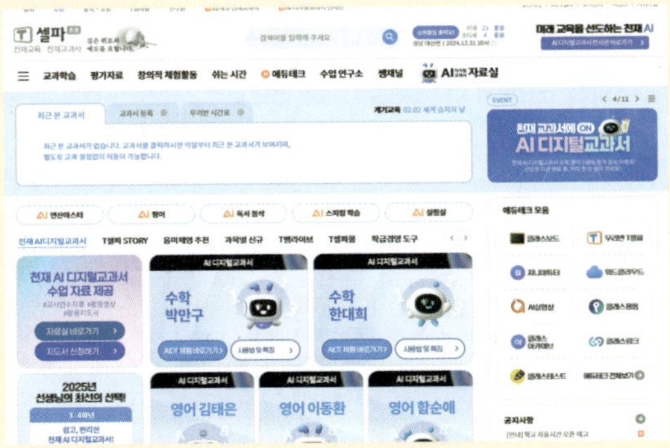

출처: https://ele.tsherpa.co.kr/

AI 디지털교과서를 살펴볼 때는 [그림 1.29]와 같이 수업 단계별로 제공되는 기능과 활동을 중심으로 살펴보고 확인하면 보다 쉽게 이해할 수 있다.

[그림 1.29] 수학 수업에서 이렇게 활용하실 수 있어요!

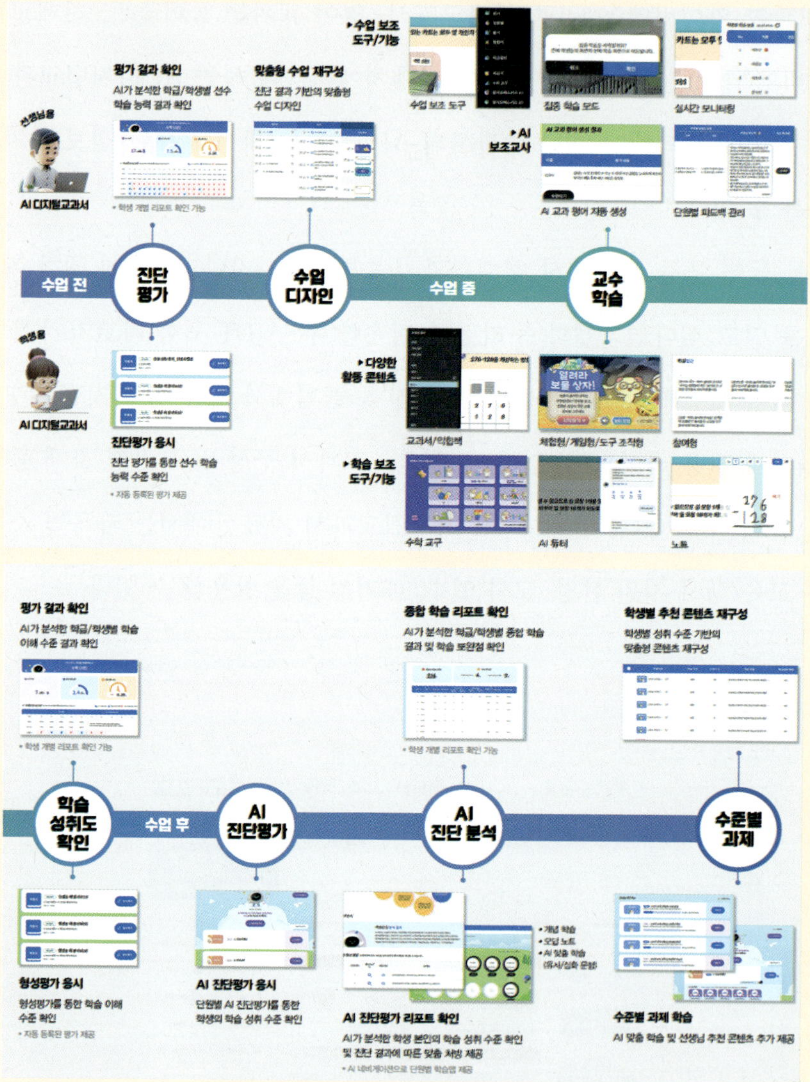

출처: 천재교과서(2024). 쉽고 재미있는 천재 AI 디지털교과서 브로슈어 pp.4-5.

· 참고문헌 및 사이트

- 교육부(2022a). 제6차 특수교육발전 5개년 계획('23-'27)
- 교육부(2022b). 2022 개정 교육과정 총론 해설 특수교육
- 교육부(2022c). [별책3] 2022 특수교육 기본 교육과정
- 교육부(2023). AI 디지털교과서 추진방안
- 국립특수교육원. 특수교육 AI 디지털교과서 도입 안내. 2025.3.6.
- 김경석 외(2023). 나랑 놀자! 메이커 융합 교육(초등학생용). 국립특수교육원
- 김소정 외(2023). 나랑 놀자! AI 융합교육(초등학생용). 국립특수교육원
- 김예란 외(2024). 나랑 놀자! 메이커 융합 교육(중·고등학생용). 국립특수교육원
- 박상원 외(2024). 나랑 놀자! AI 융합교육(중·고등학생용). 국립특수교육원
- 정제영 외(2024). 교사가 이끄는 교실혁명 AI 디지털교과서 100% 활용하기 초등편. 박영Story.
- 천재교과서(2024). 쉽고 재미있는 천재 AI 디지털교과서 브로슈어
- 한국교육개발원(2024). 중등과정 학생·학부모용 스쿨포유 가이드북
- 한국교육학술정보원(2023). AI 디지털교과서 개발 가이드라인
- AI 디지털교과서 누리집. (n.d.). Retrieved from https://www.keris.or.kr/main/aidtMain.do
- T셀파. (n.d.). Retrieved from https://ele.tsherpa.co.kr/
- 교과서민원바로처리센터. (n.d.). Retrieved from https://www.textbook114.com/index.jsp
- 교육부. (2024). 2025년, 교실에서 마주할 인공지능(AI) 디지털교과서, 모두를 위한 맞춤 교육을 실현. Retrieved from https://www.moe.go.kr/boardCnts/viewRenew.do?boardID=294&boardSeq=101774&lev=0&m=0204
- 스쿨포유(중학교). (n.d.). Retrieved from https://ms.s4u.kr/main.do
- 스쿨포유(고등학교). (n.d.). Retrieved from https://hs.s4u.kr/main.do
- 스쿨포유(초등학교). (n.d.). Retrieved from https://es.s4u.kr/main.do
- 에듀에이블. (n.d.). Retrieved from https://www.nise.go.kr/main.do?s=eduable
- 열린배움터. (n.d.). Retrieved from https://class.nise.go.kr/hre/cm/mcom/pmco000b00.do?m=02&s=eduable

PART 02

교사가 이끄는 교실혁명

CHAPTER 1

PART 02

특수교육에서의 디지털 도구를 활용한 수업설계

이수빈

1 디지털 전환 시대와 맞춤형 교육과정의 비밀

❶ 디지털 전환과 교육의 변화

1) 교육의 지평을 확장하다, “맞춤형 교육과정”

다섯 나무가 자라는 마법의 숲에 대한 이야기로 시작해보려고 한다. 이 마법의 숲의 법칙은 단 하나, “모두 똑같이 성장해야 한다.” 마법의 숲에 사는 소나무, 바오밥나무, 사과나무, 대나무, 선인장에게 숲의 관리인은 똑같은 물, 똑같은 햇빛, 똑같은 흙을 주었다. 처음에는 소나무가 무럭무럭 자라는 것을 보며 관리인은 기뻐했다. 하지만 바오밥나무는 너무 많은 물 때문에 뿌리가 썩었고, 대나무는 속도를 맞추느라 힘들어했고, 선인장은 점점 약해져만 갔다. 사과나무는 꽃을 피울 시기를 놓쳐 결국 열매를 맺지 못하기까지 했다. 숲은 점점 황폐해졌고, 관리인은 그제서야 깨달았다. ‘모든 나무는 다르게 자라야 한다는 것을 내가 간과했구나. 각자의 방식대로 성장할 때, 숲은 비로소 완전해지는 거야.' 그 후로는 나무마다 다른 환경을 주었고, 숲은 다양한 나무와 열매로 가득 차기 시작했다.

이 이야기처럼, 기존의 교육은 모든 학생에게 동일한 잣대를 들이미는 방식이었다. 서로 경쟁하며 동일한 목표를 향해 더 높은 성적, 더 빠른 속도를 내는 것이 '효율적'이라 여겨졌기 때문이다. 하지만 교육은 더 이상 모두에게 동일한 잣대를 적용해 평가하는 일률적인 시스템이 아니다. 우리는 이제 각 개인의 필요와 재능, 관심사를 반영한 맞춤형 교육의 시대로 접어들고 있다. 이는 OECD에서 2015년부터 2단계로 나누어 진행하고 있는 'OECD Education 2030: 미래 교육과 역량'과도 이어지는 맥락이며, 특수교육에서 강조하는 개별화교육계획(IEP; Individualized Education Program)과도 맞닿아있다.

[그림 2.1] OECD 교육 2030: 미래교육과 역량

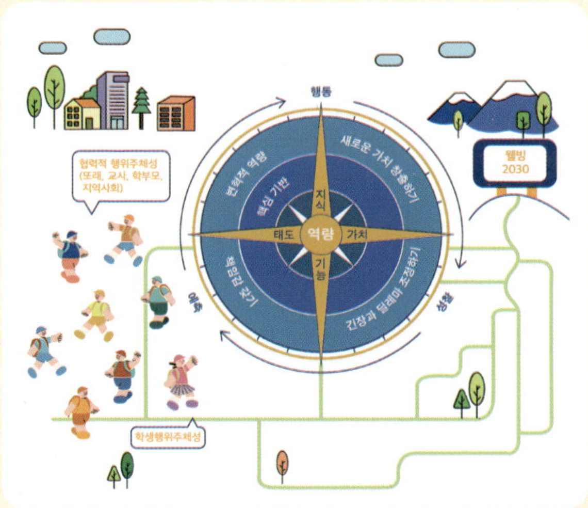

출처: OECD 교육 2030: 미래교육과 역량, 2018.

'OECD Education 2030: 미래 교육과 역량' 연구는 2015년부터 2018년까지 진행된 1단계 프로젝트를 통해 학생들에게 "무엇"을 가르칠 것인가에 대해 초점을 두었고, 2019년부터 진행되고 있는 2단계 프로젝트를 통해 학생들을 "어떻게" 가르칠 것인가에 대해 초점을 두고 있다. 2019년에 발표된 OECD Education 2030 학습 프레임워크는 '학습 나침반 2030(Learning Compass 2030)'이라 불리며, 이를 통해 학생들이 교육을 통해 자신의 비전과 방향성을 설정할 수 있도록 한다.

미래 교육의 지향점을 제시하는 이 나침반의 노란색 중앙을 보면 학생들의 역량(Competencies), 지식(Knowledge), 기술(Skiills), 태도(Attitude), 가치(Values)가 자리 잡고 있다. 또한 이를 기준으로 그 바깥의 파란색 부분인 핵심 기초(Core Foundations)와 함께 변혁적 역량(Transformative Competencies), 새로운 가치 창출(Creating new value), 갈등과 딜레마 조정(Reconciling tensions & dilemmas), 책임 의식(Taking responsibility)도 함양해야 함을 강조하고 있다.

이러한 역량들은 "예측(Anticipation)"하고 "실행(Action)"하고 "반성(Reflection)"하는 순환적인 학습 여정을 통해 함양할 수 있기 때문에 '학생 주도성(Student agency)'이 필수적이며, 이는 '협력적 주도성(Co-agency with peers, teachers, parents, communities)' 또한 함께 이루어져야 함을 알 수 있다.

이렇듯 OECD Learning Compass 2030은 우리에게 교육의 새로운 비전을 제시하고 있다. 단순히 주어진 정보를 습득하는 것을 넘어, 각자의 삶을 주체적으로 만들어갈 수 있는 힘을 기르는 것을 강조한다. 특수교육에서 또한 맞춤형 교육과정은 이러한 비전을 실현하는 데 있어 필수적이다. 그리고 사실 특수교육대상학생뿐만 아니라 모든 학생은 고유한 학습 스타일과 필요를 가지고 있으며, 교육은 이를 존중해야 할 필요가 있는 것이다. AIDT를 활용한 맞춤형 교육과정은 미래 교육의 표준이 될 가능성이 높으며, 이제 우리는 이러한 가능성을 현실로 만드는 이 시점에서 함께 동참해야 한다.

서두에서 제시했던 다섯 나무의 숲 이야기처럼, 모든 학생은 자신만의 방식으로 성장할 수 있을 때 비로소 완전해질 수 있다. "다름의 가치가 만드는 교육"은 OECD가 제시하는 다양성과 자기주도성의 철학이며 동시에 학생, 교사, 기술이 함께 만들어나가는 새로운 교육의 미래이다.

2) 디지털 바람이 가리키는 교육의 나침반

디지털 기술은 OECD Learning Compass 2030이 제시한 비전의 실현을 가속화하는 하나의 도구이다. 맞춤형 교육과정을 통해 학생들은 자신만의 속도와 방식으로 학습할 수 있는 환경을 조성하고, 이는 곧 '모든 나무가 다르게 성장하는 숲'과 같은 다양성과 포용성을 담보한다. 이번에는 디지털 전환과 맞춤형 교육과정이 어떻게 연결되어 새로운 학습 패러다임을 열어가고 있는지 살펴보자.

디지털 전환은 단순한 기술의 발전을 넘어, 교육의 패러다임을 근본적으로 변화시키고 있다. 특히 AIDT(Artificial Intelligence for Differentiated Teaching)와 같은 기술은 학습 개개인의 학습 데이터에 기반해 적합한 학습 환경을 설계하고, 실시간으로 피드백을 제공하며, 학습 여정을 개인화할 수 있는 가능성을 열어준다. 예를 들어, 적응형 학습 플랫폼은 학생이 어려움을 겪는 주제를 실시간으로 분석해 난이도를 조정하여 맞춤형 과제를 제시할 수 있다. 이러한 변화는 OECD Learning Compass 2030의 핵심인 "학생 주도성(Student Agency)"을 지원하게 된다.

또한 디지털 전환은 특히 특수교육대상학생들에게 학습 접근성을 확대해주며 교육의 형평성을 실현하는 데 중요한 역할을 할 수 있다. 예를 들어, 자폐스펙트럼 장애를 가진 학생의 경우, AR/VR 기술을 활용해 현실 상황을 모방한 시뮬레이션 학습을 통해 사회적 기술을 개발할 수 있다. 구어적 표현에 어려움을 겪는 학생의 경우, 텍스트-음성 변환 소프트웨어나 동작 인식 프로그램 등의 기술을 자신의 생각을 전달하는 하나의 도구로 활용할 수도 있다. 이는 '모든 학생이 자신의 방식대로 성장할 권리를 가진다'는 철학을 구현하는 도구이기도 하다.

디지털 전환이 만들어가는 미래 교육은 단지 개인화된 학습에 그치지 않는다. OECD Learning Compass 2030에서 강조했던 "협력적 주도성(Co-Agency)", 즉 디지털 대전환은 학생, 교사, 학부모, 지역사회가 함께 협력하며 학습 환경을 만들어 가는 데 큰 기여를 할 수 있다. 학생과 교사가 다양한 방법을 활용하여 상호작용할 수 있는 플랫폼을 제공할 뿐 아니라, 학부모와 지역사회가 참여할 수 있는 데이터 공유 및 협력 채널을 열어주기 때문이다. 이를 통해 교육은 개인의 고립된 경험에서 벗어나 사회적 참여와 연결된 경험으로 확장하고, 특수교육대상학생들의 일반화를 도울 수 있다.

디지털 전환은 교육을 재구성하고, 맞춤형 교육과정을 실현할 수 있는 가장 강력한 도구이다. "디지털 전환"이라는 말은 곧, 우리는 학생 개개인의 성장 가능성을 존중하고, 모두가 자신만의 방식으로 완전해질 수 있는 환경으로 전환하는 시점에 서 있다는 말과 같다. 마법의 숲에서 관리인이 깨달았던 것처럼, 디지털 전환과 맞춤형 교육은 우리의 교육 시스템을 더욱 풍요롭게 만들 것이다. 그리고 그 숲은 단지 특수교육대상학생 뿐 아니라, 모든 학생들에게 열려있다.

❷ 특수교육의 변곡점, 맞춤형 학습의 디지털 동행

디지털 기술은 특수교육에서 새로운 가능성을 열어가고 있다. 학습장애를 가진 학생들이 각자의 필요에 맞게 학습할 수 있는 환경을 제공하고, 물리적·인지적 제약을 넘어서는 도구를 활용해 더욱 효과적인 개별화교육계획(IEP)을 실현하고 있다. 특히 디지털 기술은 특수교육의 중요한 과제인 접근성, 포용성, 다양성을 강화하는 데 중추적인 역할을 하고 있다. 이 장에서는 디지털 전환이 특수교육에 가져온 변화와 맞춤형 학습 사례를 중심으로 살펴보고자 한다.

1) 학습의 다양성을 넘어선 가능성

학습의 다양성은 학생 각자가 가진 독특한 능력과 잠재력을 인정하고 이를 기반으로 학습 목표를 달성하도록 돕는 것을 의미한다. 디지털 기술은 학습 접근성을 높이고 학생의 학습 여정을 맞춤화하여 이러한 다양성을 더욱 강화한다. 다음은 디지털 기술이 학습의 다양성을 어떻게 실현하고 있는지를 보여주는 특수교육 현장의 사례들이다.

(1) 적응형 학습 플랫폼: 개인화된 학습 경로

[그림 2.2] AI 코스웨어 활용 수업 장면

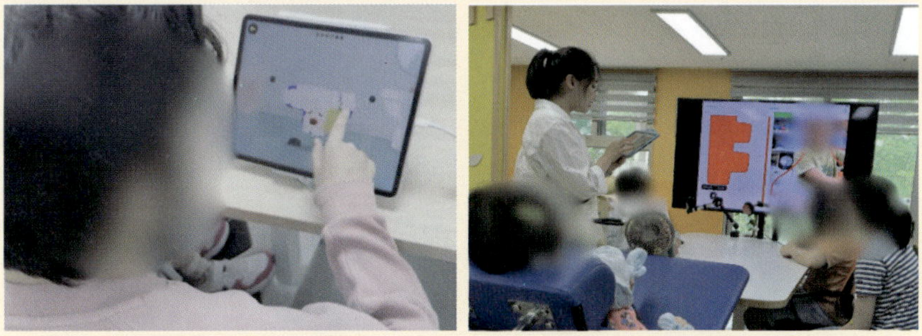

토도한글 콘텐츠 사용 장면 / '몸으로 모음 만들기' 수업 장면

적응형 학습 플랫폼은 인공지능(AI)을 활용해 학생의 학습 데이터를 실시간으로 분석한다. 이를 통해 학습 수준, 오답 패턴, 선호하는 학습 방식을 파악하여 맞춤형 콘텐츠를 제시한다.

[그림 2.2]는 토도 한글을 사용하여 모음을 학습하는 장면이다. 토도 한글은 학습을 놀이처럼 느낄 수 있도록 하는 게이미피케이션에 기반을 두고 있는 AI 코스웨어로, 집중력이 낮은 학생들이 재미를 느끼며 학습에 참여할 수 있도록 한다. '오늘의 모험' 단계를 통해 커리큘럼의 학습 목표에 맞춰 하루치의 액티비티를 학습할 수 있으며, 자유모드를 통해 재미있었던 액티비티를 다시 해 보면서 내용을 복습할 수 있다. 5일마다 그동안 학습한 내용을 확인하는 형성 평가를 통해 학습 성취를 확인하고, 점수가 기준보다 낮을 때는 다시 복습할 수 있도록 콘텐츠를 제공한다.

기초 모음의 모양새를 헷갈려하던 학생들은 토도 한글 콘텐츠를 게임하듯이 높은 집중력을 보이며 참여하였고, 연계하여 직접 몸으로 모음을 만들어보고 사진을 촬영하여 숨은 모음 모양을 찾음으로써 모음의 모양과 소리를 익힐 수 있었다. 무엇보다 '재미'로 시작된 학습은 '지속성'을 가졌으며, 학생이 자신의 속도로 개념을 습득하며 성취감을 느꼈다.

(2) 몰입형 학습 환경: 증강현실(AR)과 가상현실(VR)

[그림 2.3] 증강현실 및 메타버스 활용 수업 장면

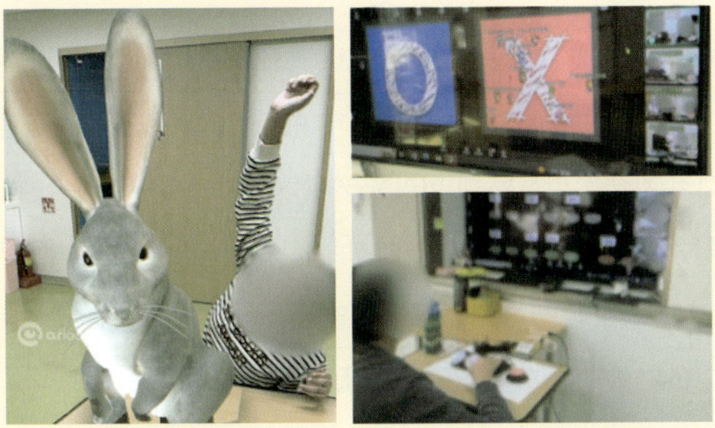

'AR 사진 콘테스트' 수업 장면 메타버스 활용 교내 행사 장면

AR과 VR 기술은 특수교육에서 학생들에게 안전하면서도 몰입감 있는 학습 환경을 제공한다. 현실적인 상황을 가상으로 재현하여 학생들이 반복적으로 학습할 수 있는 기회뿐 아니라, 시공간을 초월한 경험을 할 수 있다.

[그림 2.3]의 첫 번째 그림은 증강현실(AR) 사진 콘테스트 수업을 하며 증강현실을 통해 자신이 좋아하는 것을 표현하고 체험하는 활동이다. 증강현실은 실제 환경 위에 가상의 정보를 추가하여 학습자들이 더욱 몰입할 수 있는 환경을 제공한다. 가상현실(VR)의 경우 특수교육대상학생들이 학습 환경과 기기에 대한 불편함, 새로운 경험에 대한 거부감 등으로 인해 VR 웨어러블 기기를 벗어던지는 행동을 하는데, 증강현실(AR)은 별다른 웨어러블 기기 없이도 활용할 수 있어 활용도가 높다. 다만, 현재 대부분의 증강현실 앱이 셀카모드를 지원하지 않고 있기 때문에 전자칠판(또는 미러링이 가능한 스마트 모니터)을 통해 화

면을 미러링하여 AR 기술 속의 자신의 모습을 확인할 수 있다. 특정 상황이나 배경을 겹쳐 체험하는 활동은 학생들로 하여금 상상력을 자극하며 학습 동기를 향상시킨다.

두 번째 그림은 메타버스를 활용한 교내 행사 장면이다. 메타버스는 가상 공간에서 다수의 사용자들이 동시에 상호작용할 수 있는 환경을 제공한다. 이는 특히 사회적 기술을 익히는 데 어려움을 겪는 학생들에게 효과적인데, 가상의 캐릭터를 움직이면서 서로 만나는 과정에서 화상 화면을 띄워 인사하고 대화할 수 있기 때문이다. 또한 물리적인 제약을 초월할 수 있다는 것은 큰 장점이다. 위 그림의 행사는 지체·중도중복장애 학교에서 이루어졌는데, 신체적인 제약으로 인해 자율적인 층간 이동이 어려워 만나기 어려웠던 교내 친구들을 메타버스 공간을 통해 만나고 인사함으로써 학생들은 새로운 경험을 쌓을 수 있었다.

(3) 학습 접근성의 확장: 대체 입력 기술의 역할

디지털 기술이 학습 환경을 변화시키는 과정에서, 입력 방식의 다양화는 특히 특수교육대상학생에게 표현의 중요한 기회를 제공한다. 터치, 조이스틱, 가속도 센서, 근접 센서, 음성 및 동작 인식 기술 등의 대체 입력 방식은 학생 개개인의 신체적·인지적 능력에 맞춘 학습 접근성을 제공한다.

[그림 2.4] 보조공학기기 활용

보조공학기기 활용 장면

[그림 2.5] 가속도 센서

가속도 센서 활용 장면

[그림 2.6] 근접 센서

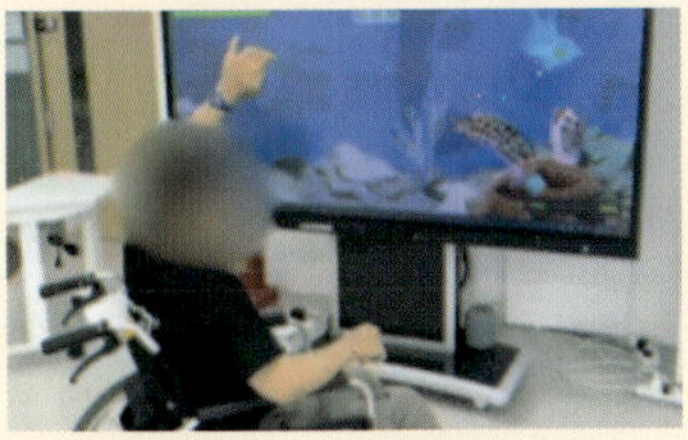

동작인식 AI 기술 활용 장면

[그림 2.7] 동작인식 AI 기술

근접센서 활용 장면

[그림 2.4]는 보조공학기기를 사용하여 메타버스 맵을 이동하는 장면이다. 특수교육대상학생들은 학습 도구를 사용할 때 키보드, 마우스 등의 표준적인 입력 방식에서 어려움을 겪는 경우가 많다. 이러한 문제를 해결하기 위해 터치 또는 조이스틱과 같은 보조공학기기를 이용하게 되면 학습 과정에서 학생이 능동적으로 참여할 수 있는 기회를 갖게 된다.

[그림 2.5]와 [그림 2.6]의 경우, 학습 도구가 학생의 움직임이나 위치를 감지하여 입력으로 전환할 수 있는 장면이다. 가속도 센서 또는 근접 센서와 같은 다양한 감각 인지 센서들을 활용하면 학생들의 신체적·인지적 특성에 따라 학습 과정에 주체적으로 참여할 수 있게 된다.

음성 인식 AI 기술, [그림 2.7]과 같은 동작인식 AI 기술의 경우에도 학생에게 능동성과 자율성을 부여한다. 구어 표현이 가능한 학생들은 기기를 음성 명령으로 제어할 수 있어 표현 언어를 학습하는 동시에, 신체적인 제약 또한 극복할 수 있게 된다. 동작인식 기술의 경우, 신체 움직임을 통해 학습 도구를 제어할 수 있도록 하여 반대로 구어적 표현이 어려운 학생들에게 다른 방법의 표현의 기회를 제공하며 학습에 더욱 즐겁게 몰입할 수 있도록 한다.

이렇듯 입력 방법의 다양화는 단순히 기술적 편리함을 제공하는 것을 넘어, 특수교육대상학생의 학습 참여를 확대하고 자신감을 높이는 데 기여한다. 디지털 도구를 통해 표현의 문이 열린 것이다.

2) 특수교육에서의 평가 재구성

평가는 학습 과정에서 중요한 요소로, 단순히 학생의 성과를 측정하는 것을 넘어 학습의 방향을 조정하고 성장의 가능성을 확인하는 데 핵심적인 역할을 한다. 특히 특수교육에서의 평가는 더욱 특별한 의미를 갖는다. 평가 결과는 학생 개개인의 학습 필요와 잠재력을 파악하고, 이를 토대로 개별화교육계획(IEP; Individualized Education Program)을 설계하거나 조정하는 중요한 기초가 된다. 따라서 특수교육에서 디지털 기술을 활용한 평가는 표준화된 방식에서 벗어나 학생들의 다양성을 반영하며 학습 접근성, 학생의 강점 발견, 그리고 성장의 촉진이라는 새로운 의미를 갖게 된다.

(1) 과정 중심의 평가: 학습 여정의 기록

디지털 도구를 활용한 평가는 단순히 최종 결과를 확인하는 단계에서 벗어나, 학습의 과정을 기록하고 분석하는 데 활용할 수 있다. 예를 들어, 디지털

포트폴리오는 학생들이 학습 목표를 설정하고 이를 달성하기 위해 노력하고 변화한 과정을 시각적으로 저장할 수 있다.

(2) 접근성을 보장하는 평가: 대체 기술의 활용

디지털 기술은 평가에서 접근성을 확장하며, 특수교육대상학생이 자신만의 방식으로 학습 성과를 표현할 수 있도록 한다. 예를 들어, 구어 표현이 가능하지만 신체적인 제약이 있는 학생의 경우 기존의 쓰기 평가를 대체하여 자신의 생각을 구어로 전달한 내용을 녹음하여 저장함으로써 성취도를 확인할 수 있다. 반대로 구어 표현이 어려운 학생의 경우 동작 인식 기술을 활용하여 움직임을 통해 자신의 의사를 표현하거나 활동에 참여할 수 있다.

(3) 실시간 피드백: 지속적인 성장 촉진

디지털 대전환 시대의 평가에서는 즉각적인 피드백을 통해 학생들의 학습을 실시간으로 조정하고 지원할 수 있다. 예를 들어, AI 기반의 적응형 학습 플랫폼은 학생의 오답 패턴을 분석해, 학습 목표에 맞는 추가 과제를 추천할 수 있다. 학생은 약점을 보완할 수 있을 뿐 아니라 강점을 강화하며, 평가가 학습과 분리된 것이 아닌 하나의 과정으로 연결될 수 있도록 지원한다.

(4) 협력적 평가: 공동체와의 연결

디지털 기술은 교사, 학부모, 지역사회가 평가 과정에 함께 참여할 수 있는 기회를 제공한다. 학습 과정의 지속적인 누적은 학생의 성취와 발전을 시각적으로 확인할 수 있도록 하며, 교사와 학부모가 협력하여 강점 기반의 학습을 가정까지 연계될 수 있도록 한다. 이러한 협력 학습 환경은 학생의 성장과 미래를 함께 설계하는 공동의 과정을 만들어나갈 수 있다.

디지털 기술이 제공하는 이 새로운 평가 방식은 특수교육대상학생이 자신의 잠재력을 발견하고, 세상과 연결되는 중요한 연결고리가 될 것이다.

2 디지털 도구와 함께하는 맞춤형 수업 설계의 로드맵

AI 디지털교과서의 도입은 교육의 본질을 재조명하고, 수업 설계에 새로운 접근 방식을 제공한다. 특히 앞부분의 사례에서 볼 수 있듯이, 특수교육의 맥락에서 디지털 도구는 학생 개개인의 필요에 맞는 학습 경험을 설계하는 데 중요한 역할을 한다. 이 절에서는 수업 설계의 가치와 필요성을 중심으로, 맞춤형 학습을 위한 전략과 목표 설정에서 평가 방법에 이르기까지 디지털 대전환 시대의 특수교육 수업 설계를 탐구하고자 한다.

❶ 디지털 특수교육 수업 설계의 3단계 로드맵

1) STEP 1: 왜 이 목표를 설정하는가?

애플(Apple) 광고를 보면 어떤 생각이 드는가? 애플의 성공은 단순한 기술 혁신에 그치지 않는다. 애플은 창립 초기부터 '세상을 바꾸는 제품을 만들자'라는 명확한 목표를 설정했다. 스티브 잡스는 "우리가 하는 모든 일은 이 목표를 중심으로 움직인다."라고 강조하며, 회사의 모든 결정과 행동의 기준점으로 삼았다. 또한 아이폰, 맥북, 아이패드와 같은 제품 개발 과정에서 팀 전체가 동일한 비전을 공유하도록 만들었으며, 현재도 제품 마케팅의 중요한 부분으로 제시되고 있다.

특수교육에서도 같은 맥락에서 적용되는 개념이다. 특수교육에서의 목표 설정은 학생들에게 새로운 가능성을 열어주는 열쇠이다. 학습 목표는 단순히 학습의 방향을 제시하는 것을 넘어, 학생 개개인의 필요와 교육적 맥락을 반영하여 성장 가능성을 극대화하고, 그들의 독특한 필요를 반영하는 맞춤형 학습 경험을 설계하는 핵심 과정이기 때문이다. 이때 AI 디지털교과서와 같은 도구는 학습자의 데이터를 기반으로, 현실적이고 측정 가능한 목표를 설정하는 데 도움을 줄 것이며 학생들로 하여금 자신의 잠재력을 발견하고 삶에서 새로운 지평을 열어갈 수 있도록 할 것이다.

이제 스스로에게 질문을 던지며 시작해보자. "WHY? 왜 이 목표를 설정하는가?"

[그림 2.8] STEP 1 예시

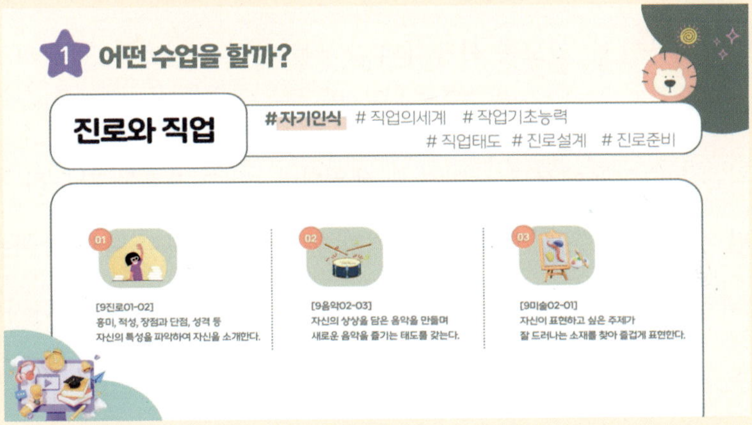

위 [그림 2.8]의 예시를 보자. 특수교육에서 학생이 "나"를 이해하는 것은 자기 자신에 대한 긍정적인 인식을 형성하고, 삶의 방향을 설계하는 중요한 첫걸음이다. 진로와 직업 교과의 내용 체계 중 하나인 '자기 인식'은 학생이 자신의 흥미와 강점을 탐구하도록 돕는 데 초점을 둔다. 이를 위해 다양한 학습 양식을 가진 특수교육대상자들이 자신의 표현 방식에 맞춰 스스로를 알아가고 표현할 수 있도록 진로, 음악, 미술 성취기준을 활용하여 융합 수업을 설계하였다. 다양한 표현 활동을 통해 자신의 감정과 특성을 창의적으로 표현하며 스스로를 이해할 수 있도록 하였으며, 이 과정에서 가장 중요한 목표는 '능동적인 참여'에 목적을 두었다.

2) STEP 2: 학습 자료를 어떻게 제시할 것인가?

애플(Apple) 이야기로 이어서 시작해보자. 애플 제품을 사용해본 경험이 있다면, 그 직관적이고 간결한 디자인이 떠오를 것이다. 애플은 단순히 기술적인 성능에 의존한 것이 아니라, 사용자의 경험을 중심으로 모든 제품과 서비스를 설계했다. '세상을 바꾸는 제품을 만들자'라는 목표에 맞춰 제품을 더 쉽게, 더 직관적으로 사용할 수 있도록 사용자의 요구를 반영한 설계를 모든 과정의 핵심에 두었다.

이 원칙은 특수교육에서도 강력하게 적용된다. 학습 자료는 단순히 정보 전달의 수단이 아니라, 학생 개개인의 능력과 흥미를 반영하여 학습 참여를 유도하고, 효과적으로 학습 목표를 달성할 수 있도록 설계되어야 한다. 디지털교과서와 같은 도구는 이러한 접근을 더욱 정교하게 만들 수 있다.

(1) 학습 데이터를 기반으로 한 자료 제공

AI 디지털교과서, AI 코스웨어와 같은 적응형 학습 플랫폼은 학생의 학습 패턴, 흥미, 강점, 약점에 대한 데이터를 실시간으로 분석하며 각 학생에게 맞는 학습 자료를 제공한다.

(2) 멀티모달(multimodal) 학습 자료

텍스트, 이미지, 동영상, 상호작용형 콘텐츠를 결합한 자료는 학생들의 다양한 학습 스타일을 반영한다. 특히 이는 감각적 자극이 필요한 학생들에게 효과적이다. 예를 들어 시각 자료의 활용은 학습장애나 지적장애 학생들에게 추상적인 개념을 더욱 직관적으로 이해할 수 있도록 도우며, 청각 자료는 읽기에 어려움을 겪는 학생들에게 유용하게 활용된다. 동영상과 대화형 콘텐츠는 학습자와 자료 간의 상호작용을 통해 현실적인 상황의 시뮬레이션을 다감각적으로 경험할 수 있다. 또한 감각 통합에 어려움을 겪는 학생은 촉각이나 동작 중심의 활동을 통해 학습에 몰입감 있게 참여할 수 있다.

(3) 학생 주도형 자료

학습 자료는 학생이 주도적으로 탐색하고 자신의 방식으로 활용할 수 있는 유연성을 갖추어야 한다. 학생이 학습 자료를 단순히 소비하는 것이 아닌, 자신의 방식대로 탐색하고 활용하며 학습 과정을 주도할 수 있어야 한다는 의미이다. 특수교육에서 이러한 접근은 학생 개개인의 흥미와 속도에 맞춘 학습을 가능하게 하며, 자기효능감과 학습 동기를 높이는 데 기여한다. 자료나 활동 설계에서 학생이 선택할 수 있는 옵션을 제공하는 것 또한 이에 해당한다.

[그림 2.9] STEP 2 예시

위 [그림 2.9]의 예시는 [그림 2.8]에서 제시했던 "능동적인 참여"라는 목표에서 뻗어 나온 내용들이다. 학생들이 능동적인 참여를 통해 자신을 이해하고 표현하는 경험을 할 수 있도록 학생의 인지적, 신체적인 특성을 고려하여 활동을 설계하였다. 특히 스스로를 이해하고 표현하기 어려워하는 학생들이 모두 자신만의 속도로 참여할 수 있도록 지원하였다.

첫 번째 활동 '나를 담은 3컷'은 생성형 AI를 활용해 자기 자신에 대해 탐구하고, 이를 시각과 청각적으로 표현하기 위해 설계한 과정이다. 그림을 통한 표현은 한글을 모르는 학생들도 쉽고 재미있게 참여할 수 있도록 한 것이며, 생성형 AI를 활용하여 노래로 만드는 과정은 학생에게 자신감을 불어넣어줄 수 있도록 하였다. 하지만 AI가 대부분의 작업을 수행하는만큼, 학생들이 능동적으로 참여하는 부분이 제한적이라는 판단이 들어 능동적인 참여를 확대하기 위해 두 번째 활동에서는 증강현실을 도입하였다.

두 번째 활동 'AR 챌린지'에서는 자신의 얼굴에 스스로를 나타내는 다양한 색깔과 그림을 입히거나, 자신이 좋아하는 것을 현실 세계에 불러옴으로써 단순히 결과물을 받는 것을 넘어 스스로 창작에 참여한다는 성취감을 느낄 수 있도록 설계하였다.

세 번째 활동 '나를 연주하다'에서는 상호작용형 앱인 '옥토 스튜디오'를 활용하여 자신을 음악으로 표현하는 시간을 가질 수 있도록 설계하였다. 그림 아이콘 위주의 간단한 인터페이스 활용을 통해 학생은 터치 또는 가속도 센서를 통해 손쉽게 악기를 연주하고, 자신뿐 아니라 서로에 대해서도 관심을 갖는 계기가 마련되기를 기대하며 준비하였다.

3) STEP 3: 무엇이 남았는가?

설계한 수업이 끝난 후, 우리는 학생들에게 무엇이 남았는지에 대해 고민하게 된다. 이는 단순히 수업의 마무리가 아니라, 학생들이 학습을 통해 무엇을 얻었고, 이를 어떻게 앞으로의 성장으로 연결할 수 있는가에 대한 '평가'의 내용이다. 특히 특수교육에서는 학습 결과를 학생 개개인의 특성과 목표에 비추어 평가하며, 이를 통해 다음 학습으로 이어지는 선순환 구조를 만들어가는 것이 중요하다.

[그림 2.10] STEP 3 예시

생성형 AI 결과물

증강현실 작품

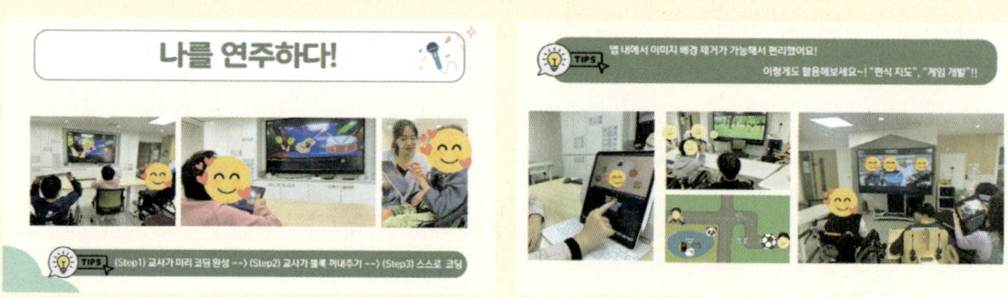

상호작용형 플랫폼 수업 장면

이 활동들은 서로 보완적으로 작용하여 학생들이 자신의 특성과 강점을 이해하고 표현할 수 있었다. 생성형 AI 도구로 만든 노래는 QR 코드 스티커를 만들어 옷에 붙이고 다니며 공유하였으며, 이는 자기 탐구의 출발점이 되어 자신감 형성과 지속적인 흥미 유지에 큰 도움이 되었다. 증강현실은 학생들의 능동적인 참여를 확대하여 스스로를 더 구체적으로 이해할 수 있는 기회가 되었으며 결과물을 포트폴리오에 남길 수 있었다. 상호작용형 플랫폼 활용 교육은 학생들에게 더욱 주체성을 강조하였고 자신을 창의적으로 표현하는 과정을 통해 스스로를 알아가는 기쁨을 경험할 수 있었다.

이렇듯 평가는 학생들이 단순히 무엇을 이루었는지를 측정하는 것에서 나아가, 학습 과정에서 무엇을 느끼고 경험했는지 이해가 되어 다음 단계로 나아갈 수 있도록 돕는 성장의 도구가 되었다. 평가는 학습의 마무리가 아닌, 학습을 돕는 도구로서의 역할을 하게 되는 것이다(최영석, 2021).

❷ 디지털과 만난 특수교육, 생생한 수업 모음. ZIP

1) 사례 1 "지구를 구하라! 환경을 지키는 디지털 탐험"

디지털 기술이 교육 현장에 스며들면서, 학습의 방식과 의미는 새롭게 재해석되고 있다. 특히 환경 문제를 주제로 한 이 수업은 단순한 지식 전달을 넘어, 학생들이 디지털 도구를 활용해 직접 탐구하고 공감하며 행동으로 이어지게 하는 데 목표를 두었다. 환경 문제는 국제적으로 직면하고 있는 중요한 해결 과제 중 하나이다. 학생들이 환경 문제의 심각성을 직관적으로 이해하고 자신의 삶과 연결지을 수 있는 기회를 제공받을 수 있도록 하였으며, 총 4차시로 설계하였다.

수업 목표의 큰 키워드인 "공감 능력 향상"과 "실천 의지 강화"를 중심으로, 앞에서 언급했던 3단계 로드맵을 따라 에듀테크 도구와 수업 지도안을 살펴보자.

[표 2.1] 수업에 활용한 에듀테크 도구

<table>
<tr><th>에듀테크 툴</th><th>활용 내용</th></tr>
<tr><td>
그림 출처: 스크루블리(Scroobly)
Scroobly</td><td rowspan="2">· 동작인식 AI 프로그램과 증강현실 등 시각적 자료와 체험 중심의 자료 제공
· 실시간 상호작용이 가능한 인터페이스를 제공하여 수업의 몰입도를 높이고, 신체적 상호작용을 통해 학습 강화</td></tr>
<tr><td>
그림 출처: Google Arts & Culture
구글 아트앤컬처 Rewild the World</td></tr>
<tr><td>
그림 출처: 쥬니버스쿨
쥬니버스쿨</td><td>· 단계별 게이미피케이션과 드래그앤드롭 활동을 통해 학습 목표에 점진적으로 접근
· 환경 오염의 원인과 결과 탐구</td></tr>
<tr><td>
그림 출처: 큐브로이드
큐브로이드</td><td>· 지체장애 학생을 위해 로봇 교구 조립과 코딩 활동에서 팀 활동을 통한 협력을 유도
· 창의적 문제 해결 능력을 기르고, 환경 문제와 연결된 실천적 학습을 구현</td></tr>
</table>

[표 2.2] 기본교육과정 과학과 교수·학습지도안 예시 (1/4차시)

교과	과학	주제	동물의 관점에서 환경 문제 체험
성취 기준	[9과학04-04] 기후 변화 현상의 예를 알고, 생활 속에서 대응 방법을 조사한다.		
학습 목표	동작 인식 AI 프로그램을 활용해 동물의 행동을 흉내내며 동물의 입장에서 환경 문제를 표현한다.		
학습 단계	교수·학습 활동	시간	자료 및 유의점
수업 전	· 태블릿PC 기기 충전 및 정상 작동 점검(컴퓨터 및 전자칠판을 활용할 경우 웹캠 준비)		
도입	· 환경 오염으로 인해 어려움에 처한 동물의 다양한 서식지를 보여주는 영상 자료 제시(고릴라, 북극곰, 바다거북, 호랑이) · 각자 좋아하는 동물을 떠올리게 하고, 해당 동물을 체험할 준비를 하도록 유도	3′	(자)영상자료
전개	**활동 1** 동물의 집을 지켜주자! · 동물 가면을 쓰고, 동물의 행동 따라하기 · 화면 속 동물의 서식지와 환경 변화에 대한 이야기 듣기 · 구글 아트앤컬처 'Rewild the World'를 체험하며 동물의 서식지를 되살리는 신체 활동하기	15′	(자) 태블릿, 전자칠판, Rewild the World 콘텐츠 (유) 학생들의 동작이 쉽게 인식될 수 있도록 태블릿의 카메라(또는 웹캠)의 위치를 적절하게 조절한다.
	활동 2 동물의 마음 이해하기 · Scroobly를 활용하여 자신만의 방식으로 동물의 특징을 그림으로 표현하기 · Scroobly 증강현실 기능을 활용하여 환경 문제로 인해 어려움에 처한 동물이 되어보고, 동물의 감정을 시각적으로 표현하기	10′	(자) 태블릿, 전자칠판, Scroobly 콘텐츠 (유)학생들이 참고할 수 있도록 간단한 배경과 명확한 특징이 그려진 동물 캐릭터 그림을 제공한다.
정리	· 친구들과 작품을 공유하고 동물의 마음에 대해 이야기 나누기	10′	(자) 가위, 풀

[그림 2.11] 교육 활동 사진

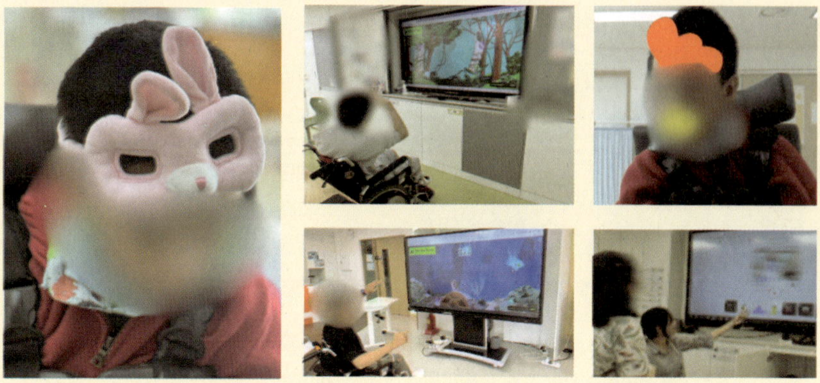

<활동1> 동물 가면 체험 <활동1> Rewild the World <활동2> Scrobly

학생들의 특성을 반영하여 어떤 수업 도구를 활용해야 할지 수업 주제, 성취 기준과 연계하여 생각해보도록 한다. 총 4차시의 수업 중 1차시의 주제는 동물의 입장에서 환경 문제를 바라볼 수 있도록 하는 것이다. 동물의 입장에서 환경문제의 심각성을 바라보고 공감할 수 있도록 수업에 몰입할 수 있게 하는 수업 도구는 어떤 것이 있을까? 신체를 움직이며 직접 체험해보도록 하려면 어떻게 수업을 설계해야 할까? 다양한 방법이 있을 수 있지만, 이 수업에서는 '동작 인식 AI 기술'과 '증강현실 기술'을 활용하였다.

첫 번째 활동에서 학생들은 Rewild the World 콘텐츠를 활용하여 직접 팔을 움직여 동물의 서식지를 복원하는 간단한 신체 활동을 체험할 수 있다. 이 과정에서 동물들이 환경 문제로 겪는 어려움에 대해 자연스럽게 이야기를 나누고, 동물의 입장에서 환경이 어떻게 변화하였고 어떤 영향을 받고 있는지 공감하며 몰입할 수 있는 기회를 제공한다.

두 번째 활동에서는 Scroobly를 활용하여 자신이 선택한 동물의 특징을 그림으로 표현한다. 각자 만든 동물 캐릭터를 증강현실과 동작 인식 AI 기술을 활용해 직접 움직여보고 표정도 지어보며 애니메이션을 제작해봄으로써 동물이 어떤 감정을 느끼고 있는지에 대해 이야기를 나눌 수 있다.

이 두 활동을 통해 학생들은 단순히 환경 문제를 학습하는 데 그치지 않고, 신체 활동과 창의적인 표현을 통해 동물의 입장에서 문제를 직접 체험하며 공감 능력을 키워나갔다. 특히 자신이 만든 동물 캐릭터를 통해 환경 문제를 시각적으로 표현하며 문제 해결에 대한 실천 의지를 자연스럽게 이끌어낼 수 있다는 점에서 교육적인 효과가 크다. 이러한 활동은 학생들에게 환경 보호의 중요성을 심화 학습으로 연결할 수 있는 좋은 기반이 된다.

단, 교사는 이러한 수업 준비 시 도구의 기술적인 요구 사항을 사전에 확인하여 원활한 진행이 되도록 도와야 한다. 태블릿이나 노트북 등 내장 카메라가 있는 기기가 없을 경우, 컴퓨터(또는 전자칠판, 스마트 모니터 등)에 웹캠을 별도로 연결하여 동작 인식 기능을 사용할 수 있도록 사전에 준비해야 한다. 또한 Scroobly를 컴퓨터로 사용할 경우 마우스 왼쪽 버튼을 누르고 있는 상태에서 그림을 그려야 하기 때문에 어려움이 있을 수 있다. 전자칠판으로 접속하는 경우에도 터치로 그림이 그려지지 않기 때문에 Scroobly를 활용해야 할 경우에는 학생의 편의성과 접근성을 고려해 태블릿 활용을 권장한다. 이러한 준비 과정을 통해 학생들이 활동에 몰입하고 수업 목표를 효과적으로 달성할 수 있도록 지원할 수 있다.

[표 2.3] 기본교육과정 과학과 교수·학습지도안 예시 (2/4차시)

<table>
<tr><td>교과</td><td>과학</td><td>주제</td><td colspan="2">환경 오염의 원인과 결과 탐구</td></tr>
<tr><td>성취 기준</td><td colspan="4">[9과학04-04] 기후 변화 현상의 예를 알고, 생활 속에서 대응 방법을 조사한다.</td></tr>
<tr><td>학습 목표</td><td colspan="4">환경 오염의 원인과 결과를 탐구하여 해결 방법을 제안한다.</td></tr>
<tr><td>학습 단계</td><td colspan="2">교수·학습 활동</td><td>시간</td><td>자료 및 유의점</td></tr>
<tr><td>수업 전</td><td colspan="4">· 태블릿PC 기기 충전 및 정상 작동 점검</td></tr>
<tr><td>도입</td><td colspan="2">· "환경 수사대 명예요원" 배지와 함께 미션이 담긴 메시지 제공하기</td><td>5′</td><td>(자)영상자료</td></tr>
<tr><td rowspan="4">전개</td><td>활동 1</td><td>동물의 집을 지켜주자!</td><td rowspan="2">16′</td><td rowspan="2">(자) 태블릿, 전자칠판
(콘) 쥬니버스쿨-AI놀이-'바다쓰레기를 치워줘' 콘텐츠
(콘) 쥬니버스쿨-AI놀이-'황제펭귄을 구해줘!' 콘텐츠
(유) 학생 개별 능력에 따라 미션별 추가적인 피드백을 제공한다.</td></tr>
<tr><td colspan="2">· 쥬니버스쿨 콘텐츠 내 화상 통화 기능을 활용하여 플랫폼 내 환경 전문가와 소통하며 정보 습득하기
· 드래그 앤 드롭 활동으로 환경 오염의 원인, 결과, 예방법을 연결하며 인과 관계 학습하기
· 단계별 미션 완료 후, 환경 수사대 명예요원 배지 획득하기</td></tr>
<tr><td>활동 2</td><td>동물의 마음 이해하기</td><td rowspan="2">14′</td><td rowspan="2">(자) 태블릿
(유) 학생들이 사진을 촬영할 때 교내 및 주변 환경에서 안전하게 탐색할 수 있도록 환경 반경과 행동 지침을 명확히 안내한다.</td></tr>
<tr><td colspan="2">· 학교와 가정에서 발생하는 환경 오염 사례 분류하기
· 우리 주변에서 환경 문제를 예방할 수 있는 방법에 대해 사진 촬영하기</td></tr>
<tr><td>정리</td><td colspan="2">· 일상생활에서 환경보호를 실천할 수 있는 방법에 대해 촬영한 사진 공유하기</td><td>5′</td><td></td></tr>
</table>

[그림 2.12] 교육 활동 사진

쥬니버스쿨 환경 관련 콘텐츠 활용 교육: 상호작용형 콘텐츠 체험

1차시의 수업에서 환경 문제의 중요성에 대해 알아보았으니, 2차시에서는 환경 오염의 원인에 대해 알아보도록 한다. 게이미피케이션 요소를 활용하기로 하였는데, 이는 게임적 요소와 학습 목표를 결합하여 학생들이 주도적으로 참여할 수 있다. 단, 수업을 진행할 때는 기술적인 준비가 필요하다. 쥬니버스쿨의 경우 태블릿 내 앱을 통해서만 접속할 수 있고, 인터넷 환경과 디바이스의 상태에 따라 영향을 받을 수 있기 때문에 사전에 장비 점검과 시범 활동을 통해 원활한 준비를 해야 한다.

첫 번째 활동에서는 쥬니버스쿨 콘텐츠 내 화상 통화 기능, 드래그 앤 드롭 활동을 통해 마치 바다, 남극 등 다른 환경에 있는 전문가와 실시간으로 소통하는 듯한 느낌을 받으며 환경 오염의 원인과 결과, 예방법을 학습한다. 특히 마지막에 명예 요원 배지를 받았을 때 학생들이 큰 반응을 보이며 즐거워하는 것을 볼 수 있었다.

두 번째 활동에서는 학교에서 발생할 수 있는 환경 오염 사례를 직접 탐구하는 시간을 갖는다. 사진으로 기록하는 과정을 통해 학생들은 실생활 속에서 환경 문제를 구체적으로 인식하고, 문제 해결 방안을 스스로 탐색하는 경험을 쌓을 수 있다.

이러한 활동의 가장 큰 장점은 학습자 중심의 탐구와 체험을 통해 환경 문제에 대한 공감과 실천 의지를 강화한다는 점이다. 학생들이 단순히 이론적으로 학습하는 데서 벗어나, 신체적으로 참여하고 실제적인 해결 방안을 모색하면서 환경 보호의 중요성을 자연스럽게 체득하게 된다.

[표 2.4] 기본교육과정 과학과 교수·학습지도안 예시 (3~4/4차시)

<table>
<tr><td>교과</td><td>과학</td><td>주제</td><td colspan="2">환경 문제를 해결하는 로봇 창작</td></tr>
<tr><td>성취 기준</td><td colspan="4">[9과학04-04] 기후 변화 현상의 예를 알고, 생활 속에서 대응 방법을 조사한다.</td></tr>
<tr><td>학습 목표</td><td colspan="4">코딩 블록의 기능을 활용하여 환경 문제를 해결할 수 있는 로봇을 창작한다.</td></tr>
<tr><td>학습 단계</td><td colspan="2">교수·학습 활동</td><td>시간</td><td>자료 및 유의점</td></tr>
<tr><td>수업 전</td><td colspan="4">· 태블릿PC 기기 충전 및 정상 작동 점검
· 큐브로이드 코딩 블록 충전 및 정상 작동 점검</td></tr>
<tr><td>도입</td><td colspan="2">· 전시 학습 내용 제시하기
(1) 쥬니버스쿨-AI놀이-'바다 쓰레기를 치워줘'
(2) 쥬니버스쿨-AI놀이-'황제펭귄을 구해줘!'</td><td>5′</td><td>(자) 태블릿PC</td></tr>
<tr><td rowspan="4">전개</td><td>활동 1</td><td>코딩 낚싯대: 바다를 깨끗하게!</td><td rowspan="2">16′</td><td rowspan="4">(자) 태블릿,
전자칠판,
큐브로이드
(앱) 코딩 큐브로이드

(유) 2차시 학습 내용
(쥬니버스쿨 '바다 쓰레기를 치워줘', '황제펭귄을 구해줘!')과 연계한
실천적 활동이
이루어지도록 지도한다.</td></tr>
<tr><td colspan="2">· 큐브로이드 코딩 블록의 종류 탐색하기
- 모터 블록
- 근접센서 블록
· 쓰레기를 자동 분리수거해주는 낚싯대 조립하기
· 모터 블록, 근접센서 블록을 코딩하여 낚싯대로 바닷속 쓰레기 분리수거하기</td></tr>
<tr><td>활동 2</td><td>자연 에너지를 활용한 이글루!</td><td rowspan="2">14′</td></tr>
<tr><td colspan="2">· 큐브로이드 코딩 블록의 종류 탐색하기
- 모터 블록
- LED 블록
- 라이트&터치 센서 블록
· 황제펭귄이 살 수 있는 이글루 제작하기
· 자연 에너지를 활용한 이글루를 코딩하여 지속 가능한 친환경 에너지의 중요성 체득하기</td></tr>
<tr><td>정리</td><td colspan="2">· 각 팀이 제작한 로봇의 기능과 환경 문제 해결 방안에 대해 이야기 나누기</td><td>5′</td><td></td></tr>
</table>

[그림 2.13] 교육 활동 사진

쓰레기를 분리수거하는 낚싯대

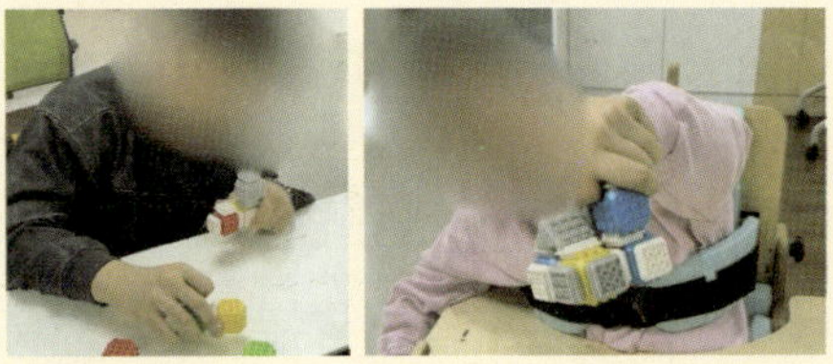

자연 에너지를 활용하여 온도를 조절하는 이글루

2차시 수업에서는 쥬니버스쿨의 게이미피케이션을 활용해 환경 문제의 원인과 해결 방법에 대해 학습하였는데, 3~4차시 수업에서는 이와 연계하여 쥬니버스쿨에서 학습한 내용을 실제 교구로 제작해보는 것을 목표로 두었다. 학생들은 이론적으로 학습한 내용을 바탕으로 실질적인 결과물을 만들어냄으로써 학습의 연속성과 흥미를 높일 수 있다. 특히 코딩 교구를 활용하여 손으로 직접 만들고 코딩하는 과정을 통해 학습 내용을 자연스럽게 내재화할 수 있다는 장점이 있다.

첫 번째 활동에서는 큐브로이드 코딩 블록의 모터와 근접 센서 블록의 기능이 무엇인지 탐색하며, 블록의 작동 원리를 학습한다. 2차시에서 쥬니버스쿨을 통해 학습했던 쓰레기 섬을 떠올리며, 자동으로 분리수거 해주는 낚싯대를 조립하고 이를 코딩하여 바닷속 쓰레기를 분리수거하는 활동을 진행한다. 근접 센서에 쓰레기가 닿을 때마다 모터 블록이 움직이며 쓰레기를 제거하는 활동은 학생들에게 환경 보호의 성취감을 심어주었다.

두 번째 활동에서는 모터 블록, LED 블록, 라이트&터치 센서 블록을 활용하여 황제 펭귄이 살 수 있는 이글루를 제작한다. 이 과정에서 2차시 쥬니버스쿨을 통해 학습했던 자연 에너지의 활용을 강조하며, 친환경적인 방법으로 이글루의 온도를 유지할 수 있는 코딩을 지도한다. 라이트&터치 센서 블록으로 태양 에너지를 활용할 수 있도록 하고, 태양 에너지가 모이면 모터 블록이 돌아가 냉각 센서를 작동하게 할 수 있다. 또한 현재 온도가 몇인지 LED 블록을 통해 나타낼 수 있도록 한다. 이러한 활동을 통해 학생들은 지속 가능한 에너지의 중요성을 체득하고, 친환경적인 미래를 만들어가는 데 필요한 창의적 사고력을 기를 수 있다.

이번 차시 수업의 가장 큰 장점은 이론과 실습의 균형을 통해 학생들의 학습 효과를 극대화한다는 점이다. 코딩 블록을 탐색하고 이를 조립 및 코딩하는 과정은 학생들의 논리적 사고와 창의적 문제 해결 능력을 동시에 향상시킨다. 또한, 환경 문제를 주제로 한 제작 활동은 학생들이 단순히 문제를 인지하는 데 그치지 않고, 실질적인 해결 방안을 탐구하는 주체로 성장할 수 있는 기회를 제공한다.

수업을 진행할 때는 교구 사용에 대한 사전 준비가 필수적이다. 큐브로이드 코딩 블록을 미리 충전해놓아야 하고, 학생들이 자유롭게 블록으로 창작 작품을 만들 수 있도록 여분의 블록을 준비해 놓아야 한다. 또한 큐브로이드 코딩 블록을 탐색할 때는 실생활에서 해당 센서를 찾아볼 수 있도록 하는 것도 큰 도움이 된다. 예를 들어, 근접 센서 블록의 경우 자동문의 근접 센서를 살펴보도록 하며 실생활과 연계지을 수 있도록 한다. 그리고 기존의 레고 블록보다 큰 크기의 블록이지만, 조립하는 데 신체적인 어려움을 겪을 수 있다. 학생의 신체적, 인지적 특성에 따라 교사가 블록 조립과 코딩의 과정을 단계적으로 제시하고 필요한 지원을 해주어야 한다. 학생들이 성취감을 느끼며 창작 활동을 할 수 있도록 지도한다면 우리 학생들의 새로운 면을 발견할 수 있을 것이다.

2) 사례 2 "누구나 쉽게! 무인정보단말기로 익히는 생활 기술"

특수교육에서의 에듀테크 활용 교육은 학생들이 실생활에서 독립적으로 생활하는 데 필요한 기술을 습득하도록 돕는 데 필수적이다. 특히 무인정보단말기(키오스크)는 현대 사회에서 자주 접하게 되는 기술로, 이를 학습하면 외식, 쇼핑, 교통 등 일상생활에서 보다 독립적으로 의사결정을 내리고 행동할 수 있다. 이번 수업은 국립특수교육원 교육용 무인정보단말기 앱을 활용한 시뮬레이션 학습을 통해 자신감을 키우고 실수에 대한 두려움을 줄이는 데 목표를 두었다. 활용한 에듀테크 도구와 수업 지도안을 살펴보자.

[표 2.5] 수업에 활용한 에듀테크 도구

에듀테크 툴	활용 내용
 그림 출처: 국립특수교육원 **국립특수교육원 교육용 무인정보단말기 앱**	· 교육용 무인정보단말기 분야 (1) 요식업 : 패스트푸드, 분식, 휴게소, 아이스크림, 카페, 푸드코트, 한식당 (2) 교통 : 고속버스, 열차, 지하철, 비행기, 여객선 (3) 공공기관: 행정복지센터, 도서관 (4) 의료기관: 병원, 의원 (5) 문화생활시설: 영화관 (6) 유통점포: 대형마트, 무인점포 : "준비 톡톡"을 통해 기초 조작 연습 가능
 그림 출처: 레고 에듀케이션 **레고 에듀케이션 에센셜**	· 레고 조립과 코딩을 결합하여 학생들이 창의적 문제 해결 능력을 키울 수 있도록 지원 · 협력 학습과 팀 기반 활동을 통해 사회적 상호작용 능력 증진 · 서빙 로봇과 같은 실생활 기반의 활동을 통해 학습의 현실감을 높이고 흥미 유도
 그림 출처: 애플 **넘버스**	· 무제한으로 확장되는 캔버스, 영상 및 사진 삽입, 녹음 기능 등을 통해 상호작용형 디지털 활동지 제작 가능 · 무인정보단말기의 주문 과정과 레고 서빙 로봇의 작업 흐름을 시각적으로 정리

[표 2.6] 기본교육과정 정보통신활용 교수·학습지도안 예시

<table>
<tr><td>교과</td><td>과학</td><td>주제</td><td colspan="2">패스트푸드점에서
키오스크로 주문하기</td></tr>
<tr><td>성취 기준</td><td colspan="4">[9정통01-03] 정보통신 기기의 기본 프로그램을 익혀 실생활에서 사용한다.</td></tr>
<tr><td>학습 목표</td><td colspan="4">키오스크와 아이콘 코딩 블록을 활용하여 가게 역할 놀이를 한다.</td></tr>
<tr><td>학습 단계</td><td colspan="2">교수·학습 활동</td><td>시간</td><td>자료 및 유의점</td></tr>
<tr><td>수업 전</td><td colspan="4">· 태블릿PC 기기 충전 및 정상 작동 점검
· 레고 에듀케이션 에센셜 허브 충전 및 정상 작동 점검
· 전시학습: 레고 에듀케이션 에센셜로 서빙 로봇 제작</td></tr>
<tr><td>도입</td><td colspan="2">· 화면에 햄버거 가게를 보여주며 학습 내용 제시하기</td><td>5′</td><td></td></tr>
<tr><td rowspan="4">전개</td><td>활동 1</td><td>키오스크로 미션지 주문하기</td><td rowspan="2">15’</td><td rowspan="2">(자) 태블릿, 전자칠판, 모니터,넘버스 학습지
(앱) 국립특수교육원 키오스크 앱, 넘버스

(유) 스마트 TV 모니터에는 넘버스 학습지를 미러링하여 미션 카드를 제시하고, 학생들은 전자칠판을 터치하여 키오스크 주문을 할 수 있도록 지도한다.</td></tr>
<tr><td colspan="2">· 거리뷰(로드뷰)를 활용하여 우리 동네에 있는 햄버거 가게 찾기
· [키오스크 사용법]
(1) 어디에서 먹을지 결정하기: 매장에서 먹기 / 포장하기
(2) 메뉴 영역 선택하기: 버거 / 치킨 / 사이드 / 음료수
(3) 메뉴 선택하기: 세트 / 단품
(4) 옵션 변경하기
(5) 선택한 메뉴 확인하기
(6) 결제하기: 카드 결제 / 현금 결제
키오스크 사용법을 단계별로 확인하기
·· 상황별 미션 카드를 보고, 키오스크를 활용하여 버거 주문하기</td></tr>
<tr><td>활동 2</td><td>햄버거 가게 역할 놀이 하기</td><td rowspan="2">15’</td><td rowspan="2">(자) 태블릿, 전자칠판, 모니터,
(앱) 국립특수교육원 키오스크 앱

(유) 역할을 바꾸어 학습할 수 있도록 지도한다.</td></tr>
<tr><td colspan="2">· 햄버거 가게 역할 놀이하기
- 손님: 키오스크로 메뉴 주문하기
- 직원: 레고 서빙 로봇을 코딩하여 메뉴 배달하기</td></tr>
<tr><td>정리</td><td colspan="2">· 미션지를 보며 학습 내용을 정리하고 자기 평가하기</td><td>5′</td><td>(자) 넘버스 학습지</td></tr>
</table>

첫 번째 활동에서는 거리뷰를 활용하여 학생들이 우리 주변에서 햄버거 가게를 찾는 과정을 진행한다. 이는 시각적 자료를 통해 학생들이 공간적 인식을 높이고, 실제 동네와 연결된 학습을 경험할 수 있도록 돕는다. 이후, 국립특수교육원의 무인정보단말기 앱을 활용해 키오스크 사용법을 단계별로 학습하며, 학생들은 선택에서부터 결제까지의 과정을 단계별로 익히고, 상황별 미션을 해결하며 실습을 이어간다. 이때 상황별 미션은 주변 교사들의 영상을 활용하여 심부름을 완수하는 것으로 수업을 진행했더니, 학생들이 더욱 흥미로워하며 자연스럽게 반복 연습을 할 수 있었다. 아래 그림은 국립특수교육원 교육용 무인정보단말기 앱 중 패스트푸드점에 대한 사용 장면이다.

[그림 2.14] 무인정보단말기

출처: 국립특수교육원.

두 번째 활동에서는 햄버거 가게 역할 놀이를 통해 무인정보단말기와 레고 서빙 로봇을 활용한 역할 놀이를 한다. 손님과 직원 역할을 번갈아가며 경험하며, 손님 역할의 학생은 무인정보단말기로 메뉴를 주문하고 직원 역할의 학생은 레고 에듀케이션 에센셜을 활용해 서빙 로봇을 코딩하여 주문한 메뉴를 배달한다. 이 활동은 실생활 기반의 시뮬레이션 학습으로, 학생들이 주문 및 배달 과정에 대한 전반적인 흐름을 이해하도록 돕는다. 단, 레고 에듀케이션 에센셜의 기초 코딩 연습은 사전 학습을 통해 충분히 이루어지도록 하여 무인정보단말기 연습이 주가 되도록 지도해야 한다. 한글을 읽기 어려워하는 학생들을 위해 아이콘 블록 코딩을 활용하였으나, 학생들의 특성에 따라 아이콘 블록 코딩, 문장 블록 코딩을 선택하여 지도할 수 있다. 서빙 로봇의 코딩 예시는 아래와 같다.

[그림 2.15] 무인정보단말기

<table>
<tr><th>서빙 로봇</th><th colspan="2">아이콘 블록</th></tr>
<tr><td rowspan="3"></td><td></td><td>해당하는 색깔의 물건을 컬러 센서 블록 앞에 놓으면 레고로 만든 서빙 로봇이 움직이면서 소리가 나도록 코딩</td></tr>
<tr><td></td><td>기울기 센서 블록을 흔들면 레고로 만든 서빙 로봇이 움직이면서 소리가 나도록 코딩</td></tr>
<tr><td></td><td>정해놓은 dB 이상의 소리가 나면 레고로 만든 서빙 로봇이 움직이면서 소리가 나도록 코딩</td></tr>
</table>

이러한 활동은 학생들에게 실생활에서 바로 적용할 수 있는 실질적인 기술을 학습할 수 있는 기회를 제공한다. 무인정보단말기 교육은 독립적인 의사결정 능력을 키우고, 레고 로봇을 활용한 교육은 창의적 문제 해결과 협력 능력을 향상시킨다. 시뮬레이션과 역할 놀이를 통해 학생들은 여러 시행착오를 경험하며 배울 수 있어 학습 효과를 극대화한다. 국립특수교육원 교육용 무인정보단말기 앱에는 요식업 외에도 교통, 공공기관, 의료기관, 문화생활시설, 유통점포와 같은 다양한 분야가 있다. 우리도 식당, 병원 등 다양한 장소에 따라 익숙하지 않은 무인정보단말기 템플릿을 접할 때 당황할 때가 있듯이, 학생들 또한 무인정보단말기 템플릿이 달라질 때마다 새로운 학습이 필요해 어려워하는 모습을 보였다. 충분한 반복 연습이 필요한 부분이라고 느껴진다. 또한 무인정보단말기의 학습이 어려운 학생들을 위해 터치, 드래그 앤 드롭 하는 법 등을 연습할 수 있는 '준비 톡톡' 기능이 있으니 학생들의 수준에 따라 다양하게 수업을 설계할 수 있다.

❸ 디지털 기술로 여는 특수교육의 새로운 가능성에 대하여

이제 교육은 모두에게 똑같은 길을 제시하는 것이 아니라, 각자가 걸어갈 길을 발견하도록 돕는 동반자로 변하고 있다. 이러한 변화는 단지 디지털 기술의 진화 때문만이 아니라, 학생 한 명 한 명의 가능성을 존중하고 믿는 교육 철학의 실현을 의미한다. 특수교육은 결핍을 보완하기 위한 교육이라던가 한계의 교육이 아닌, 무한한 가능성의 성장을 위한 교육으로 계속 발돋움하고 있다.

디지털 기술을 활용한 맞춤형 학습 설계는 특수교육대상학생들이 자신의 잠재력을 발전시켜나가며 자신만의 방식으로 세상과 연결될 수 있도록 지원할 것이다. 이 과정에서 학생은 단순한 학습자가 아니라, 자신의 성장을 설계하는 디자이너가 될 것이며 교사 또한 그 여정을 함께 걸어가는 든든한 동반자가 되기를 기대한다.

· 참고문헌 및 사이트

- 교육부(2022). 2022 개정 교육과정 총론. 교육부 고시.
- 정제영 외(2024). 교사가 이끄는 교실혁명 AI 디지털교과서 100% 활용하기. 박영스토리, 325.
- 최영석(2021). 특수교육 평가의 새로운 방향: 성장 중심 평가의 가능성, 특수교육연구, 29(1), 67-82.
- Azuma, R. T.(1997). A survey of Augmented Reality. Presence: Teleoperators and Virtual Environments, 6(4), 355-385.
- 에누마. (n.d.). 토도 한글: 유아와 특수교육 대상자를 위한 한글 학습 프로그램. Retrieved from https://todo.korean.com
- Luckin, R., Holmes, W., Griffiths, M., & Forcier, L. B. (2016). Intelligence Unleashed; An argument for AI in education, Pearson. Retrieved from https://www.pearson.com
- OECD. (2018). The Future of Education and Skills: Education 2030 - The Learning Compass 2030. Paris: OECD Publishing. Retrieved from https://www.oecd.org/education/2030-project/

CHAPTER 2

PART 02

AI 코스웨어 맵핑과 맞춤형 교육: 특수교육 현장에서의 이해와 활용

김소정

1 AI 코스웨어 이해하기

① AI 코스웨어의 교육적 의미와 가치

AI 코스웨어는 인공지능(AI)과 교육과정용 소프트웨어(courseware)의 합성어로, 교육과정의 내용과 절차, 방법 등을 포괄하는 교육 목적의 소프트웨어를 의미한다. AI 코스웨어는 학습자의 데이터를 수집하고 분석하여 개별 학습자에게 최적화된 학습 경험을 제공하는 것을 목표로 한다.

교육부의 AI 디지털교과서 개발 가이드라인에 따르면, AI 코스웨어는 개발사별로 다양한 형태를 보이나 일반적으로 다음과 같은 기능들로 구성된다.

첫째, 학습 진단 기능으로 학습자의 현재 수준과 특성을 파악
둘째, 맞춤형 학습 콘텐츠 추천 기능을 통해 적절한 학습 자료를 제공

셋째, 대시보드를 통해 학습 과정과 결과를 시각적으로 제시
넷째, AI 튜터 기능으로 학습자와 상호작용하며 개별화된 학습 지원
다섯째, AI 보조교사 기능으로 교사의 수업 준비와 실행을 지원

AI 코스웨어 활용에 있어 윤리적 고려사항도 중요하다. 학습자의 개인정보 보호, 데이터 수집 및 활용의 투명성, 알고리즘의 공정성 등이 특히 중요하게 다뤄져야 한다. AI가 제시하는 교육적 판단이 특정 학습자를 차별하거나 불이익을 주지 않도록 지속적인 모니터링과 검증이 필요하다.

2025년부터 순차적으로 도입되는 AI 디지털교과서는 교과 내용과 AI 기술을 결합하여 개별 학습자의 수준과 특성에 맞는 맞춤형 학습을 지원한다. 이는 학습자의 활동 데이터를 수집하고 분석하여, 개인별 학습 진단과 처방을 제공하며 학습 내용과 난이도를 학습자의 수준에 맞게 조정하는 지능형 학습 지원 체제를 구현한다.

특수교육에서의 AI 코스웨어는 AI 기반 교육의 가능성을 선제적으로 탐색할 수 있는 중요한 기회를 제공한다. 이를 통해 축적된 경험과 통찰은 향후 AI 디지털교과서의 효과적인 도입과 활용을 위한 중요한 시사점을 제공할 수 있으며, 나아가 특수교육 분야의 디지털 전환을 준비하는 실질적인 기초가 될 것이다.

❷ 특수교육 맥락에서의 의미

특수교육 현장에서 AI 코스웨어는 특별한 의미를 지닌다. 이는 개별화교육이라는 특수교육의 핵심 가치를 기술적으로 구현할 수 있는 도구이기 때문이다. 특수교육대상학생들은 동일한 장애 유형이라도 개인별 특성과 요구가 매우 다양하며, 학습 속도와 방식에서도 큰 차이를 보인다. AI 코스웨어는 이러

한 개인차를 실시간으로 파악하고 대응할 수 있는 가능성을 제공한다.

특수학교와 특수학급에서는 다양한 특성의 학생들이 함께 학습한다. A 초등학교 특수학급의 경우, 1학년 학생 2명, 2학년 학생 1명, 6학년 학생 1명이 한 교실에서 함께하고 있다. 학년뿐 아니라 장애 정도와 수준에 따라 같은 학년이라도 학습 내용이 천차만별이다. B 중학교의 경우, 지적장애와 자폐성 장애 학생들이 함께 학습하는데, 학생마다 선호하는 학습 방식과 필요한 지원이 매우 다르다.

이러한 상황에서 교사가 어떻게 각 학생에게 맞는 맞춤형 지원을 할 수 있을까? AI 코스웨어를 통해 이러한 과제에 대한 해결책을 엿볼 수 있다.

예를 들어, C 중학교의 수학 수업에서는 AI 코스웨어를 활용하여 학생별 맞춤형 학습을 효과적으로 지원하고 있다. 기초 연산 능력이 부족한 학생에게는 수 감각을 키우는 기초 활동부터 시작하고, 응용문제 해결이 가능한 학생에게는 실생활 문제를 활용한 도전적인 과제를 제시한다. D고등학교의 국어 수업에서는 AI 코스웨어의 음성인식 기능을 활용하여 읽기 어려움이 있는 학생들의 읽기 능력 향상을 돕고 있다. 각 학생의 읽기 속도와 정확도에 따라 적절한 난이도의 텍스트를 제공하고, 즉각적인 피드백을 통해 성취감을 느낄 수 있도록 한다.

AI 코스웨어는 교사의 부담을 효과적으로 경감시킨다. 특수교육 현장의 교사는 매우 다양한 특성과 요구를 가진 학생들을 동시에 지도해야 하는 상황에 직면한다. AI 코스웨어는 개별 학생의 학습 진행 상황을 실시간으로 모니터링하고 기초적인 피드백을 자동으로 제공함으로써, 교사가 더 세심한 교육적 지원이 필요한 부분에 집중할 수 있도록 돕는다.

더불어 AI 코스웨어는 학습자의 자기 주도적 학습을 지원한다. 특수교육대상학생들은 종종 반복된 실패 경험으로 인해 학습된 무기력, 학습 동기와 자신감 부족을 경험한다. AI 코스웨어는 개별 학습자의 수준에 맞는 과제를 제시하고 즉각적인 피드백을 제공함으로써 성공적인 학습 경험을 만들어낸다. 이는 학습자의 자기효능감을 높이고 학습 동기를 유지하는 데 이바지할 수 있다.

❸ 개별화교육계획(IEP) 지원 도구로서의 가능성

특수교육에서는 모든 특수교육대상자에 대해 개별화교육계획(Individualized Education Program, IEP)을 수립하고 실행하도록 법적으로 규정하고 있다. 개별화교육계획은 학생의 현재 학습 수준과 특성을 바탕으로 교육목표를 설정하고, 이를 달성하기 위한 구체적인 교육내용과 방법, 평가계획을 포함하는 종합적인 교육계획이다. 이는 학기별, 월별, 주별 계획으로 세분화되며, 각 단계별 실행과 평가를 통해 지속적으로 수정·보완된다.

[그림 2.16] 나이스(NEIS) 시스템의 개별화교육계획 월별 평가의 예시

☐	순번	월	교육목표	교육내용	교육방법	평가계획	평가	마감
☐	1	8-10	-합이 10이 되는 더하기를 하고 덧 -피감수가 10인 빼기를 하고 뺄셈	4. 덧셈과 뺄셈	직접교수, 원리탐구학습, 디지털	-합이 10이 되는 더하기를 하고 덧 -피감수가 10인 빼기를 하고 뺄셈	구체물을 활용하여 합이 10이 되는	마감
☐	2	11-12	-실생활에서 활용되는 10개의 묶 -몸의 부분을 이용하여 길이를 어	교육내용	직접교수, 문제해결 수업, 원칙말	-실생활에서 활용되는 10개의 묶 -몸의 부분을 이용하여 길이를 어	실생활 속 10개의 묶음과 낱개들	마감

순서	1	*월	8-10	담당교사	김소정	담당교사변경

교육목표	- 합이 10이 되는 더하기를 하고 덧셈식으로 나타낸다. - 피감수가 10인 빼기를 하고 뺄셈식으로 나타낸다.	교육내용	4. 덧셈과 뺄셈(2)
교육방법	직접교수, 원리 탐구 학습, 디지털 AI활용	평가계획	- 합이 10이 되는 더하기를 하고 덧셈식으로 나타낼 수 있는가? - 피감수가 10인 빼기를 하고 뺄셈식으로 나타낼 수 있는가?
평가	구체물을 활용하여 합이 10이 되는 덧셈의 의미를 이해하고 있으며, 80% 정도의 정확도로 덧셈식을 나타냄. AI 코스웨어를 활용한 학습에서 자신감을 보이며, 피감수가 10인 뺄셈에서는 구체물의 도움을 받아 문제를 해결함. 특히 세로식으로 표현된 문제 해결에서 높은 성취도를 보이나, 가로식에서는 자릿값 표현에 간헐적인 어려움이 있음.		

전통적인 개별화교육계획의 수립과 실행 과정에는 여러 한계점이 존재했다. 특히 객관적 데이터에 기반한 현재 수준 진단과 진전도 평가, 그리고 계획의 실질적 실행을 위한 시간과 자원의 제약이 주요 과제로 논의되어 왔다. AI 코스웨어는 이러한 한계점을 극복하고, 더욱 정교하고 체계적인 개별화 교육을 가능하게 하는 도구로서 가치를 지닌다.

AI 코스웨어를 통해 수집되는 학습 데이터는 개별화교육계획의 수립과 평가에 객관적 근거를 제공한다. 교육행정정보시스템(NEIS)의 개별화교육계획에는 학생의 인적 사항과 함께 학기별, 월별, 주별 계획 및 평가가 체계적으로 작성된다. AI 코스웨어의 데이터는 이러한 계획 수립과 평가의 실증적 기반이 될 수 있다. 학습자의 진전도 데이터는 현재 수준 진단과 목표 설정의 근거가 되며, 상세한 수행 기록은 평가의 신뢰성을 높이는 데 기여한다.

더불어 AI 코스웨어는 교사의 개별화교육 실행을 실질적으로 지원한다. 여러 학생을 동시에 지도해야 하는 특수교육 현장에서, AI 코스웨어는 기초적인 피드백과 지원을 자동화함으로써 교사가 더 세심한 교육적 개입이 필요한 상황에 집중할 수 있게 한다. 이를 통해 교사는 개별화교육계획을 더욱 효율적으로 실행하고 관리할 수 있다.

2 AI 코스웨어의 주요 기능

❶ 학습 진단 및 분석 기능

AI 코스웨어의 학습 진단 기능은 개별 학습자에 대한 심층적 이해와 체계적인 교육 접근을 가능하게 하는 핵심 요소이다. 이를 통해 각 학습자의 현재 수준을 정확히 파악하고, 적절한 교육적 지원을 계획할 수 있다. 특히 특수교육 대상학생의 다양한 특성과 요구를 고려할 때, 객관적이고 체계적인 진단은 효과적인 개별화교육의 출발점이 된다.

(1) 학습자 데이터 수집과 분석

학습자 데이터 수집은 AI 코스웨어가 제공하는 가장 기초적이면서도 중요한 기능이다. 전통적인 교육 환경에서는 교사의 관찰과 평가에 의존할 수밖에 없었던 학습자 이해를 보다 객관적이고 다면적으로 수행할 수 있게 한다. AI 코스웨어는 학습 과정에서 발생하는 모든 상호작용을 실시간으로 기록하고 분석한다. 문제 해결 시간, 오답률, 반복적으로 나타나는 실수 패턴, 학습 자료와의 상호작용 방식 등이 여기에 포함된다. 이러한 미시적 데이터는 학습자의 인지 처리 과정과 학습 전략을 이해하는 데 중요한 단서를 제공한다.

또한, AI 코스웨어는 학습자에 관한 다양한 특성의 데이터를 수집하여 맞춤형 교육에 활용한다. 여기에는 성별, 연령, 문화적 배경 등의 인구통계학적 특성과 사전 지식수준, 성취수준 등의 인지적 특성, 그리고 교사의 관찰이나 학생의 자기 보고에 의한 성격, 선호도, 관심사, 학습 동기 등의 정의적 특성이 포함될 수 있다. 더불어 AI 코스웨어는 학습자 특성 데이터와 다양한 학습활동 데이터를 체계적으로 수집하고 관리한다.[1] 이를 통해 학습활동 전반에 대한 종합적인 데이터 관리가 가능하며, 장기적인 관점에서 학습자의 발달과 성장을 지원하는 기초 자료로 활용될 수 있다.

1 한정윤 외(2023). AI 기반 맞춤형 교육의 현황과 과제(연구보고 RR2023-12, p.65). 한국교육개발원.

(2) AI 코스웨어의 진단평가 기능

AI 코스웨어의 진단평가 기능은 학습자의 수준을 정확하게 파악하고 이에 맞는 맞춤형 학습을 지원한다. 예를 들어, 미래엔 AI클래스의 경우 진단평가, 차시별 학습지, 단원 평가 기능을 탑재하여 학습이 끝날 때마다 수준을 분석할 수 있는 리포트를 제공하고, 취약 유형을 분석하여 맞춤형 학습지를 제공한다. 이러한 진단 기능을 통해 교사는 각 학생의 학습 상태를 즉각적으로 파악하고, 필요한 교육적 지원을 적시에 제공할 수 있다.

또 다른 예로, 똑똑 수학탐험대는 보다 체계적인 진단평가 시스템을 제공한다. 교사의 평가 활성화를 통해 학생들은 학교나 가정에서 진단평가에 참여할 수 있다. 진단평가는 초기 수감각, 기초연산, 단원별 핵심 성취 영역으로 구성되며, 학년과 시기에 따른 맞춤형 평가를 제공한다. 특히 초기 수감각과 기초연산에 대한 진단평가 결과를 기반으로 AI 추천 활동이 이루어진다.

진단 결과는 상세한 분석 보고서로 제시된다. 1학년의 경우 초기 수감각 영역에서 수의 크기, 수의 순서, 수 세기 등을 4단계 척도로 평가한다. 상급 학년에서는 단원별, 영역별 핵심 성취에 대한 진단 결과를 확인할 수 있다. 이러한 데이터 기반의 상세한 진단을 통해 교사는 각 학생의 부족 영역을 정확히 파악하고, 이에 맞는 교육적 지원을 계획할 수 있다.

[그림 2.17] 똑똑 수학탐험대 진단평가 대시보드

1차 진단 평가 | 2차 진단 평가 | 3차 진단 평가 | 4차 진단 평가 | 5차 진단 평가

4학년 평가

	도형	수의 연산	자료와 가능성	측정	종합 진단
어OO	연습이 필요해요	연습이 필요해요	잘해요	연습이 필요해요	2차 진단이 필요해요
박OO	평가내용이 없어요	평가내용이 없어요	평가내용이 없어요	평가내용이 없어요	평가내역이 없습니다
송OO	잘해요	잘해요	잘해요	잘해요	잘해요
이OO	잘해요	잘해요	잘해요	잘해요	잘해요
이OO	잘해요	잘해요	잘해요	잘해요	잘해요
임OO	연습이 필요해요	잘해요	잘해요	잘해요	2차 진단이 필요해요
장OO	잘해요	연습이 필요해요	잘해요	잘해요	2차 진단이 필요해요
조OO	잘해요	잘해요	잘해요	잘해요	잘해요

3 개별화된 학습 지원 기능

특수교육 분야에서 AI 코스웨어의 개별화된 학습 지원 기능은 각 학습자의 고유한 특성과 요구에 맞춘 맞춤형 교육을 실현하는 핵심 요소이다. 이는 맞춤형 콘텐츠 제공과 AI 튜터링 및 피드백의 두 가지 주요 측면으로 구현된다.

1. 학습자 특성 파악 → 2. 적응형 난이도 조절
→ 3. 다감각적 자료 제공 → 4. 개별화된 학습 경로 설계

(1) 맞춤형 콘텐츠 제공

맞춤형 콘텐츠 제공은 학습자의 인지적 특성, 학습 스타일, 그리고 현재의 발달 수준을 고려하여 최적화된 학습 경험을 설계하는 것을 의미한다. 이는 단순히 난이도를 조절하는 것을 넘어, 학습자의 총체적 특성을 반영한 종합적인 학습 환경 구성을 포함한다.

이러한 맞춤형 학습의 핵심에는 적응형 난이도 조절 시스템이 있다. 이 시스템은 학습자의 수준에 최적화된 과제를 제시하는데, 예를 들어 읽기 학습에서 학습자가 특정 난이도의 텍스트에서 90% 이상의 정확도를 보일 경우, 자동으로 다음 난이도의 텍스트를 제시한다. 이때 난이도 상승은 점진적이고 체계적으로 이루어져, 학습자가 성공 경험을 누적할 수 있도록 한다.

효과적인 맞춤형 학습을 위해서는 다감각적 학습 자료의 통합적 제공도 중요하다. 시각, 청각, 촉각 등 다양한 감각 채널을 활용하는 학습 자료를 제공함으로써, 각 학습자의 선호하는 학습 양식에 맞춘 교육이 가능하다. 예를 들어, 동일한 개념을 그림, 소리, 동영상, 텍스트 등 다양한 형태로 제시하여 학습자의 이해를 촉진할 수 있다.

이러한 요소들을 종합하여 개별화된 학습 경로를 설계하는 것이 최종 목표이다. 학습자의 현재 수준, 학습 속도, 관심사 등을 고려하여 최적의 학습 순서와 방법을 제안함으로써, 마치 각 학습자마다 전담 교사가 배정된 것과 같은 효과를 낸다.

(2) AI 튜터링과 피드백

AI 튜터링 시스템은 실시간으로 학습자의 수행을 모니터링하고 적절한 지원을 제공하는 지능형 교수 지원 시스템이다. 이는 교사의 개별 지도를 보완하고 확장하는 역할을 한다.

이 시스템의 가장 핵심적인 기능은 즉각적이고 개별화된 피드백 제공이다. 학습자의 반응에 따라 오류 수정, 힌트 제공, 격려 메시지 등 상황에 적합한 피드백을 실시간으로 제공한다. 특히 피드백의 형태와 강도는 학습자의 특성과 과거 반응 패턴을 고려하여 최적화된다.

이러한 개별화된 지원은 학습 전략 제안으로도 이어진다. 각 학습자의 강점을 활용하고 약점을 보완할 수 있는 맞춤형 학습 전략을 제시하는데, 여기에는 문제 해결 방법, 기억 전략, 자기점검 방법 등이 포함된다. 이러한 전략들은 학습자의 수행 결과에 따라 지속적으로 조정된다.

학습 동기 유지를 위해 AI 튜터링 시스템은 정교한 동기부여 체계를 갖추고 있다. 개별 학습자의 관심사와 선호도를 반영한 보상 체계를 운영하고, 성취 수준에 따른 적절한 도전 과제를 제시함으로써 내재적 동기를 강화한다.

더불어 메타인지 지원도 중요한 요소이다. 학습자가 자신의 학습 과정을 이해하고 조절할 수 있도록 돕는 메타인지 전략을 지원하는데, 예를 들어 학습 목표 설정, 진행 상황 점검, 자기평가 등의 활동을 안내하고 촉진한다.

이러한 AI 코스웨어의 개별화된 학습 지원 기능은 특수교육 현장에서 진정한 의미의 맞춤형 교육을 실현하는 데 크게 기여할 수 있다. 다만, 이러한 기술적 지원이 교사의 전문성과 인간적 상호작용을 대체하는 것이 아니라 보완하는 방향으로 활용되어야 하며, 학습자의 자율성과 능동적 참여를 촉진하는 방향으로 설계되어야 한다는 점을 강조할 필요가 있다.

❶ 교수자 지원 기능

AI 코스웨어의 교수자 지원 기능은 크게 데이터 기반 교수 의사결정 지원과 학습자 관리 및 모니터링으로 구분된다. 이러한 기능들은 교수자가 특수교육 현장에서 보다 체계적이고 효율적으로 교육활동을 수행할 수 있도록 돕는다.

첫째, 데이터 기반 교수 의사결정 지원 기능은 교수자의 전문적 판단과 교수 활동을 돕는다. 학습분석을 통해 수집된 데이터를 바탕으로 교수자에게 학습 리포트를 제공하여 교수 전략을 수립하는 데 도움을 준다. 예를 들어, 특정 단원에서 여러 학생이 어려움을 겪는 경우 해당 개념에 대한 추가 설명이나 보충 학습의 필요성을 알려준다. 또한 개별 학습자의 학습 패턴과 성취도를 분석하여 맞춤형 교수 전략을 추천할 수 있다. 이러한 데이터 기반의 의사결정 지원은 교수자가 교수활동을 보다 객관적이고 체계적으로 계획하고 실행할 수 있게 한다.

둘째, 학습자 관리와 모니터링 기능은 교수자가 학급 전체와 개별 학습자의 진행 상황을 효율적으로 파악하고 관리할 수 있도록 지원한다. 통합적인 학습자 프로파일을 통해 각 학생의 학습 이력, 강점과 약점, 선호도 등을 한눈에 파악할 수 있다. 진척도 대시보드는 실시간으로 학습 진행 상황을 보여주며, 특별한 관심이 필요한 학생들을 조기에 발견하고 적절한 개입을 할 수 있게 한다. 더불어 학부모 상담에 필요한 객관적인 데이터와 분석 자료를 제공하여 효과적인 의사소통을 가능하게 한다.

이러한 교수자 지원 기능들은 단순한 데이터 제시를 넘어 교수자가 실제 교육 현장에서 활용할 수 있는 실질적인 통찰과 제안을 제공한다는 점에서 중요한 의미를 갖는다. 이를 통해 교수자는 데이터에 기반한 전문적인 판단을 내리고, 보다 효과적인 교수학습 활동을 설계하고 실행할 수 있게 된다.

4 AI 코스웨어 활용의 실제

❶ AI 코스웨어를 적용하기 전 고려 사항

AI 코스웨어를 교육 현장에 도입할 때는 체계적이고 단계적인 접근이 필요하다. 본 절에서는 교사가 AI 코스웨어를 선택하고 적용하는 과정에서 고려해야 할 핵심 요소들을 살펴보고자 한다.

1) 적합한 AI 코스웨어 선정

[그림 2.18] 에듀테크 마켓맵

교육 현장에서 활용 가능한 AI 코스웨어는 매우 다양한 형태로 개발되어 있다. [그림 2.18]의 에듀테크 마켓맵에서 볼 수 있듯이, 각 코스웨어마다 고유한

특징과 장단점을 가지고 있어 학교와 학급의 상황에 맞는 적절한 선택이 중요하다.

코스웨어 선정 시에는 무엇보다 학급의 교육적 요구를 정확히 파악하는 것이 선행되어야 한다. 예를 들어, 수학 교과의 경우 과목의 위계적 특성으로 인해 수준별 접근이 필수적이며, 반복적인 연산 문제로 인한 학습 거부감도 고려 대상이다. 대부분의 코스웨어가 초등 공통 교육과정의 1~6학년 단원별 내용을 학습경로로 제시하고 있으나, 기초적인 수개념이나 수감각 학습이 필요한 학생들에게는 적합하지 않을 수 있다.

따라서 실제 도입에 앞서 여러 프로그램의 시범용 계정을 활용한 테스트 과정이 필요하다. 러닝 스파크의 에듀테크 마켓맵과 Askedtech 웹사이트의 AI 코스웨어 목록을 참고하여 작성된 [표 2.7]은 다양한 AI 코스웨어의 기능을 비교 분석할 수 있는 기준을 제시하고 있다. 이를 통해 각 학급의 특성과 요구에 가장 적합한 코스웨어를 선별할 수 있다.

[표 2.7] AI코스웨어 선택 자료

과목	서비스명	데이터분석	AI튜터	학생대시보드	교사대시보드	비고
수학	똑똑수학탐험대	O	O	O	O	무료
수학	일프로연산	O	X	O	O	
수학	매쓰홀릭T	O	O	O	O	
수학	토도수학	O	O	O	O	유아, 저학년
수학	수학대왕	O	O	O	O	
수학	풀리수학	O	O	O	O	
수학	매쓰플랫	O	O	O	O	
수학	매쓰튜터	O	O	O	O	
수학	콴다	O	O	O	O	
수학	AI마타수학	O	O	O	O	
수학	노리AI스쿨 수학	X	O	O	O	
수학	스마트올AI 학교수학	O	X	O	O	

수학	옥수수	O	O	O	O	
전과목	지니아튜터	O	O	O	O	
전과목	클래스팅AI	O	O	O	O	
국어, 수학, 사회, 과학	AI클래스	O	O	O	O	무료, 특수교육 메뉴 제공
국어, 영어, 사회, 수학, 과학	미래엔초코	O	O	O	O	
국어, 수학, 사회, 과학, 예체능	클래스툴	O	X	O	O	
전과목	아이스크림 홈런	O	O	O	O	기기 대여형
국어, 영어, 수학, 과학	토도원	O	O	O	O	기기 대여형
전과목	밀크T	O	O	O	O	기기 대여형
영어	스마트리영어	O	O	O	O	
영어	원아워	O	X	O	O	
영어	리도보카	O	O	O	O	
영어	버터타임	O	O	O	O	
영어	알공	O	O	X	O	
영어	토도영어	O	O	O	O	
국어	토도한글	O	O	O	O	
국어	리드	O	O	O	O	
국어	비토미	O	O	X	O	
국어	키위티	O	O	X	X	
국어	자작자작	O	O	O	O	
국어	아이설렘한글	O	O	O	O	
국어	리딩앤	O	O	X	O	
정보	코드모스	O	O	O	O	
정보	코들	O	O	O	O	
메타버스	원더버스	O	O	O	O	

2) AI 코스웨어에서의 접근성 확보

학습자의 특성을 고려한 접근성 확보는 AI 코스웨어 활용의 성패를 좌우하는 중요한 요소이다. 학생들의 디지털 기기 조작 능력에 따라 태블릿의 터치 조작이나 노트북의 키보드와 마우스 조작 중 적합한 방식을 선택해야 한다.

[그림 2.19] 토도수학의 보편적 학습 설계 기능

예를 들어, 토도수학의 경우 다양한 보편적 학습 설계 특징을 적용하여 접근성을 높였다. 왼손잡이 모드를 통해 입력창의 위치를 조정할 수 있으며, 숫자패드 모드를 통해 직접 쓰기나 드래그 앤 드롭, 터치 버튼 등 다양한 입력 방식을 지원한다. 또한 도움 버튼을 통해 시각적 힌트 제공 여부를 설정할 수 있어 학생의 학습 특성에 맞춘 지원이 가능하다.

3) 초기 적응 지원 및 학습 환경 조성

AI 코스웨어의 성공적인 도입을 위해서는 체계적인 초기 적응 지원이 필수적이다. 처음 코스웨어를 접하는 학생들은 호기심과 불안감을 동시에 느낄 수 있으므로, 기기 조작과 같은 기본적인 활동부터 단계적으로 익힐 수 있도록 지원해야 한다. 또한 게임적 요소가 포함된 학습에서는 과도한 몰입이나 다른 학습 활동 거부와 같은 문제가 발생할 수 있으므로, 명확한 사용 규칙 수립이 필요하다.

아울러 AI 코스웨어 활동을 실제적인 학습 경험과 연계하는 것이 중요하다. 예를 들어, 수 개념 학습 후 실제 물건을 세어보거나 도형 학습 후 신체 활동으로 표현해보는 등 구체물을 활용한 확장 활동을 통해 학습 효과를 높일 수 있다. 개별 학습 공간 확보, 태블릿 스탠드 활용, 화면 반사 방지 등 물리적 환경 조성과 일관된 학습 루틴의 확립도 성공적인 코스웨어 활용을 위한 중요한 요소이다.

[그림 2.20] 학급에서의 태블릿 이용 규칙 만들기

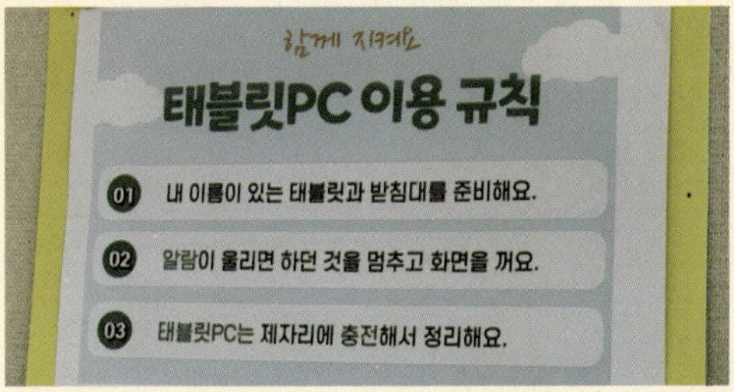

4) 교육과정과의 연계성 확보

AI 코스웨어의 활용은 개별화교육계획(IEP)과 교육과정의 맥락에서 이루어져야 한다. 코스웨어를 단순한 보조 도구가 아닌 교육과정의 핵심 요소로 통합하기 위해서는 학습 목표와의 연계성을 명확히 해야 한다. 예를 들어, 각 학생의 IEP 목표에 따라 코스웨어의 난이도와 학습량을 조정하고, 진도 계획에 맞춰 활용 시기를 결정해야 한다.

5) 학습 데이터의 활용 계획 수립

AI 코스웨어를 통해 수집되는 다양한 학습 데이터를 어떻게 활용할 것인지에 대한 계획이 필요하다. 학습 진행 상황, 오답 패턴, 학습 시간 등의 데이터를 정기적으로 검토하고, 이를 교수 계획 수정과 개별화된 지원에 반영하는 체계를 마련해야 한다. 또한 학부모와의 상담이나 IEP 회의에서 이러한 데이터를 효과적으로 활용하는 방안도 고려해야 한다.

6) 가정과의 연계 방안 모색

AI 코스웨어의 효과를 극대화하기 위해서는 가정에서의 활용도 고려해야 한다. 학부모에게 코스웨어의 교육적 가치와 활용 방법을 안내하고, 가정에서 지원할 수 있는 구체적인 방법을 제시해야 한다. 예를 들어, 학습 시간 관리, 적절한 피드백 제공 방법, 과도한 사용 방지를 위한 지침 등을 안내할 수 있다.

❷ 특수학급 수학 수업의 적용 사례

[표 2.8] 토도수학을 활용한 수학과 교수·학습 지도안

<table>
<tr><td>교과</td><td>수학</td><td>주제</td><td colspan="2">합이 9이하인 더하기 하기</td></tr>
<tr><td>성취 기준</td><td colspan="4">[4수01-08] 합이 9 이하인 더하기를 하고 덧셈식으로 나타낸다.</td></tr>
<tr><td>학습 목표</td><td colspan="4">그림을 보고 합이 9 이하인 더하기를 하고 덧셈으로 나타낼 수 있다.</td></tr>
<tr><td>학습 단계</td><td colspan="2">교수·학습 활동</td><td>시간</td><td>자료 및 유의점</td></tr>
<tr><td>수업 전</td><td colspan="2">· 선수학습에 대한 [진단평가] 실시
· [대시보드]에서 학생별 진단 결과 확인</td><td></td><td>토도수학
[진단평가]</td></tr>
<tr><td>도입</td><td colspan="2">· 교과서 그림 및 문제 상황을 통한 동기 유발
- 할머니 집에 가는 버스를 타요.
· 학습 목표 확인</td><td>5’</td><td>에듀에이블 - 멀티미디어북
자료 활용</td></tr>
<tr><td rowspan="4">전개</td><td>활동 1</td><td>합이 9 이하인 숫자 더하기</td><td rowspan="2">15’</td><td rowspan="4">토도수학
[자유모드]</td></tr>
<tr><td colspan="2">- 정류장마다 버스에 탄 사람 세어보기
- 버스에 타고 있는 사람의 총 숫자 세기
- 덧셈식으로 표현해보기</td></tr>
<tr><td>활동 2</td><td>덧셈식 완성하기</td><td rowspan="2">10’</td></tr>
<tr><td colspan="2">
-토도수학 - 자유모드 -수식 만들기
-드래그로 숫자를 옮겨 식 완성하기</td></tr>
<tr><td>정리</td><td colspan="2">· 오늘의 배운 내용 정리하기
-[오늘의 모험]에서 개별 학습하기
-[AI연습]: 기본연습 : 덧셈/뺄셈 풀기
· 차시 학습 내용 예고</td><td>10’</td><td>토도수학
[오늘의 모험]
[AI연습]</td></tr>
</table>

본 사례는 초등학교 특수학급 2학년을 대상으로 토도수학을 활용한 수학 수업 사례이다. 합이 9 이하인 더하기를 하고 덧셈식으로 나타내는 수업에서 에듀테크인 토도수학을 효과적으로 활용하여 학습자 중심의 수업을 진행하였다.

[그림 2.21] 토도수학 활동지로 진단평가하기

수업 준비 단계에서는 학습자의 선수학습 수준을 정확히 파악하기 위해 토도수학에서 제공하는 활동지와 앱 초기 실행 시 제공되는 간단한 진단평가 문제를 통해 진단평가를 실시한다. 이후 토도수학에서 제공하는 커리큘럼을 확인하고 진단평가 결과를 바탕으로 학생별 레벨을 개별 설정한다. 특수교육대상학생의 특성을 고려하여 드래그나 터치 방식, 왼손/오른손 사용 등 세부 설정을 조정하여 학습 환경을 최적화한다.

[그림 2.22] 학생별 레벨 설정

현재진도	공부중인 내용
A Level 6Stage	AB 패턴의 규칙을 알고 패턴을 완성할 수 있습니다. 패턴 규칙을 찾아 비어 있는 두 곳에 들어갈 알맞은 모양을 찾아 넣습니다.
B Level 10Stage	10 이하 수가 나타내는 양을 알고 두 수의 크기를 비교할 수 있습니다. 두 수 중에서 더 큰 수 또는 더 작은 수를 고릅니다.
C Level 2Stage	10 이하의 수를 두 수의 합성으로 나타낼 수 있습니다. 카드 두 장의 동그라미 수를 합하여 6,7,8,9,10이 되도록 알맞은 카드를 고릅니다.
D Level	자릿값의 기본 개념을 이해할 수 있어요. 평면도형의 변과 각의 수를 구할 수 있어요.
B Level 8Stage	11부터 20까지 주어진 수만큼 물건의 개수를 세어 나타낼 수 있습니다. 주어진 수만큼 블록을 옮겨 놓습니다.
B Level 9Stage	크기, 색깔에 따라 도형을 분류할 수 있습니다. 크기, 색깔에 맞는 도형을 선택합니다.

수업의 도입과 전개 단계에서는 국립특수교육원의 에듀에이블 플랫폼에서 제공하는 멀티미디어북 자료를 활용하여 교과서 그림과 문제 상황을 제시하고 학습 동기를 유발한다. 에듀에이블의 버스 승객 세기 활동을 통해 각 정류장에서 탑승한 인원을 세어보고, 이를 총합으로 계산한 후 덧셈식으로 표현하는 학습을 진행한다. 이후 학습한 내용을 적용하고 일반화하기 위해 토도수학의 자유모드로 전환하여 수업을 진행한다. 토도수학의 수식 만들기 기능을 활용하여 학생들이 드래그 방식으로 직접 숫자를 조작하며 덧셈식을 완성하는 활동을 수행한다.

[그림 2.23] 학생별 개별 코스웨어 활동 장면

수업의 마무리 단계에서는 토도수학의 '오늘의 모험' 코너를 활용하여 개별 학습을 진행한다. 각 학생의 수준과 진도에 맞춘 개별화된 학습이 이루어지며, AI 연습 문제를 통해 기초 연산 능력을 강화하는 복습 활동으로 수업을 마무리한다. 이러한 과정을 통해 학생들의 개별 특성을 고려한 맞춤형 수학 학습이 가능하며, AI 코스웨어 기반의 상호작용적 학습 환경에서 학습 효과를 높일 수 있다.

❸ 장애 유형별 활용 방안

특수교육 현장에서 AI 코스웨어를 효과적으로 활용하기 위해서는 장애 유형별 특성을 고려한 맞춤형 접근이 필요하다. 각 장애 유형별로 학습 특성과 요구가 다르므로, 이에 적합한 AI 코스웨어 활용 전략을 고려할 수 있다.

지적장애 학생의 경우, 추상적 개념의 이해나 일반화에 어려움을 보이므로 기초학습능력 강화를 중심으로 한 접근이 중요하다. 특히 수학 학습에서는 기본적인 수 개념과 수감각 형성에 초점을 맞추어야 하며, 단계적 과제 분석을 통한 체계적인 학습이 필요하다.

AI 코스웨어 활용 시 고려사항

- 현재 수준에 맞는 반복 학습 기회 제공: 같은 개념을 다양한 방식으로 반복 학습할 수 있도록 지원
- 시각적 자료를 활용한 구체적 설명: 추상적 개념을 구체물이나 시각적 자료로 표현
- 작은 단위의 성취 목표 설정과 즉각적 강화: 성공 경험을 통한 학습 동기 유지
- 학습 내용의 실생활 연계 강화: 학습한 내용을 일상생활에서 활용할 수 있도록 지원
- 개별 학습 속도를 고려한 충분한 응답 시간 제공: 인지 처리 속도의 개인차 고려

자폐성 장애 학생들은 새로운 상황이나 예측하기 어려운 변화에 불안감을 느낄 수 있으므로, 구조화된 학습 환경과 명확한 학습 루틴 제공이 중요하다. AI 코스웨어는 예측할 수 있는 학습 순서와 일관된 피드백을 제공함으로써 학습 불안을 감소시킬 수 있다.

AI 코스웨어 활용 시 고려사항

- 명확하고 일관된 학습 단계 제시: 시각적 일정표나 체크리스트를 통한 과정 안내
- 감각적 특성을 고려한 시청각 자료 강도 조절: 개별적 감각 민감성 고려
- 특정 관심사를 활용한 학습 동기 유발: 학생의 흥미 요소를 학습 활동에 통합
- 행동 패턴 분석을 통한 맞춤형 지원 전략 수립: 개별적 행동 특성 고려

학습장애 학생은 특정 영역의 학습에 어려움을 보이므로, 개별화된 학습 속

도 조절과 다감각적 접근이 핵심이다. AI 코스웨어는 학생의 처리 속도에 맞춰 문제 제시 시간을 조절할 수 있으며, 시각적, 청각적 자료를 통합적으로 활용하여 학습 내용의 이해를 돕는다.

AI 코스웨어 활용 시 고려사항

- 개별 학습자의 처리 속도에 맞춘 과제 제시: 특정 영역의 학습 어려움 고려
- 다감각적 학습 자료 활용: 다양한 감각 채널을 통한 학습 내용 제시
- 읽기/쓰기 지원을 위한 음성 인식 및 출력 기능 활용: 대체 입출력 방식 제공
- 오류 패턴 분석을 통한 맞춤형 중재 제공: 학습 어려움의 원인 파악 및 지원
- 메타인지 전략 훈련 지원: 자기 주도적 학습 전략 개발 촉진

5 효과적 활용을 위한 제언

AI 코스웨어의 효과적인 활용을 위해서는 몇 가지 핵심적인 요소들이 뒷받침되어야 한다.

무엇보다 교사의 전문성 강화가 가장 중요하다. AI 코스웨어의 기술적 활용뿐만 아니라, 수집된 데이터를 교육적으로 해석하고 이를 수업 설계에 반영하는 역량이 필수적이다. 이를 위해서는 체계적인 교사 연수와 실제 사례 중심의 워크숍이 지원되어야 하며, 특히 현장 교사들이 서로의 경험과 노하우를 나눌 수 있는 전문적 학습공동체 운영이 큰 도움이 될 것이다.

기술적 측면에서는 체계적인 지원 시스템 구축이 필요하다. 학교 차원의 기

술 인프라 확충, 디지털 튜터와 같은 전문 인력 배치, 지속적인 유지보수 체계가 마련되어야 한다. 안정적인 네트워크 환경과 적절한 하드웨어 및 소프트웨어 확보는 AI 코스웨어 활용의 기본 전제이며, 문제 발생 시 신속한 해결을 위한 지원체계와 장기적인 운영 계획도 필수적이다.

윤리적 측면도 간과할 수 없다. 학습자 데이터 수집과 활용에 있어 개인정보 보호를 철저히 하고 투명성을 확보해야 한다. 이를 위해 명확한 지침과 보안 체계를 마련하고 학부모 동의 절차를 확립해야 하며, AI 기술이 교사의 역할을 대체하는 것이 아닌 보완하는 도구로 활용되어야 한다는 인식이 중요하다.

이러한 노력들이 실제 교육 현장에서 효과를 발휘하기 위해서는 지속적인 효과성 검증과 개선이 뒷받침되어야 한다. 현장 기반의 실증 연구를 통해 AI 코스웨어 활용의 교육적 효과를 검증하고, 이를 바탕으로 시스템을 개선하는 순환적 과정이 필요하다. 특히 다양한 장애 유형별 적용 사례를 분석하고 장기적인 교육효과를 추적하는 연구가 중요하다.

AI 코스웨어는 단순한 디지털 학습 도구를 넘어, 학습자의 활동 데이터를 수집하고 분석할 수 있는 새로운 가능성을 제시한다. 이러한 학습분석(Learning Analytics)의 잠재력은 개별 학습자에 대한 보다 깊은 이해와 맞춤형 지원으로 이어질 수 있다. 그러나 이러한 기술적 가능성을 교육적 성과로 연결하기 위해서는 이를 활용하는 교사의 전문성과 세심한 교육적 고려가 반드시 전제되어야 한다.

특수교육 현장에서는 무엇보다 개별 학습자의 특성과 요구를 면밀히 파악하고, 이에 맞는 체계적인 지원이 뒷받침되어야 한다. AI 코스웨어는 교사의 전문성을 대체하는 것이 아닌, 이를 보완하고 강화하는 도구로서 그 가치를 발휘할 수 있다. 본 장에서 제시한 다양한 고려사항과 제언들이 현장의 교사들에게 실질적인 지침이 되어, 모든 학습자가 자신의 잠재력을 최대한 발휘할 수 있는 교육 환경 조성에 기여하기를 기대한다.

· 참고문헌 및 사이트

- 교육부(2024). 교사가 이끄는 교실혁명을 위한 디지털 기반 교육혁신 역량 강화 지원방안.
- 한정윤 외(2023). AI 기반 맞춤형 교육의 현황과 과제(RP2023-12). 한국교육개발원.
- 임철일 외(2024). 교사의 교수설계 지원을 위한 AI 코스웨어 대시보드 프로토타입 개발 연구: 초등 수학 교과를 중심으로. 교육정보미디어연구, 30(3), 907-932.
- 계보경 외(2023). AI 디지털교과서 개발 가이드라인(GM 2023-11). 한국교육학술정보원 .
- 손태권, 강다혜. (2024). 수학교육에서 AI 코스웨어의 디지털 유형학적 분석. Education of Primary School Mathematics, 261-279.
- 정제영 외(2024). 교사가 이끄는 교실혁명(초등편). 박영스토리.
- 러닝스파크 2024년 대한민국 에듀테크 마켓맵 https://www.askedtech.com/post/1343025
- 토도수학, 교실에서 만나는 토도 https://www.todoclassroom.com/

CHAPTER 3

PART 02

특수교육에서의 하이터치 하이테크(HTHT) 교육

이주은

1 하이터치 하이테크(HTHT) 교육의 이해

기술 발전과 디지털 전환이 가속화되면서 교육 현장에서도 새로운 접근 방식이 도입되고 있다. 하이터치 하이테크(High-Touch High-Tech, HTHT) 교육이란 첨단 기술(하이테크)을 활용하여 반복적이고 기계적인 학습을 지원하는 동시에, 교사의 정서적 지원과 관계 중심의 교육(하이터치)을 결합하여 학생 중심의 학습 환경을 제공하는 교육 접근법을 말한다(정제영 외, 2020; 2024). 즉, 하이터치 하이테크(HTHT) 교육은 특수교육 현장에서 기술과 인간적 요소가 어떻게 상호작용하여 학생들에게 최적화된 학습 환경을 제공할 수 있는지를 탐구하는 중요한 접근이다.

특수교육 현장에서 하이터치 하이테크 교육은 다음 두 가지 측면에서 중요한 의미를 가진다. 첫째, '하이테크'를 활용한 맞춤형 학습 지원을 통해 장애 유형 및 정도에 따라 다양한 특성을 가진 학생 개개인의 학습 속도와 수준에 맞는 교육을 제공할 수 있다. 인공지능(AI), 증강현실(AR), 코스웨어 등 기술적 도구는 개별 학생의 데이터를 분석하고, 그에 맞는 학습 콘텐츠를 제공함으로써 개별화교육(IEP)을 효과적으로 실현한다. 둘째, '하이터치'로 학생의 정서적, 사회적 성장 지원을 가능하게 한다. 교사는 디지털 기술이 제공하는 데이터와 분석 결과를 활용해 학생들에게 더 개인 맞춤형 지원을 제공할 수 있으며, 학생들이 학습을 통해 성취감을 느끼고 자신감을 키울 수 있도록 돕는다.

2부 3장에서는 특수교육 현장에서 하이터치 하이테크 교육이 실제로 어떻게 적용되는지 사례를 중심으로 탐구하고자 한다. 다양한 사례를 통해 기술이 어떻게 특수교육 현장의 다양한 학생들에게 개별 맞춤형 지원을 제공하고 새로운 가능성을 열어줄 수 있는지 살펴볼 것이다.

교육은 단순히 지식을 전달하는 것을 넘어, 학생 개개인의 잠재력을 발견하고 그들이 사회의 일원으로 성장하도록 돕는 과정이다. 하이터치 하이테크 교육은 이러한 목표를 실현하는 데 중요한 도구로, 특수교육 현장에서 다양한 특성을 지닌 학생들에게 개별화된 교육을 제공할 수 있는 가능성을 제시한다.

1 하이터치 하이테크(HTHT) 교육의 의미

하이터치 하이테크 교육은 교사가 하이테크를 활용하여 창의적 교육 성과를 이루어내는 것을 목적으로 한다(정제영 외, 2020). 기존의 단순하고 반복적인 지식 이해 및 암기, 채점 등은 하이테크의 도움을 받아 해결하고, 교사는 다양한 학생 참여형 수업을 설계하고 학생의 사회·정서적 지지자로서 나아갈 수 있도록 하는 교육을 의미한다(정제영 외, 2024). 기본 단계의 학습은 AI 교육자료와 같은 하이테크의 지원으로 모든 학습자가 기본적인 수준을 갖추도록 지원해야 한다. 이처럼 교육 현장에서 인공지능과 같은 과학 기술을 적극적으로 활용하되, 창의적 교육과 같은 고차원적인 일은 교사의 주도로 학생들과 함께 이루어질 수 있도록 해야 한다. 하이테크로 성취하기 어려운 개별 학생의 맞춤형 학습과 협업 역량 및 의사소통 역량 등의 미래 사회를 대비하기 위한 역량을 길러주는 역할은 교사가 주도적으로 해야 한다. 미래 사회에 맞는 창의적인 학생을 만들기 위한 다양한 학습자 참여 수업의 설계와 학생의 사회·정서 지원은 교사가 담당하는 것이다.

❷ 교사가 주도하는 하이터치 하이테크(HTHT) 교육

하이터치 하이테크(HTHT) 교육의 핵심은 '하이터치'이며, 미래 교육에서 가장 중요한 요소는 바로 '교사'다(정제영, 2024). 아무리 혁신적이고 뛰어난 기술이 도입되더라도, 학습자의 내적 동기와 지속적인 노력이 없다면 진정한 배움은 이루어질 수 없다. 교육 기술은 학습의 과정을 돕는 도구일 뿐, 학습자 스스로의 참여와 몰입이 없다면 그 효과는 제한적일 수밖에 없다.

교육은 본질적으로 학생이 스스로 주도적으로 학습하는 과정을 통해 이루어진다. 그러나 모든 학생이 학습의 목표를 명확히 이해하고 지속적으로 노력하기란 쉽지 않다. 특히 특수교육 현장에서는 학생 개개인이 가진 다양한 특성과 학습 요구에 맞춰 동기를 부여하고 지속적인 지지를 제공하는 일이 더욱 중요하다. 이 과정에서 특수교사의 역할은 그 무엇보다도 중요하다.

[그림 2.24] 하이터치 하이테크 교육에서의 교사의 역할

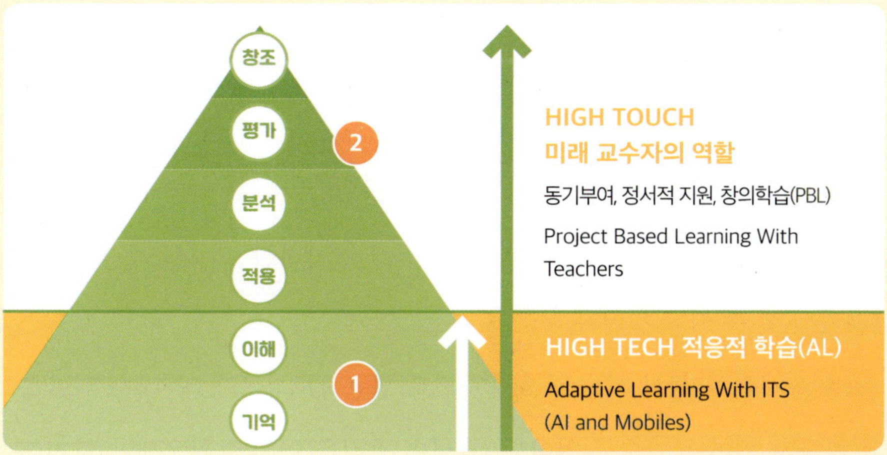

[그림 2.24]에서와 같이 하이터치 교육은 학습자의 교육 성과를 이끌어내기 위한 교수자의 역할을 뜻한다. 아무리 우수한 교육 자료와 시스템이 제공되더라도 학습 동기가 부족하면 교육 성과를 기대하기 어렵다. 따라서 학습자의 개인별 목표를 설정하고 학습 계획을 수립하는 자기주도적 학습 과정을 지원하는 교사의 역할이 무엇보다 중요하다. 이를 효과적으로 수행하려면 개별 학생에 대한 정확한 진단 데이터가 필요하며, 이를 인공지능 기술이 지원한다. 교사는 학생들이 창의적 학습으로 나아갈 수 있도록 지식을 기반으로 '적용, 분석, 평가, 창조'와 같은 고차원적 학습 경험을 제공하는 것이 필수적이다(정제영, 2023).

교사의 역할은 특히 특수교육 현장에서 더욱 중요하다. 학생의 다양한 학습 요구와 장애 특성을 반영한 세심한 조정과 지원은 기술만으로는 충족할 수 없기 때문이다. 즉, 교사는 단순히 기술을 사용하는 운영자가 아니라, 기술이 제

공하지 못하는 인간적 요소를 더해 학생이 끝까지 학습의 여정을 이어가도록 돕는 존재다. 학생에게 적절한 동기를 부여하고 각자의 교육적 요구를 이해하며 기술이 채우지 못하는 정서적 지지를 제공하는 역할은 교사만이 할 수 있다. 예를 들어, 하이터치 하이테크 교육에서 인공지능과 같은 기술은 개별 학습을 지원하고 흥미를 유발할 수 있지만, 학생의 교육적 요구에 적절한 학습 도구를 선정하고 학습 참여를 유지하기 위해 정서적인 지지를 제공하는 것은 교사만이 할 수 있는 것이다.

또한 교사는 학생이 기술을 효과적으로 활용하도록 돕는 안내자 역할을 한다. 아무리 뛰어난 기술이 있어도, 학생이 그것을 어떻게 활용해야 할지 모른다면 학습의 도구로 작동하지 못한다. 교사는 기술 사용 방법을 알려주는 데 그치지 않고, 학생이 학습 목표를 명확히 설정하고 기술을 활용해 목표를 달성할 수 있도록 학습 전략을 설계하고 안내할 수 있다.

특히 특수교육 현장에서는 교사의 세심한 관찰과 개별화된 피드백이 학습의 성패를 좌우할 수 있다. 기술이 학습자의 데이터를 분석해 학습 콘텐츠를 추천할 수 있지만, 교사는 이를 바탕으로 학생의 장애 특성과 학습 태도를 종합적으로 고려하여 최적의 교육을 제공할 수 있다. 교사는 학습자의 강점과 약점을 파악하고, 필요에 따라 학습 환경을 조정하거나 추가적인 지원을 제공하며, 학생이 목표를 달성할 수 있도록 지속적으로 동기를 부여한다.

결국 하이터치 하이테크 교육의 성공 여부는 교사가 기술과 인간적 요소를 얼마나 잘 결합하여 학생들에게 맞춤형 학습 경험을 제공하느냐에 달려 있다. 기술이 아무리 발전해도, 교육의 중심에는 항상 사람이 있어야 한다. 교사는 하이터치 하이테크 교육에서 기술이 학습 과정의 도구로 잘 활용될 수 있도록 돕는 동시에, 학생들의 학습 여정에서 끊임없는 동기 부여자이자 지원자로 존재해야 한다. 미래의 교육에서도, 교육의 핵심은 바로 교사다.

2 특수교육 현장에서의 하이터치 하이테크(HTHT) 교육의 실제

❶ 현악기 연주 인공지능 프로그램을 활용한 하이터치 하이테크(HTHT) 교육

> "단순·반복적인 악기 연주 연습은 하이테크가,
> 학생은 음악적 소통 및 즐거움 경험"

특수교육 현장에 하이터치 하이테크(HTHT) 교육이 들어온 이후로 단순하고 반복적인 연습은 하이테크가 대신 해주고, 학생들은 학습의 본질에 더욱 가까워질 수 있게 되었다. 본 사례는 '구글 아트 앤 컬쳐(Google Art & Culture)'의 '비올라 더 버드(Viola the birFd)'를 활용하여 하이터치 하이테크 교육을 실현한 것이다. '구글 아트 앤 컬쳐'의 '비올라 더 버드' 접속 화면은 다음 [그림 2.25]와 같다.

[그림 2.25] 하이터치 하이테크 교육에서의 교사의 역할

출처: 구글 아트 앤 컬쳐.

‘구글 아트 앤 컬처’의 ‘비올라 더 버드’는 현악기 연주 인공지능 프로그램으로, 악기 연주 경험이 없는 누구나 쉽게 바이올린이나 첼로를 연주할 수 있도록 한다. 이 프로그램의 인터랙티브 기능을 활용하여 가상으로 활을 움직이면 실제로 연주하는 것처럼 현악기 소리를 표현할 수 있다. 실제 악기의 경우 연주를 하기까지 많은 연습과 시간이 필요하고, 정확한 자세와 정교한 손가락 기능도 요구된다. 그런데 인공지능 프로그램을 활용하면 간단한 조작으로 쉽게 현악기 소리를 탐색하고 연주해 볼 수 있다.

특수학교의 음악 수업에서 바이올린이나 첼로와 같은 현악기 연주는 많은 연습과 시간이 필요하여 학생들에게 쉽지 않은 과정이다. 이러한 특성 때문에 학생들이 도중에 포기하거나 학습에서 흥미를 잃을 수 있다. 악기를 연습하는 과정에서 흥미를 유지하고 적은 노력으로 훌륭한 연주 결과를 경험할 수 있도록 에듀테크를 활용할 수 있다.

기본교육과정의 음악 교과는 다양한 장애 유형과 정도를 지닌 학습자의 특성과 교육적 요구에 적합한 음악과 활동을 경험하게 함으로써, 일상생활 속에서 자신을 표현하고 음악을 즐기며 음악으로 소통하고 사회·문화적 안목과 공동체 의식을 함양하도록 하는 교과이다(교육부, 2022). 음악 교과는 음악의 기본 지식을 학습하는 것도 중요하지만 생활 속에서 스스로 음악을 즐기고 자유롭게 표현할 수 있는 능력을 계발하여 서로 존중하고 소통하며 일상생활에 적응하는 능력을 갖추는 데 중점을 둔다. 따라서 악기 연주를 위해 지나치게 많은 연습을 하는 것보다는 음악을 즐기는 것이 더 중요하다.

본 수업은 ‘구글 아트 앤 컬처’의 ‘비올라 더 버드’를 활용하여 디지털 화면의 가상 바이올린에 활을 움직이며 악기 연주의 즐거움을 경험하는 활동으로 구성되었다. 본 차시의 교수·학습 지도안 예시는 [표 2.9]와 같다.

[표 2.9] 에듀테크 활용 음악과 교수·학습 지도안 예시

<table>
<tr><td>교과</td><td>음악</td><td>주제</td><td colspan="2">바이올린 연주</td></tr>
<tr><td>성취 기준</td><td colspan="4">· [4음악01-06] 노래를 부르거나 악기를 연주하며 친구들과 놀이에 즐겁게 참여한다.
· [6음악01-05] 선율 및 무선율 타악기의 종류와 소리를 탐색하며 악기 연주에 흥미를 갖는다.</td></tr>
<tr><td>학습 목표</td><td colspan="4">바이올린 소리를 탐색하며 악기 연주에 흥미를 가질 수 있다.</td></tr>
<tr><td>학습 단계</td><td colspan="2">교수·학습 활동</td><td>시간</td><td>자료 및 유의점</td></tr>
<tr><td>수업 전</td><td colspan="4">· 태블릿PC 기기 충전 및 정상 작동 점검하기
· 태블릿PC와 전자칠판에 '비올라 더 버드' 실행하기</td></tr>
<tr><td>도입</td><td colspan="2">· 바이올린 연주 영상 감상을 통한 동기 유발
· 학습 목표 확인하기</td><td>5'</td><td>(자) 바이올린 연주 영상</td></tr>
<tr><td rowspan="6">전개</td><td>활동 1</td><td>바이올린 악기 소리 탐색하기</td><td rowspan="2">10'</td><td rowspan="2">(자) 바이올린
(유) 바이올린 소리를 완벽하게 내는 것보다는 악기 소리를 탐색하는 것에 초점을 둔다.
(유) 바이올린 실물 악기에 집중할 수 있도록 <활동1>에서는 태블릿PC를 제공하지 않는다.</td></tr>
<tr><td colspan="2">· 바이올린 악기 소리 자유롭게 탐색하기
· 바이올린 악기 연주 시범 보고 연주하기</td></tr>
<tr><td>활동 2</td><td>디지털 바이올린 연주하기</td><td rowspan="4">13'</td><td rowspan="2">(자) 태블릿PC
(유) 태블릿PC에서 '비올라 더 버드'를 실행한다.
(유) 교사가 먼저 '비올라 더 버드'를 이용하여 연주하는 모습을 시범으로 보여준 다음 학생들이 연주하도록 한다.</td></tr>
<tr><td colspan="2">· '비올라 더 버드' 사용 방법 알기
· '비올라 더 버드' 활용하여 바이올린 연주하기</td></tr>
<tr><td>활동 3</td><td>우리 반 연주회 참여하기</td><td rowspan="2">(자) 전자칠판, 바이올린 활
(유) 전자칠판에서 '비올라 더 버드'를 실행한다.
(유) 전자칠판 화면의 바이올린을 연주할 때 화면에 손이 닿지 않는 학생의 경우 바이올린 활 등 길쭉한 물체를 활용하도록 한다.</td></tr>
<tr><td colspan="2">· 우리 반 연주회 참여하기
· 친구들 앞에서 바이올린 연주 발표하기
· 친구들 연주 감상하기</td></tr>
<tr><td>정리</td><td colspan="2">· 연주회 감상평 나누기
· 정리하기</td><td>5'</td><td></td></tr>
</table>

수업 전, 교사는 전자칠판에 크롬 브라우저로 접속하여 '구글 아트 앤 컬쳐'의 '비올라 더 버드' 프로그램을 실행한다. 참고로 '구글 아트 앤 컬쳐'는 구글의 서비스이므로 크롬 브라우저에서 최상의 호환성을 보일 수 있고 다양한 확장 프로그램을 통해 추가 기능을 사용할 수 있으므로 크롬 브라우저를 추천한다. 프로그램을 미리 실행하고 화면 아래로 최소화 시켜두면 수업 중 프로그램 접속 및 실행 시간을 줄일 수 있어서 효과적이다.

첫 번째 활동에서는 실제 바이올린 악기를 사용하여 현악기의 구조와 특징을 탐색한다. 이 활동에서는 디지털 기술을 활용하지 않고 악기 실물을 이용하여 바이올린 악기의 소리를 자유롭게 탐색하도록 한다. 바이올린을 처음 연주하는 학생들이 소리를 완벽하게 내는 것이 어려우므로, 학생들에게 아름답게 연주하지 않아도 괜찮고 소리를 내보는 것만으로도 충분하다고 안내한다.

두 번째 활동에서는 '구글 아트 앤 컬쳐'의 '비올라 더 버드'를 활용하여 디지털 화면에서 가상으로 활을 움직여서 바이올린을 연주한다. 학생들에게 태블릿PC를 제공하여 개별적으로 '비올라 더 버드'를 활용하여 연주를 경험하도록 한다. 학생들이 스스로 '구글 아트 앤 컬쳐'의 '비올라 더 버드' 사이트에 접속하는 것이 어려울 수 있으므로 사전에 교사가 프로그램을 실행시킨 다음 제공한다. 교사가 먼저 연주하는 모습을 시범으로 보여주고 학생들이 직접 해보도록 하여 이용 방법을 익힐 수 있도록 한다.

세 번째 활동에서는 우리 반 연주회를 열어 친구들 앞에서 바이올린 연주를 하고 다른 친구의 연주 모습을 감상한다. 전자칠판에 '비올라 더 버드' 프로그램을 실행하여 학급 전체 학생들이 전자칠판의 화면을 볼 수 있도록 한다. 한 학생이 전자칠판의 바이올린을 연주하는 동안 다른 학생들은 친구가 연주하는 모습을 보며 음악을 감상할 수 있도록 한다.

학생이 실물 바이올린 악기를 탐색하며 연주해보고, '비올라 더 버드'를 활용하여 바이올린 연주를 체험하는 수업 장면은 다음 [그림 2.26]과 같다.

[그림 2.26] 현악기 연주 인공지능 프로그램을 활용한 하이터치 하이테크(HTHT) 교육 활동 사진

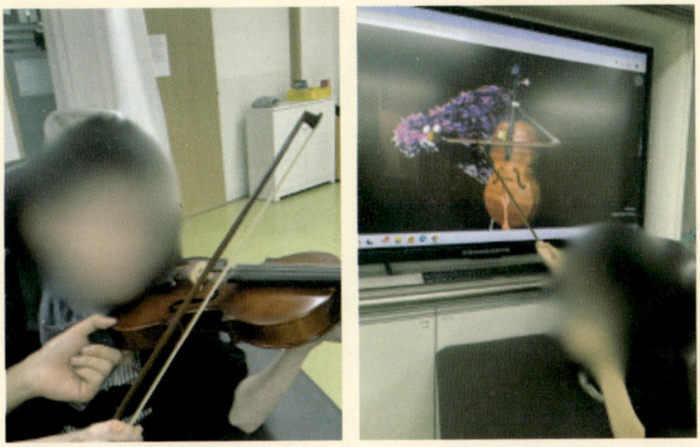

위와 같은 활동 과정에서 학생들은 반복 연습에 대한 지루함 없이 자유롭게 악기의 음색을 탐구하고 연주하는 즐거움을 느낄 수 있다. '구글 아트 앤 컬처'의 '비올라 더 버드' 프로그램을 활용한 이 수업은 학생들에게 다음과 같은 긍정적인 변화를 가져왔다. 첫째, 흥미와 자신감 증가이다. 디지털 환경에서 쉽게 소리를 내고 연주해 보는 경험이 학생들의 호기심을 자극하고 자신감을 향상한다. 둘째, 현실에서 어려운 체험의 디지털 대체를 통한 성취감 경험이다. 실제로 현악기를 연주하기 어려운 환경에서도 가상 체험을 통해 연주를 시도하고, 성취감을 경험할 수 있다. 셋째, 교사는 학생들이 디지털 악기를 탐구하는 모습을 관찰하며 개개인의 관심사와 반응을 파악할 수 있다. 이를 통해 향

후 학생들의 특성과 수준에 맞춘 음악 활동을 설계할 수 있는 기회를 제공한다. 특수교육 현장에서의 하이터치 하이테크는 현실을 넘어서 디지털 세상에서는 무엇이든 경험할 수 있음을 보여준다.

이처럼 '구글 아트 앤 컬쳐'와 같은 에듀테크 도구는 특수교육 현장에서 학생들에게 현실에서는 하기 어려운 경험을 쉽게 할 수 있도록 지원한다. 하이테크가 기계적이고 반복적인 연습 과정을 대신해주고, 교사는 학생이 활동에 참여하는 모습을 관찰하고 사회 정서적인 측면에 더욱 집중할 수 있게 하여, 이는 하이터치 하이테크의 대표적인 사례로 볼 수 있다.

❷ 생성형 인공지능을 활용한 하이터치 하이테크(HTHT) 교육

> "창작의 고통은 하이테크가, 학생은 표현의 즐거움과 성취감 경험"

특수교육 현장에서 하이터치 하이테크(HTHT) 교육은 학생들이 학습 과정에서 가지는 어려움을 지원해주고 학습의 본질에 더 가까이 도달할 수 있도록 한다. 특수교육 현장의 많은 학생들은 글쓰기와 같은 창작 활동을 할 때 시작부터 어려움을 경험할 수 있다. 특히 학생들은 새로운 것을 창작하는 것에 대해 두려움을 가지기도 하고, 표현 활동의 결과물이 자신의 기대에 미치지 못했을 때 좌절감을 경험하기도 한다. 생성형 인공지능은 학생들이 창작의 시작 과정에서 경험하는 어려움을 지원할 수 있다. 수업에 활용할 수 있는 생성형 인공지능의 예시는 다음 [그림 2.27]과 같이 'ChatGPT(챗지피티)', 'Gemini(제미나이)', 'WRTN(뤼튼)' 등이 있다.

[그림 2.27] 생성형 인공지능의 예

ChatGPT(챗지피티)	Gemini(제미나이)	WRTN(뤼튼)

출처: ChatGPT, Gemini, WRTN.

최근 교육현장에서 생성형 인공지능 활용 사례가 많아지면서 시도교육청에서는 생성형 인공지능 관련 교육 자료 및 활용 가이드를 배포하고 있다. 서울특별시교육청은 '학교급별 생성형 AI 활용 지침'을 통해 초등학교, 중학교, 고등학교 각 학교급별로 생성형 인공지능 활용 시 주의해야 할 사항을 안내하고 있다. 생성형 인공지능을 활용하기 전에 교사는 사전에 사용 가능 연령을 확인해야 한다. 서비스별 이용 약관에 따라 초등학교에서는 학생이 직접 활용할 수는 없고 교사 주도로 교육적 의도에 따라 활용할 수 있다. 중·고등학교에서는 교사의 지도하에 학생이 직접 활용할 수 있다. 서울특별시교육청의 학교급별 생성형 인공지능 활용 지침은 다음의 [표 2.10]과 같다.

[표 2.10] 학교급별 생성형 인공지능 활용 지침

구분	초등학교	중학교	고등학교
수업 활용 가이드	· 교사 주도로 교육적 의도에 따라 활용 · 교사 시연 중심	· 교사의 지도하에 학생 직접 활용 · 약관에 따른 사용 제한 연령에 해당하는 경우 초등학교용 가이드 적용	· 교사의 지도하에 학생 직접 활용 · 프로젝트 등의 보조교사로 활용
	(공통) 수업 및 교육활동에서 활용할 경우 사전에 생성형 AI 원리와 한계점, AI의 윤리적 사용에 대한 학생 교육 실시(필수)		
	(공통) 생성형 AI 서비스 사용 시 약관을 통해 사용 가능 연령 확인(필수) * OpenAI 서비스의 경우 이용 약관에 따라 만 13세 미만은 서비스를 직접적으로 사용할 수 없음. 만 13세 이상~만18세 미만은 부모나 법적 보호자의 동의 필요. 교사는 법적 보호자에 해당하지 않음.		

출처: 서울특별시교육청 (2023). 생성형 AI 교육자료: 챗 GPT 사례 중심으로

시도교육청에서는 생성형 인공지능 활용에 관한 구체적인 지침을 제시하며 교육 현장에서의 인공지능 활용을 적극적으로 권장하고 있다. 이는 기술의 발전이 단순히 보조 도구를 넘어, 학생들의 창의력과 사고력을 증진시키는 학습 도구로 자리 잡고 있음을 보여준다. 생성형 인공지능의 교육적 가능성은 이제 선택이 아닌 필수로 논의되고 있으며 국어 교과에서도 그 중요성이 부각되고 있다.

기본 교육과정 국어과는 국어 사용 능력을 기르고, 자신의 특성에 맞는 의사소통 방법을 학습하여 일상생활에서 자기주도적인 국어 생활을 하도록 하는 교과이다. 국어과 학습을 통해 학생은 자신의 언어 능력과 표현 방식에 따라 상황과 목적에 맞게 표현하고 다양한 상황과 언어 환경에 적응할 수 있다. 또한 다양한 매체를 통해 일상생활에 필요한 지식과 정보를 수용하고 표현할 수 있으며 자신의 생각과 의견을 창의적으로 표현할 수 있을 뿐만 아니라 디지털 텍스트

등 다양한 글을 감상하고 창작하면서 국어 문화를 향유할 수 있다(교육부, 2022).

이러한 국어 교과의 교육 목표를 기반으로 본 수업에서는 학생들이 자신을 창의적으로 표현하고 디지털 매체를 이용하여 친구와 소통하며 국어 문화를 향유하는 기회를 제공하기 위하여 생성형 인공지능을 활용한 글쓰기 활동을 기획하였다. 생성형 인공지능 기반 글쓰기 활동에 대한 교수·학습 지도안 예시는 다음의 [표 2.11]과 같다.

[표 2.11] 생성형 인공지능 활용 국어과 교수·학습 지도안 예시

교과	국어	주제	동시 창작
성취 기준	[6국어03-02] 단어가 가진 의미를 알고 일상생활에서 자주 사용하는 단어를 쓴다.		
학습 목표	겨울에 자주 사용하는 단어를 찾고 동시를 완성할 수 있다.		
학습 단계	교수·학습 활동	시간	자료 및 유의점
수업 전	· 전자칠판에 캔바 접속 및 로그인 해두고 프로젝트 띄우기 · 태블릿PC에 생성형 인공지능, 캔바 접속 및 로그인 해두기		
도입	· 학생 사진 활용 동기 유발 · 학습 목표 확인하기	5'	(자) 전자칠판, 학생 사진 (유) 전자칠판에 학급 학생들 사진을 띄우고 누구인지 알아맞히기 놀이를 하며 학습동기를 유발한다.
전개	활동 1 겨울과 관련된 경험 나누기 · 겨울 관련 경험에 대해 친구들과 이야기 나누기 · 겨울에 자주 사용하는 단어를 찾고 동시에 쓰고 싶은 단어 정하기	5'	(자) 전자칠판, 겨울 관련 이미지 (유) 사전에 현장체험학습 사진 등 학생들의 겨울 관련 사진을 준비하여 전자칠판에 띄워 보여주면서 겨울에 대한 경험을 쉽게 떠올릴 수 있도록 한다. (유) 학생이 스스로 단어를 찾기 어려워 할 경우 교사가 학생별로 각자 평소에 자주 사용하는 단어를 제시한다.
	활동 2 생성형 인공지능 활용 동시 쓰기 · 생성형 인공지능에 동시 작성 요청하기 · 동시 내용 다듬기	15'	(자) 태블릿PC (유) 초등학생은 학생이 직접적으로 생성형 인공지능을 활용할 수 없으므로, 교사 주도하에 생성형 인공지능을 활용한다. (유) 프롬프트를 작성할 때는 학생의 연령, 특징, 자주 사용하는 단어 등을 포함하여 구체적으로 작성하도록 한다.
	활동 3 디지털 시집 만들기 · 캔바 프로젝트에 동시 내용 입력하기 · 캔바 프로젝트에 자신의 사진 입력하기		(자) 전자칠판, 태블릿PC (유) 수업 전에 교사가 디지털 시집 템플릿을 만들어 준비한다. (유) 전자칠판과 태블릿PC에 캔바 프로젝트를 실행하고, 학생들은 개별 태블릿PC를 이용하여 작성하며 전자칠판에서 전체 프로젝트 상황을 공유한다.
정리	· 완성된 디지털 시집 감상하기	20'	(자) 전자칠판 (유) 모두 함께 전자칠판을 보며 디지털 시집을 감상한다.

본 수업은 생성형 인공지능을 활용하여 겨울을 주제로 동시를 짓는 것을 주제로 하였다. 생성형 인공지능은 학생들이 글쓰기를 시작할 때 겪는 두려움을 완화하고, 학생들이 더 창의적이고 감성적인 부분에 집중할 수 있도록 돕는다. 교사는 학생의 글쓰기 과정을 지원하며 반응을 관찰하며 의사소통 능력 향상에 집중할 수 있다. 이러한 과정을 통해 학생들은 표현의 즐거움과 성취감을 경험할 수 있다.

자신을 표현하는 글쓰기 활동이므로 먼저, 동기 유발 단계에서 전자칠판에 학생들의 얼굴 사진을 띄우고 누구인지 알아맞히는 놀이 활동을 진행한다. 특수학교 학생들은 자신의 사진에 높은 흥미를 보이기 때문에 전자칠판을 활용하여 학생들의 사진을 보여주는 것을 추천한다.

도입 단계 이후 전개 단계에서는 다음과 같은 세 가지 활동을 제안한다. 첫 번째 활동에서는 겨울을 주제로 학생들과 자유롭게 경험을 나눈다. 학생들에게 경험을 떠올리도록 하면 막연하게 생각하여 어려움을 느낄 수 있다. 사전에 학생들의 겨울 관련 사진을 준비하여 함께 사진을 보면서 이야기를 나누면 더 쉽게 풍부한 글감을 찾을 수 있다. 학생마다 자주 사용하는 단어 또는 특징이 다르기 때문에 개별적으로 이야기를 나누며 개인의 특징, 자주 사용하는 말 등을 찾는다.

두 번째 활동에서는 생성형 인공지능을 활용하여 동시를 만든다. 초등학교에서는 서비스 이용 약관에 따라 사용 가능 연령 제한으로 인하여 학생이 직접 사용할 수는 없다. 교사가 주도하여 교육적 의도에 맞게 생성형 인공지능을 활용해야 한다. 본 차시에서는 교사가 학생들이 겨울에 자주 사용하는 단어, 학생 개인의 특징 등을 포함하여 프롬프트를 작성하고, 학생과 상호작용하며 동시 내용을 완성한다.

세 번째 활동에서는 '캔바(Canva)'를 활용하여 수업 중 여러 명의 학생들과 실시간으로 협업하여 디지털 동시집을 완성한다. 디지털 동시집에는 작가의 사진과 동시 내용을 포함한다. 전자칠판에 '캔바' 프로젝트를 띄우고 학생들은 개별 태블릿PC에서 '캔바' 프로젝트 작업물을 수정한다. 학생들은 자신의 사진을 찍어서 프로젝트 작업물에 올리고 동시 내용을 입력한다. 교사는 전자칠판에서 학생들의 작업 과정을 실시간으로 관찰하고 모니터링 할 수 있어서 학생들이 필요한 지원이 있을 경우 개별적으로 지원을 제공한다.

정리 단계에서 학생들은 전자칠판으로 디지털 동시집을 보여주며 친구들과 발표 시간을 가지며 자신의 작품에 대한 성취감을 느끼고 다른 학생들의 작품을 감상하며 창작의 즐거움을 경험한다. 다음의 [그림 2.28]은 학생들이 생성형 인공지능을 활용하여 디지털 시집을 만든 결과물이다.

[그림 2.28] 생성형 인공지능을 활용한 디지털 시집

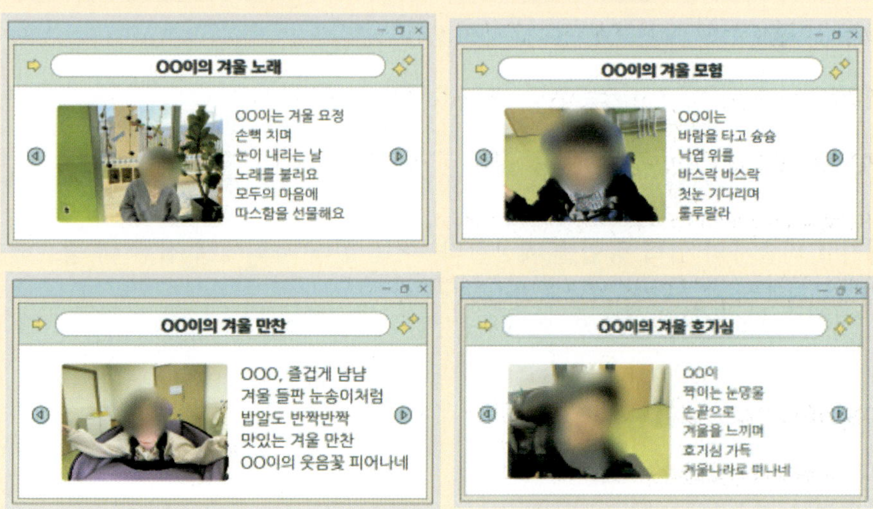

후속 차시로 '캔바'를 활용하여 디지털 동시집뿐만 아니라 종이 시집 만들기 활동도 할 수 있다. 학생들이 '캔바'에서 겨울을 주제로 자신의 동시 내용에 어울리는 배경 그림을 고르도록 하고, 교사는 학생이 고른 배경 그림을 프린트하여 제공한다. 특수학교의 학생들은 다양한 의사소통 능력을 가지고 있는데 스스로 글자를 쓰는 것이 어려운 학생의 경우 교사가 동시의 내용을 작성해주고 학생들이 자신의 사진을 붙여 시화를 완성하도록 할 수 있다. 생성형 인공지능으로 동시를 만들고 시화를 완성한 그림은 다음의 [그림 2.29]와 같다.

[그림 2.29] 생성형 인공지능 기반 시화 작품

생성형 인공지능을 활용한 동시 만들기 활동은 교육 현장에 다음과 같은 긍정적인 영향을 가져왔다. 첫째, 생성형 인공지능을 활용한 수업은 학생들에게 디지털 기술과의 협력 경험을 제공한다. 이는 현대 사회에서 점점 더 중요해지는 디지털 환경 속 의사소통 능력을 기르는 데 기여한다. 둘째, 성취감과 자신감 향상이다. 학생들은 생성형 인공지능을 활용하여 쉽게 동시를 완성하고 성취감을 경험하였다. 이는 국어 교과가 추구하는 자기주도적 국어 생활 능력과 연결된다.

위의 내용을 바탕으로 본 수업은 하이테크가 학습의 어려움을 보완하고 교사는 하이터치 방식으로 학생 개개인에 더욱 집중할 수 있다는 점에서 하이터치 하이테크(HTHT) 교육의 특징을 잘 보여주는 사례이다. 이처럼 생성형 인공지능과 같은 에듀테크는 특수교육 현장에서 학생들에게 새로운 가능성을 열어주며, 향후 창의적이고 자기주도적인 학습 환경을 조성하는 데 중요한 역할을 할 것으로 기대된다.

❸ 인터랙티브 독서 활동을 통한 하이터치 하이테크(HTHT) 교육

"놀이처럼 즐기며 참여하는 인터랙티브 독서 활동
: 수동적 독자에서 능동적 독자로의 변화"

전통적인 독서 환경에서 학습자들은 교사가 읽어주는 내용을 듣는 방식으로 독서 활동에 참여하는 경우가 많다. 인터랙티브 독서 활동은 전통적인 책 읽기 활동을 넘어, 증강현실(AR)과 같은 기술을 활용하여 학생들이 책 속의 내용과 상호작용할 수 있도록 구성된 독서 활동이다. 시각, 청각, 촉각을 모두 활용하는 오감 자극 콘텐츠를 통해 다양한 감각적 자극을 제공한다는 점에서 글자를 읽기 어려운 학습자들도 놀이처럼 즐기며 독서 활동에 참여할 수 있다. 다음의 [그림 2.30]은 인터랙티브 독서 활동에 활용할 수 있는 도서 중 하나인 '웅진씽크빅 AR인터랙티브북'이다.

[그림 2.30] 인터랙티브 도서 예시

출처: 웅진씽크빅 AR인터랙티브북.

인터랙티브 독서 활동은 학생들이 단순히 책의 내용을 듣는 수동적 독자로서의 경험을 넘어, 하이테크를 기반으로 능동적으로 독서 활동에 몰입하며 성취감을 느낄 수 있게 한다는 점에서 하이터치 하이테크 교육의 사례로 볼 수 있다. 특수학교에서 인터랙티브 독서 활동을 통해 하이터치 하이테크 교육을 실시한 사례를 살펴보고자 한다. 인터랙티브 독서 기반 교수·학습 지도안 예시는 다음의 [표 2.12]와 같다.

[표 2.12] 인터랙티브 독서 활용 국어과 교수·학습 지도안 예시

<table>
<tr><th>교과</th><td>국어</td><th>주제</th><td colspan="2">다양한 매체 자료와 글에 관심 가지기</td></tr>
<tr><th>성취 기준</th><td colspan="4">· [4국어02-04] 그림책, 환경 인쇄물, 책 등 다양한 읽을거리에 관심을 가진다.
· [6국어02-05] 다양한 매체 자료와 글에 흥미를 느끼고, 올바른 읽기 습관을 기른다.</td></tr>
<tr><th>학습 목표</th><td colspan="4">인터랙티브 독서 활동을 통해 다양한 매체 자료와 글에 관심을 가질 수 있다.</td></tr>
<tr><th>학습 단계</th><th colspan="2">교수·학습 활동</th><th>시간</th><th>자료 및 유의점</th></tr>
<tr><th>수업 전</th><td colspan="4">· 태블릿PC에 인터랙티브 독서 앱 접속 및 로그인하기
· 전자칠판에 태블릿PC 화면 미러링하기</td></tr>
<tr><th>도입</th><td colspan="2">· 인터랙티브 북 마커를 통한 동기 유발
· 학습 목표 확인</td><td>5’</td><td>(자) 인터랙티브 북 마커
(유) 학생들에게 인터랙티브 북 마커를 을 보여주고 무엇과 관련된 책일지 추측하게 하며 흥미를 유발한다.</td></tr>
<tr><th rowspan="6">전개</th><th>활동 1</th><td>책 읽기 전 느낌 나누기</td><td rowspan="2">5’</td><td rowspan="2">(자) 인터랙티브 북 세트
(유) 책의 표지를 보여주며 그림, 글 등을 바탕으로 내용을 예상해보도록 한다.</td></tr>
<tr><td colspan="2">· 책의 주제와 관련된 경험 나누기
· 책 표지 보고 내용 예상하기</td></tr>
<tr><th>활동 2</th><td>인터랙티브 북 사용 방법 익히기</td><td rowspan="4">15’</td><td rowspan="2">(자) 인터랙티브 북 세트
(유) 태블릿PC를 활용한 독서 활동이므로 책을 읽는 동안 태블릿PC를 던지지 않고 조심히 다루어야 함을 안내한다.</td></tr>
<tr><td colspan="2">· 인터랙티브 북 사용 방법 알기
· 인터랙티브 북 마커를 보고 마커의 쓰임새 추측하기</td></tr>
<tr><th>활동 3</th><td>인터랙티브 독서 활동하기</td><td rowspan="2">(자) 인터랙티브 북 세트
(유) 인터랙티브 북의 내용이 진행되는 동안 상황에 맞게 마커를 선택하여 책에 올리도록 한다.
(유) 프로필에 학생 사진을 등록하여 학생이 책 속에 등장함으로써 독서 활동에 대한 흥미를 높인다.</td></tr>
<tr><td colspan="2">· 태블릿PC 화면에서 진행되는 이야기 읽기
· 상황에 알맞는 마커를 선택하여 제시하기</td></tr>
<tr><th>정리</th><td colspan="2">· 책 읽고 느낀 점 나누기
· 인터랙티브 북 마커 정리하기</td><td>20’</td><td>(자) 전자칠판
(유) 모두 함께 전자칠판을 보며 디지털 시집을 감상한다.</td></tr>
</table>

본 수업 전에 교사는 미리 태블릿PC의 인터랙티브 독서 앱에 접속하고 로그인을 해둔다. 또한 태블릿PC 화면을 전자칠판에 미러링하여 전체 학생들이 함

께 독서 활동에 참여할 수 있도록 한다. 앱 접속 및 로그인, 미러링을 수업 전에 미리 해두면 수업 중 환경 설정에 대한 시간을 줄이고 학습의 흐름을 방해하지 않을 수 있다.

도입 단계에서는 인터랙티브 북 마커를 통해 동기를 유발하고 학습 목표를 확인한다. 전개 단계에서는 다음과 같이 세 가지 활동을 이어서 진행하며 인터랙티브 독서 활동에 참여하도록 한다. 첫 번째 활동에서는 책을 읽기 전 사전 활동을 실시한다. 책의 주제와 관련된 학생들의 경험에 대해 이야기를 나누어 배경 지식을 풍부하게 한다. 또한 책 표지의 그림, 글 등을 바탕으로 책의 내용을 예상해보며 읽을 책에 대한 기대감을 높인다.

두 번째 활동에서는 인터랙티브 독서 활동에 참여하기 위하여 인터랙티브 북의 사용 방법을 익히도록 한다. 인터랙티브 북을 읽기 위해서는 태블릿PC, 거치대, 책이 세트로 준비되어야 한다. 태블릿PC를 활용한 독서 활동이므로 책을 읽는 동안 학생들이 태블릿PC를 던지지 않고 조심히 사용해야 하는 등의 주의사항을 사전에 안내할 필요가 있다. 책의 내용이 진행되는 동안 각 상황에 맞게 마커를 선택하고 마커를 올려두는 위치 및 방법에 대해서도 안내한다.

세 번째 활동에서는 인터랙티브 독서 활동에 참여하도록 한다. 학생들은 태블릿PC 화면에서 진행되는 이야기를 읽으며 상황에 적절하게 화면을 터치하고 마커를 책 위에 올려놓으며 독서 활동에 참여한다. 태블릿PC의 화면을 전자칠판에 미러링하여 전체 학급의 학생들이 함께 참여할 수 있도록 한다. 다음의 [그림 2.31]과 같이 프로필 사진에 학생의 얼굴을 등록하면 책 속 등장인물로 나타날 수도 있다.

마지막으로 정리 단계에서는 책을 읽고 느낀 점에 대해 이야기를 나눈다. 또한 본 차시에서 사용한 마커 조각들을 정리하도록 한다. 한 권의 책에 여러 개의 마커 조각들이 함께 사용되기 때문에 마커를 분실하지 않도록 주의하여 정리한다.

[그림 2.31] 책 속 등장인물로 나타난 학생의 모습

하이터치 하이테크 기반의 인터랙티브 독서 활동이 학생에게 주는 이점은 다음과 같다. 첫째, 인터랙티브 독서 활동은 학생의 흥미와 참여를 유도한다. 인터랙티브 독서 활동은 학습자가 단순히 텍스트를 읽는 것을 넘어, 책 속의 이야기에 직접 참여하도록 설계되어 있어 학습 동기를 크게 향상시킬 수 있다. 학습자는 증강현실(AR) 기술을 통해 책 속 캐릭터와 장면에 직접 관여하면서, 단순한 독서가 아닌 놀이처럼 느낄 수 있다. 예를 들어, 학습자가 마커를 사용해 책 속 장면을 활성화하거나, 자신의 사진을 등장인물로 설정하면 학습에 대한 몰입감과 흥미가 자연스럽게 높아진다.

둘째, 인터랙티브 독서 활동을 통해 학생이 능동적으로 참여할 수 있다. 인터랙티브 독서 활동에서는 학습자의 선택과 행동에 따라 이야기가 진행된다. 학습자는 이야기에 맞는 미션을 수행하거나 문제를 해결하며 책의 주인공이

되는 경험을 한다. 예를 들어, 미용실 관련 독서를 읽을 때 학생이 헤어 디자이너가 되어 미용실에서 필요한 도구 마커를 골라 책 위에 올리고 이를 사용하여 손님의 머리를 디자인해주는 활동을 통해 책의 이야기에 능동적이고 주체적으로 참여한다. 이러한 참여 과정은 학습자의 자기주도적 학습 능력을 향상시키고, 수동적인 학습 태도를 능동적으로 변화시킨다.

셋째, 인터랙티브 독서 활동은 학생이 성취감을 경험하게 한다. 인터랙티브 독서 활동은 학습자가 과제를 완료할 때 시청각적 피드백과 보상을 제공하여 성취감을 느끼게 한다. 학습자는 각 장면에서 주어진 미션을 수행하고, 결과적으로 완성된 이야기를 확인하며 학습 과정에서 성공을 경험한다.

넷째, 인터랙티브 독서 활동은 학생의 창의력과 상상력을 자극한다. 학생들은 책 속 장면과 캐릭터를 통해 현실과 가상을 넘나드는 경험을 하며, 자신의 선택이 이야기에 영향을 미친다는 점에서 창의적으로 사고하게 된다.

이처럼 학생들은 인터랙티브 독서 활동을 통해 능동적으로 학습에 참여하며 성취감을 얻을 수 있다. 단순히 책의 내용을 읽거나 듣는 것을 넘어서 오감으로 느끼며 이야기에 주체적으로 참여하는 과정을 통해 학습 동기를 유지하고 능동적인 독서 활동을 하게 한다. 다음의 [그림 2.32]는 특수학교에서 인터랙티브 독서 활동을 통해 학생들이 놀이처럼 즐기며 능동적으로 독서 경험을 하고 있는 장면이다.

[그림 2.32] 능동적으로 참여하는 인터랙티브 독서 활동

하이터치 하이테크 기반 인터랙티브 독서 활동은 교사 측면에서도 많은 이점이 있다. 첫째, 교사는 인터랙티브 독서 활동 과정에서 학생의 반응을 실시간으로 관찰할 수 있다. 학생이 인터랙티브 독서 활동에 참여하는 동안 각 장면에서의 반응을 관찰하고 활동의 이해도와 흥미를 파악할 수 있다. 이와 같이 교사는 인터랙티브 독서 활동에 참여하고 있는 학생들의 참여도와 흥미를 지속적으로 관찰하며, 활동에 대한 동기와 몰입 상태를 파악할 수 있다. 예를 들어 학생에게 여러 가지 AR 마커를 제공하고 특정 마커를 선택하도록 하면, 학생이 마커를 선택하는 과정을 관찰하며 이해도를 파악하고 평가할 수 있다.

둘째, 교사는 학생들이 인터랙티브 독서 활동을 하는 동안 개별화된 피드백을 제공할 수 있다. 전통적인 수업에서는 교사가 전체 학생들을 대상으로 한 권의 책을 읽어주는 동안 개별 학생들에게 즉각적인 피드백을 제공하는 것이 쉽지 않았다. 반면, 인터랙티브 독서 활동의 경우 학생들이 개별적으로 태블릿 PC를 이용하여 독서 활동에 참여할 수 있기 때문에 교사는 학생의 독서 활동을 관찰하면서 즉각적이고 개별적인 피드백을 제공할 수 있다. 예를 들어, 학

생이 마커를 잘못 선택하거나 미션을 수행하는 데 어려움이 있을 경우 교사가 피드백을 제공하여 개별적으로 지원할 수 있다.

셋째, 교사는 인터랙티브 독서 활동을 통해 협력 학습과 상호작용을 지원할 수 있다. 여러 가지 마커 중에서 장면에 맞는 마커를 선택할 때 학생들이 서로 의견을 교환하거나 협력하도록 유도할 수 있다. 예를 들어 한 학생이 특정 마커를 선택할 때 다른 학생들이 도움을 줄 수 있다. 이를 통해 협력적 문제 해결을 경험하게 할 수 있다.

이처럼 특수교육 현장에서 인터랙티브 독서 활동은 증강현실과 같은 하이테크를 기반으로 학생의 흥미와 참여도를 높이고, 교사가 학습 과정을 실시간으로 모니터링하며 피드백을 제공할 수 있게 한다. 독서 활동 과정에서 학생들은 몰입감과 성취감을 경험할 수 있으며 개별화된 독서 환경을 통해 교사와 학생 간 상호작용을 증대시킨다는 점에서 인터랙티브 북은 하이터치 하이테크 교육을 실현할 수 있는 도구 중 하나다.

3 특수교육에서의 하이터치 하이테크(HTHT) 교육에 대한 기대

❶ HTHT 교육이 열어가는 특수교육의 새로운 가능성

하이터치 하이테크(HTHT) 교육은 단순히 기술을 활용하는 차원을 넘어, 모든 학생을 인재로 양성하기 위한 맞춤형 학습 체계를 실현할 수 있는 중요한 교육적 접근법으로 주목받고 있다. 특히 인공지능(AI)과 같은 첨단 기술은 학생 개개인의 학습 수준과 요구를 정밀하게 반영하여 개인화된 학습 경험을 제공하며, 동시에 교사의 역할을 보완함으로써 교육의 질을 향상시키는 데 기여한다(교육부, 2023).

장애를 가진 학생들에게 HTHT 교육은 더욱 특별한 의미를 지닌다. 이 접근법은 물리적, 정서적, 학습적 장벽을 허물고 학생들이 자신만의 성장 목표를 성취할 수 있도록 돕는 환경을 제공한다. 이러한 과정을 통해 특수교육은 모든 학생의 잠재력을 최대한 발현할 수 있도록 지원하는 방향으로 발전하고 있다.

1) 학습 몰입과 흥미를 높이는 HTHT 교육의 디지털 기술

HTHT 교육은 디지털 기술을 통해 학생들의 학습 동기를 유발하고 몰입도를 높일 수 있다. 예컨대, 증강현실(AR)을 활용한 인터랙티브 독서 활동은 학생들이 책 속 장면과 상호작용하도록 설계되어, 단순히 듣거나 읽는 수동적 학습을 넘어서는 능동적이고 몰입감 있는 학습 경험을 제공한다. 이러한 학습 방식은 특히 장애를 가진 학생들에게 학습의 즐거움을 제공하며, 새로운 접근을 통해 학습에 대한 자신감을 심어준다.

또한, 음악 교육에서의 에듀테크 활용 사례인 '비올라 더 버드'는 디지털 환경에서 학생들이 악기를 연주하도록 돕는다. 이는 음악 활동에 대한 접근성을 높이고, 학생들이 성취감을 느끼며 학습 동기를 지속적으로 유지할 수 있도록 한다.

2) 교사에게 주는 HTHT 교육의 의미

HTHT 교육은 학생만을 위한 도구가 아니라, 교사들에게도 교육 환경을 혁신적으로 변화시키는 데 도움을 준다. AI 기반의 학습 도구는 교사의 시간 소모적인 업무, 특히 자료 제작 및 학습 계획 수립 과정을 간소화함으로써 교사로 하여금 학생들의 학습 과정에 더욱 세밀히 집중할 수 있는 여유를 제공한다. 이를 통해 교사는 학생 개개인에게 심층적이고 맞춤화된 피드백을 제공할 수 있는 기회를 갖게 된다.

3) 상호작용 강화를 통한 협력적 학습 환경 조성

HTHT 교육은 교사와 학생 간, 그리고 학생 간 상호작용을 강화함으로써 협력적 학습 환경을 조성하는 데 기여한다. 예를 들어, 인터랙티브 독서 활동은 학생들이 함께 미션을 수행하거나 의견을 공유하도록 유도하여, 자연스러운 협력을 통해 학습 목표를 달성하게 한다.

또한 생성형 인공지능을 활용한 디지털 동시집 제작 활동은 교사와 학생, 학생 간 협력의 장을 마련한다. 이 과정에서 학생들은 각자의 창의력을 발휘하면서 동시에 협력의 중요성을 배우고, 사회적 기술과 공동체 의식을 발전시키게 된다.

4) 특수교육의 새로운 방향성

하이터치 하이테크 교육은 기술을 도구로 활용하여 학생 개개인의 학습 잠재력을 극대화할 뿐만 아니라, 교사와 학생 모두에게 보다 풍부한 교육 경험을 제공한다. 특히 장애 학생들에게는 물리적 한계를 넘어선 학습 환경을 제공함으로써, 자기 주도적이고 능동적인 학습자로 성장할 수 있는 기회를 만들어준다. 동시에 교사는 기술을 통해 학생의 학습 과정을 면밀히 지원하며 협력적이고 창의적인 학습 환경을 조성할 수 있다.

❷ HTHT 교육 도입의 과제와 해결방안

1) 교사의 디지털 리터러시와 교육적 전문성 요구

하이터치 하이테크(HTHT) 교육이 특수교육 현장에서 성공적으로 이루어지기 위해서는 교사의 디지털 리터러시 역량과 교육적 전문성이 필수적이다. 특히, 인공지능(AI)을 활용한 교육은 단순히 기술 도구를 사용하는 것에 그치지 않고, 그 작동 원리와 교육적 적용 방법에 대한 깊이 있는 이해를 요구한다. 교사는 이를 바탕으로 교육과정과 학습 활동을 적절히 연계할 수 있어야 하며, 기술 활용이 수업의 목표를 효과적으로 지원하도록 설계할 수 있는 역량을 갖춰야 한다.

2) 기술 및 환경적 제약

HTHT 교육은 첨단 기술의 활용을 기반으로 하기 때문에, 기술적 문제와 환경적 제약이 학습의 연속성을 방해할 수 있다. 수업 중 인터넷 연결의 불안정성, 장비 고장 등의 문제는 수업 진행을 중단시키거나 지연시킬 수 있으며, 이는 학습의 흐름을 끊어 학습자에게 부정적인 영향을 미칠 수 있다. 이러한 기술적 문제는 특히 특수교육 현장에서 더욱 민감하게 작용한다. 특수교육의 경우, 학생들이 안정적이고 예측 가능한 환경에서 학습하는 것이 중요하기 때문이다.

또한, HTHT 교육에 사용되는 많은 AI 플랫폼과 애플리케이션은 학생의 개별 계정 생성 및 로그인을 필요로 한다. 그러나 특수교육 현장의 학생들은 계정을 생성하거나 로그인 과정을 스스로 수행하는 데 어려움을 겪는 경우가 많다. 이는 교사가 사전에 학생의 계정을 생성하고, 로그인 과정을 지원해야 함을 의미하며, 이는 교사의 업무 부담을 가중시키는 요인으로 작용한다.

③ HTHT 교육과 특수교육의 미래

하이터치 하이테크(HTHT) 교육은 특수교육 현장에서 장애 학생들의 학습 가능성을 확장하고, 이들이 학습 과정에 주체적으로 참여할 수 있는 환경을 조성하는 데 중요한 역할을 하고 있다. HTHT 교육은 단순히 기술 활용에 그치지 않고, 개별화된 학습과 협력적 상호작용을 가능하게 하며, 모든 학생이 자신의 잠재력을 발휘할 수 있도록 지원하는 새로운 교육 모델로 자리 잡고 있다.

그러나 이러한 교육 패러다임이 성공적으로 구현되기 위해서는 교사의 전문성 강화와 체계적인 기술 지원, 그리고 학교 환경의 디지털 인프라 확충이 필수적이다. 교사들은 디지털 기술의 작동 원리와 교육적 활용법에 대한 이해를 바탕으로, 이를 특수교육 현장에 효과적으로 통합할 수 있는 역량을 갖추어야 하며, 기술적 문제를 해결하고 안정적인 학습 환경을 조성하기 위한 제도적 뒷받침이 요구된다.

하이터치 하이테크 교육은 디지털 대전환 시대에 공교육과 특수교육 모두를 혁신적으로 변화시킬 잠재력을 가지고 있다. 이를 적극적으로 도입하고 지원하는 것은 미래 교육의 핵심 과제가 될 것이다. 특히, 기술과 인간적 지원의 조화를 기반으로 한 HTHT 교육은 장애를 가진 학생뿐만 아니라 모든 학습자에게 배움의 기회를 확장하고, 교육의 형평성을 강화하는 데 기여할 것이다.

결론적으로, HTHT 교육은 기술과 인간적 접촉이 조화롭게 결합된 새로운 교육 패러다임으로, 모든 학생이 학습의 즐거움과 성취를 경험할 수 있도록 하는 데 중요한 역할을 할 것으로 기대된다. 이는 디지털 기술을 활용하여 모든 학생이 평등하게 학습에 참여하고, 자신의 가능성을 최대한 발휘할 수 있는 미래 지향적 교육의 방향성을 제시한다.

· 참고문헌 및 사이트

- 교육부(2021a). '2022 개정 교육과정' 총론 주요사항 발표. 교육부 보도자료(2021. 11. 24.)
- 교육부(2021b). 국민과 함께하는 미래형 교육과정 개정 추진 계획(안)(2021. 4.). 교육부 교육과정정책과.
- 교육부(2022). 특수교육 교육과정 총론 및 각론 고시. 교육부 고시 제2022-34호(2022. 12. 22.).
- 교육부(2023). 디지털 기반 교육혁신 방안. 교육부 보도자료(2023. 5. 1.)
- 박성미(2023). 행위자 네트워크 이론(ANT) 기반, 하이터치-하이테크(HTHT) 교육 가능성에 대한 연구 . 지식융합교육연구(구 교양교육연구), 1(1), 33-58.
- 서울특별시교육청(2023). 생성형 AI 교육자료: 챗 GPT 사례 중심으로.
- 이주호, 정제영, 정영식(2021). 무엇을 배우고, 어떻게 가르쳐야 하나? AI 교육혁명. 서울: 시원북스.
- 정제영, 이선복(2022) 인공지능 시대의 미래교육-가르침과 배움의 함의. 서울: 피와이메이트.
- 정제영(2018). 디지털 시대와 4차 산업혁명에 대비한 교육의 시대. 서울: 박영스토리.
- 정제영. (2024, 7월 30일). [파워인터뷰] 정제영 KERIS 원장 "교사는 디지털 격차 줄이는 가장 중요한 '변화 지렛대'…디지털 교과서 성패는 교사에 달려". UNN. Retrieved from https://news.unn.net/news/articleView.html?idxno=566555

CHAPTER 4

PART 02

AI 디지털교과서를 활용한 통합학급에서의 교수적합화

김초희

1 교수적합화의 개념

① 교수적합화의 정의와 필요성

교수적합화는 장애 학생들을 위한 교육적 접근의 핵심 개념으로, 모든 학생이 각자의 특성과 요구에 맞는 학습 환경에서 최적의 성과를 달성할 수 있도록 교육 내용을 조정하는 과정을 말한다. 이는 특히 장애 학생들에게 중요하며, 학습에서의 소외와 차별을 최소화하고 동등한 기회를 제공하기 위해 필수적이다. 교수적합화는 교육 환경, 교수 방법, 학습 자료, 평가 방식 등을 유연하게 조정하여 학생 개개인의 다양성을 존중하고, 효과적인 학습을 지원하는 것을 목표로 한다.

교수적합화의 필요성은 학생들의 학습 능력과 배경이 매우 다양하다는 점에서 비롯된다. 일반 학급에서 장애 학생들이 학습에 참여할 때, 표준적인 교수법은 그들에게 적합하지 않을 수 있다. 이 경우 학습에 대한 접근성을 높이고 적합한 지원을 제공하는 교수적합화는 학생들의 학습 동기와 성취도를 높이는 데 핵심적인 역할을 한다. 이러한 과정을 통해 장애 학생들은 단순히 수업에 참여하는 것을 넘어 학습 목표를 달성하고 사회적 기술을 습득하며, 또래와의 상호작용을 통해 통합의 가치를 경험할 수 있다.

교수적합화는 단지 특정 학생들만을 위한 것이 아니라 학급 전체에 긍정적인 영향을 미칠 수 있다. 모든 학생에게 다양한 학습 접근 방식을 제공함으로써, 비장애 학생들도 유연성과 창의성을 배울 수 있다. 또한 교사에게는 교육의 포괄성을 실천하는 기회가 되어 학급 내 협력과 공감 문화를 증진하도록 한다. 따라서 교수적합화는 학생 개인의 학습 성취를 높이는 동시에, 학급 전체의 학습 공동체 형성을 돕는 중요한 전략으로 자리 잡고 있다.

이러한 교수적합화의 중요성은 다양한 연구를 통해 입증되고 있다. 교수적합화는 교육의 형평성을 보장하기 위한 실질적인 방법으로, 장애 학생과 비장애 학생 모두에게 유익한 환경을 조성하는 데 기여한다. 이러한 맥락에서 교수적합화는 통합교육의 성공적인 구현을 위한 필수 요소라 할 수 있다.

❷ 특수교육과 통합학급 맥락에서의 교수적합화의 의미

특수교육에서 교수적합화란 장애 학생들이 일반 학급에서 학습 활동에 효과적으로 참여할 수 있도록 교육 환경과 교수 방법을 조정하여 개별적인 요구를 충족시키는 것을 의미한다. 통합학급은 장애 학생과 비장애 학생이 어울려 학습하는 환경이다. 따라서 이 안에서 교수적합화는 모든 학생에게 공정한 학습 기회를 제공하는 데 중추적인 역할을 한다. 이는 장애 학생들이 학습에서 느낄 수 있는 장벽을 제거하고, 학습 성과를 극대화할 수 있는 환경을 조성하기 위해 필요하다.

통합학급에서의 교수적합화는 장애 학생이 학습 활동에 적극적으로 참여할 수 있도록 수업 설계와 운영을 변화시키는 것을 목표로 한다. 이를 통해 장애 학생은 단순히 학습 과정을 따라가는 것이 아니라, 동등한 교육 경험을 누릴 수 있게 된다. 김번영과 박승희(2007)는 통합학급에서 교수적 수정 전략을 활용한 결과, 장애 학생의 문제행동 감소와 수업 참여 행동의 향상을 관찰하였다고 보고하였다. 이처럼 교수적합화는 장애 학생의 학습 및 행동 측면에서 긍정적인 영향을 미친다.

교수적합화는 비장애 학생에게도 중요한 의미를 가진다. 장애 학생들과의 상호작용은 비장애 학생들이 다양한 사람들과 협력하는 방법을 배우고, 공감 능력을 키우는 기회를 제공한다. 또한, 통합학급에서 교수적합화가 성공적으로 이루어지면 학급 전체의 학습 분위기가 개선되고, 협력과 존중의 문화가 형성된다. 이러한 환경은 장애와 비장애를 떠나 모든 학생에게 긍정적인 결과를 가져온다.

교수적합화는 장애 학생이 통합학급에서 학습 기회를 누릴 수 있도록 돕는 중요한 전략이다. 이는 단지 특정 학생을 위한 조치가 아니라, 전체 학급의 학습 경험을 풍부하게 만들고, 교육의 형평성을 실현하는 데 기여한다. 따라서 통합학급에서의 교수적합화는 모든 학생이 자신의 잠재력을 발휘할 수 있는 학습 환경을 조성하기 위해 교사가 반드시 실천해야 할 중요한 과제다.

③ 교수적합화의 기본 원리

교수적합화의 목표는 모든 학생이 자신의 잠재력을 최대한 발휘할 수 있도록 교육과정을 조정하는 것이다. 이를 위해 다음과 같은 원칙이 적용된다.

1) 개별화

학생 각자의 특성과 요구를 고려하여 교육과정을 설계해야 한다. 이는 학생의 학습 스타일, 능력, 흥미 등을 반영하여 개별 맞춤형 교육을 제공하는 것을 의미한다. 신현기(2004)는 통합학급에서 장애 학생의 교육적 요구에 따라 교육과정을 재구성하고 조정할 필요성을 강조하였다.

2) 포괄성

모든 학생이 교육과정에 참여할 수 있도록 환경과 방법을 설계해야 한다. 이는 장애 유무에 관계없이 모든 학생이 학습에 참여할 수 있는 기회를 제공하는 것을 강조한다. 박승희(1999)는 통합학급에서 학생들의 수업 참여를 증진하기 위해 교육과정 내용뿐만 아니라 교수 방법과 평가 방식, 학습 접근 방식에서 다양성과 대안을 수용하는 교수적 변화를 제안한 바 있다.

3) 유연성

교육과정과 교수 방법을 상황과 필요에 따라 조정해야 한다. 이는 변화하는 학습 환경과 학생의 요구에 따라 교육 방법을 탄력적으로 적용하는 것을 의미한다. 정주영과 신현기(2001)는 교수적합화의 구성 및 방법, 실행 단계를 세분화하고 다양한 교육적 상황에 맞게 적용할 수 있는 교수적합화 실행 방안을 제시한 바 있다.

4) 협력

교사, 학부모, 전문가 등 여러 교육 관계자들이 협력하여 최적의 교육 환경을 조성할 필요가 있다. 이는 다양한 이해관계자들이 함께 노력하여 학생의 학습을 지원하는 것을 강조한다. 한숙희 외(2013)는 통합학급에서의 교수적합화 실태를 조사하며 교사 간 협력과 소통을 통한 전문성 함양이 중요함을 언급하였다.

이러한 원칙을 적용한 교수적합화는 장애 학생들의 학습 참여와 성취를 극대화할 수 있다.

4 교수적합화의 유형

교수적합화는 크게 조절과 수정으로 구분된다.

조절이란 교육과정의 내용이나 개념적 난이도에는 큰 변화를 주지 않으면서도 교수 전달 방식, 학생의 수행 방법, 평가 방식을 학생 개개인의 필요에 맞게 조정하는 것을 의미한다. 예를 들어 시각 자료를 추가하거나 과제 제출 방식을 다양화하는 것이 이에 해당한다. 이러한 조절은 학생들이 학습 내용에 보다 쉽게 접근하고 이해할 수 있도록 돕는다.

수정이란 학생이 표준 학년 목표를 달성하기 어렵다고 판단될 경우 학습 목표나 기대 수준을 학생의 능력에 맞게 조정하거나 변경하는 것을 의미한다. 이는 교육과정의 핵심 내용을 변경하거나 학습 목표를 재설정하는 것을 포함한다. 예를 들어 학습 내용의 난이도를 낮추거나 학습 목표를 조정하여 학생의 능력에 맞게 교육을 제공하는 것이 이에 해당한다.

이러한 유형을 적절히 활용함으로써 장애 학생들의 학습 참여와 성취를 지원할 수 있다. 신현기(2004)는 통합학급에서의 교수적합화 방안을 제시하며,

조절과 수정을 통한 교육과정의 재구성과 조정의 중요성을 강조한 바 있다.

2 AI 디지털교과서를 활용한 통합학급에서의 교수적합화

❶ 교수적합화 절차

[표 2.13] AI 디지털 교과서를 활용한 통합학급 교수적합화 절차

단계	내용
학습 진단 및 분석	활용 기능: AI 진단평가 진단평가 기능을 통해 학생들의 학습 능력과 성취 수준을 분석한다. 이를 통해 수업 전 개별 학생의 학습 목표와 필요를 설정할 수 있다.
⇩	
수업 설계 및 준비	활용 기능: 수업 재구성 도구, AI 추천 학습 자료 교사는 AI의 추천 자료를 활용하여 학생별 맞춤 학습경로를 설계하고, 디지털 교구와 영상 자료를 포함하여 흥미를 유발할 수 있는 활동을 계획한다. 학습 목표와 내용을 시각적으로 제공하는 디지털 자료를 활용하여 학습자의 몰입도를 높인다.
⇩	
수업 진행	도입 단계: 개념 영상 및 퀴즈를 활용하여 학습 동기를 유발한다. 전개 단계: 디지털 교구를 사용하여 개념을 시각적으로 제시하고, 협업 도구를 활용하여 소그룹 활동을 진행한다. 수업 중 궁금한 내용을 챗봇에게 질문할 수 있다. 정리 단계: 학습 내용을 요약하고, 마무리 퀴즈를 통해 학습 성취도를 점검한다.
⇩	
개별화된 학습 지원	활용 기능: 맞춤 학습 학생별 학습 진도와 결과를 기반으로 AI가 추천하는 보충 학습 자료 또는 심화 학습 콘텐츠를 제공한다. 이 단계에서 학생은 자신의 학습 속도에 맞는 과제를 수행할 수 있다.
⇩	
학습 결과 분석 및 피드백 제공	활용 기능: 학습 리포트, AI 피드백 교사는 학급 전체와 개별 학생의 학습 성과를 분석하고, 성취도를 시각적으로 제공하여 학생들이 자신의 학습 상태를 파악할 수 있도록 돕는다. 이를 통해 다음 수업을 위한 개선점을 도출할 수 있다. 평가 이력을 바탕으로 한 피드백을 직접 입력하거나 AI를 이용해 생성할 수 있다.

② 교수 환경 적합화

통합교육에서의 교수 환경 적합화란 장애 학생과 비장애 학생이 함께 학습하는 통합학급에서 모든 학생이 평등하고 효과적으로 학습에 참여할 수 있도록 물리적, 심리적, 사회적 환경을 조정하는 것을 의미한다. 이는 장애 학생이 학습 과정에서 직면할 수 있는 다양한 장벽을 최소화하고, 학습 접근성을 높이며, 개별 학생의 특성과 요구를 반영한 환경을 조성하는 데 초점을 둔다. AI 디지털교과서는 장애인 접근성 지원 기능을 제공하여 물리적, 심리적, 사회적 환경에서 교수 환경 적합화를 위한 유용한 도구로 활용될 수 있다. 이를 통해 학생 개개인이 학습 장벽을 극복하고, 학습에 대한 접근성을 높이며, 통합학급 내에서 협력적이고 조화로운 학습 환경을 조성할 수 있다.

1) 물리적 환경

시각 보조 지원(**초점 이동 및 대체 텍스트 제공**): 시각 장애 학생을 위해 이미지나 그래프에 대해 대체 텍스트를 제공하고, 학습 자료의 초점을 조정할 수 있는 기능을 통해 자료 접근성을 높인다. 버튼의 이름이나 페이지 제목, 텍스트를 읽어주는 기능을 통해 시각적 정보에 접근할 수 있도록 돕는다. 이는 학생이 학습 자료를 탐색할 때 방향을 잡고 내용을 이해하는 데 도움을 준다.

청각 보조 지원(**동영상 자막 및 대체 텍스트 제공**): 동영상 자료에는 화자가 말하는 속도에 맞춘 자막이 제공되며 비언어적인 정보의 경우 이해도를 높일 수 있는 이모티콘을 이용한다. 음성이나 음향을 통한 지시 사항은 이를 대체할 수 있는 텍스트나 이미지를 제공하여 청각장애 학생이 학습 콘텐츠를 원활히 이해할 수 있도록 돕는다.

운동 보조 지원(**초점 이동 및 진행 버튼 제공**): 별도의 운동 보조 기기를 연결할 경우 운동장애 학생이 학습 자료를 탐색하고 조작할 수 있도록 버튼 크기 조정 및 초점 이동 기능을 제공하여 사용 편의성을 제공한다.

인지 보조 지원(초점 이동 및 진행 버튼 제공): 인지적 어려움을 겪는 학생들이 학습 자료를 쉽게 탐색할 수 있도록 음성 설명, 직관적이고 간단한 인터페이스, 초점 이동 기능을 제공한다.

[표 2.14] AI 디지털교과서 개발 접근성 가이드라인

	필수 준수 사항	단계		
		2025년 적용	2026년 적용	2027년 적용
시각 장애 사용자를 위한 접근성 준수	• 시각자료 접근을 위해 대체 텍스트를 제공해야 함	○		
	• 가독성이 좋은 고딕 형식의 서체를 제공해야 함	○		
	• 시각자료, 멀티미디어 자료에 학습 과제 또는 문제 해결을 위한 정보를 포함하고 있는 경우 대체 텍스트가 아닌 화면 해설 스크립트를 제공하야 함	○		
	• 초점 이동과 기능 제어를 위한 접근 가능한 조작을 지원해야 함	○		
	• 표의 행과 열의 맨 윗부분에는 해당 수치에 대한 정보를 제공하는 헤더를 삽입함		○	
	• 텍스트가 포함된 이미지가 스캔되어 있는 경우 이를 스크린리더가 접근할 수 있도록 함	○		
	• 정보를 조직적으로 탐색할 수 있도록 단축키 또는 메뉴를 포함함		○	
	• 단락 구분을 해야 할 상황이라면 단락대로 스크린 리더가 접근할 수 있도록 함		○	
청각장애 사용자를 위한 접근성 준수	• 동영상이나 음성 콘텐츠에는 동등한 내용의 자막을 제공해야 함	○		
	• 청각적 지시 사항에 대해 대체 수단을 제공해야 함		○	
	• 단원별 핵심 용어나 중요 학습 내용 등에 대해 수어 설명을 별도로 제공해야 함			○
운동장애 사용자를 위한 접근성 준수	• 사용자가 키보드 또는 대안적 입력 장치(스위치 등)를 사용하는 경우에는 AI디지털 교과서에서 제공하는 모든 기능을 동등한 수준으로 사용할 수 있도록 해야 함		○	
	• 시간적 제한이 있는 콘텐츠의 경우, 사용자가 시간제한 기능이 동작되지 않도록 조작하거나 제한된 시간을 늘릴 수 있도록 해야 함		○	
인지장애 사용자를 위한 접근성 준수	• 사용자가 키보드 또는 대안적 입력 장치(스위치 등)를 사용하는 경우에는 AI 디지털 교과서에서 제공하는 모든 기능을 동등한 수준으로 사용할 수 있도록 해야 함		○	
	• 핵심적인 학습 콘텐츠를 음성을 통해 학습할 수 있도록 해야 함		○	
	• 콘텐츠의 레이아웃은 일관성 있게 제시하고, 메뉴에서 다양한 구성 요소가 제시되는 경우 메뉴에 대한 설명을 별도로 제공해야 함	○		

출처: 한국교육학술정보원. (2024). AI 디지털교과서 개발 가이드라인.

2) 심리적 환경

맞춤형 학습 경로 제공: AI는 학생 개개인의 학습 수준과 필요를 분석하여 적절한 학습 경로를 제안한다. 이를 통해 학생은 자신의 속도와 능력에 맞춘 학습을 진행하며, 학습 실패에 대한 부담을 줄일 수 있다.

피드백과 칭찬 기능: AI 디지털교과서는 학습 과정에서 실시간 피드백을 제공하며, 학생의 성취에 따라 칭찬 메시지나 보상을 부여한다. 이는 학생들에게 긍정적인 강화 효과를 주어 심리적 안정감을 높이고 학습 동기를 유발한다.

감정 상태 추적: AI 시스템은 학생의 감정 상태를 추적하고 학습 과제를 조정할 수 있다. 이를 통해 학생의 스트레스를 줄이고, 심리적으로 안전한 환경을 조성한다.

3) 사회적 환경

협력 학습 도구: AI 디지털교과서는 소그룹 활동을 지원하는 기능을 제공한다. 학생들은 디지털 교구를 사용하여 그룹 과제를 수행하거나, 온라인 협업 도구를 활용해 상호작용할 수 있다. 이는 비장애 학생과 장애 학생 간의 협력을 촉진한다.

실시간 학급 관리: 교사는 AI 시스템을 통해 학급 전체의 학습 현황을 실시간으로 파악하고, 그룹 내 동적 균형을 유지하도록 조정할 수 있다. 이는 학생 간의 상호작용을 원활하게 하고 협력 학습을 강화하는 데 기여한다.

다국어 지원: AI 디지털교과서는 다국어 설정 기능을 통해 다양한 언어적 배경을 가진 학생들이 학습에 참여할 수 있도록 돕는다. 이는 이민자나 다문화 가정의 학생들이 학급 내에서 소외되지 않도록 지원한다.

③ 교수 집단 적합화

통합교육에서의 교수 집단 적합화란 학급 내 학생들이 가진 다양한 학습 능력, 성향, 배경을 고려하여 교수 집단(수업에서 학습 활동을 함께하는 학생들의 구성)을 조직하고 조정하는 것을 의미한다. 이는 장애 학생과 비장애 학생이 함께 학습하면서 각자의 학습 목표를 달성할 수 있도록 수업 집단을 효과적으로 구성하는 데 초점을 둔다. AI 디지털교과서의 다양한 기능을 활용하면 학급 내 학생들의 요구에 맞게 학습 집단을 구성하고 조정할 수 있다. AI 디지털교과서는 각 학생별 학습 데이터를 활용하여 집단 구성과 관리, 협력 학습 지원, 실시간 피드백 제공을 통해 통합학급에서 교수 집단 적합화를 효과적으로 지원한다. 이를 통해 장애 학생과 비장애 학생 모두가 학습 목표를 달성할 수 있는 환경을 조성하고, 긍정적이고 조화로운 학급 문화를 형성할 수 있다.

1) 학생 데이터 분석을 통한 집단 구성

AI 디지털교과서는 개별 학생의 학습 성취도, 선호 학습 방식, 강점과 약점을 분석하여 데이터를 제공한다. 교사는 AI가 제공하는 분석 데이터를 기반으로 동질적 집단(비슷한 수준의 학생들)과 이질적 집단(다양한 수준의 학생들)을 구성할 수 있다. 이를 통해 학습 목표에 적합한 협력 학습 집단을 형성할 수 있다.

2) 실시간 집단 관리와 유동적 조정

AI 디지털교과서는 학습 중에도 학생들의 참여도와 성취도를 실시간으로 모니터링할 수 있어, 필요에 따라 집단 구성을 유동적으로 변경할 수 있다. 예를 들어, 협력 학습 중 특정 학생이 어려움을 겪고 있는 경우, 교사는 이를 즉각 파악하고 다른 집단으로 이동시키거나 추가 지원을 제공할 수 있다.

3) 협력 학습 도구 제공

AI 디지털교과서는 그룹 활동을 지원하는 협력 학습 도구를 제공한다. 학생들은 디지털 도구를 통해 그룹 과제를 수행하거나, AI가 추천하는 문제를 함께 해결하는 방식으로 협력 학습을 경험할 수 있다. 이는 비장애 학생과 장애 학생 간의 상호작용을 촉진하고, 긍정적인 협력 문화를 형성하는 데 기여한다.

4) 수준별 학습 과제 배정

AI 디지털교과서는 학생들의 학습 수준에 따라 개별 또는 그룹 과제를 자동으로 추천한다. 동질 집단에는 심화 과제를, 이질 집단에는 협력과 소통을 강조하는 과제를 배정할 수 있다. 이는 각 집단의 학습 목표를 달성하는 데 도움을 준다.

5) 학습 참여 강화와 피드백 제공

AI 디지털교과서는 그룹별 학습 성과를 분석하여 학생들에게 실시간 피드백을 제공한다. 교사는 각 그룹의 활동 결과를 한눈에 파악하고, 부족한 부분에 대해 추가 학습 자료나 방향을 제안할 수 있다. 이러한 과정은 학습 참여도를 높이고 협력 학습의 효과를 극대화한다.

❹ 교수 내용 적합화

통합교육에서의 교수 내용 적합화란 통합학급에서 학생들이 각자의 학습 능력, 필요, 흥미에 맞게 학습 내용을 조정하여 모든 학생이 학습 목표를 달성할 수 있도록 지원하는 것을 의미한다. 이는 장애 학생과 비장애 학생이 함께 학습하는 환경에서 학습 내용의 접근성과 이해도를 높이는 데 중점을 둔다. 교수 내용 적합화는 학생의 개별적인 필요를 고려하면서도 전체 교육 목표를 유지하기 위한 전략이다. AI 디지털교과서는 학습 목표의 재구성, 교육 자료의 조정, 다양한 학습 접근 방식 제공과 같은 교수 내용 적합화 요소를 효과적으로 지원할 수 있는 다양한 기능을 제공한다.

1) 학습 목표의 재구성

AI 디지털교과서는 학생의 학습 데이터와 수준을 분석하여 학습 목표를 세분화하거나 재구성하는 데 도움을 준다. AI 디지털교과서는 학생의 현재 학습 수준과 성취도를 진단하여, 개별 학생에게 적합한 학습 목표를 설정할 수 있도록 돕는다. 예를 들어, 기본 개념이 부족한 학생에게는 기초 학습 콘텐츠를 제공하고, 고급 수준의 학생에게는 심화 문제를 추천한다. 이를 통해 학생마다 다른 학습 목표를 설정하여 성취도를 높일 수 있다.

2) 교육 자료와 콘텐츠의 조정

AI 디지털교과서는 교육 자료를 학생의 요구와 학습 스타일에 맞게 변형하거나 보완할 수 있다. 디지털교과서는 텍스트 기반 자료를 시각 자료(예: 그래프, 다이어그램)나 동영상으로 변환하여 제공한다. 이는 시각적 학습 스타일을 가진 학생이나 독해 능력이 부족한 학생에게 특히 유용하다. 또한, 텍스트를 음성으로 변환하는 기능은 시각장애 학생이나 듣기를 통한 학습에 강점이 있는 학생들에게 효과적이다.

3) 다양한 학습 접근 방식 제공

AI 디지털교과서는 학생들이 자신의 학습 스타일에 따라 다양한 방식으로 학습할 수 있도록 지원한다. AI 디지털교과서는 실험이나 시뮬레이션을 통해 복잡한 개념을 체험적으로 학습할 수 있는 환경을 제공한다. 상호작용형 콘텐츠를 통해 학생들은 학습 과정에서 직접적인 피드백을 받을 수 있으며, 게임이나 놀이 활동을 포함한 디지털 교구는 흥미를 유발하여 학습 몰입도를 높인다. 예를 들어, 수학 문제를 풀 때 상호작용 도구를 사용하여 문제를 시각적으로 풀어내고, 영어 수업에서는 발음 교정을 제공하는 기능을 활용할 수 있다.

4) 학습 속도와 범위의 조정

AI 디지털교과서는 학생의 학습 속도와 진도에 따라 학습 콘텐츠를 적절히 조정한다. AI 시스템은 학생의 학습 데이터를 기반으로 학습 경로를 설계한다. 예를 들어, 동일한 학습 목표에 도달하기 위해 특정 학생은 단계별로 학습하며, 다른 학생은 빠르게 핵심 내용을 다룰 수 있도록 학습 범위를 조정한다. 이를 통해 학습 속도와 수준에 맞는 접근이 가능하다.

5) 실시간 피드백 및 수정

AI 디지털교과서는 학습 진행 상황에 따라 실시간 피드백과 학습 과정을 수정하는 기능을 제공한다. 학습 중간에 AI가 학습자의 진행 상황과 이해도를 평가하여, 필요한 경우 학습 과정을 수정하거나 추가 자료를 제안한다. 예를 들어 학생이 특정 개념을 이해하지 못했을 때 보충 콘텐츠를 자동으로 제공하고, 심화 학습이 필요한 경우 관련 문제를 추천한다. 이를 통해 학생은 자신의 학습 과정을 능동적으로 조정할 수 있다.

⑤ 교수 방법 적합화

통합교육에서의 교수 방법 적합화란 장애 학생과 비장애 학생이 함께 학습하는 통합학급에서 모든 학생이 학습에 효과적으로 참여하고 목표를 달성할 수 있도록 교수 방식을 조정하고 최적화하는 것을 의미한다. 이는 학습 활동의 설계와 실행 과정에서 학생 개개인의 특성과 필요를 반영하는 데 초점을 둔다. AI 디지털교과서는 통합교육에서 다양한 교수 전략을 실행하고, 학생 개개인의 학습을 지원하며, 협력 학습과 자기 주도 학습을 강화할 수 있는 도구를 제공한다. 이를 통해 교수 방법 적합화를 실현하고, 모든 학생이 효과적으로 학습에 참여할 수 있는 포용적인 환경을 조성할 수 있다.

1) 다양한 교수 전략 활용

AI 디지털교과서는 다양한 교수 전략을 설계하고 실행하는 데 필요한 도구를 제공한다. 또한 텍스트, 이미지, 동영상, 시뮬레이션 등의 멀티미디어 자료를 제공하여 학습자들에게 다양한 방식으로 학습 내용을 전달할 수 있도록 돕는다. 예를 들어, 과학 수업에서는 실험 과정을 시뮬레이션하거나, 영어 수업에서는 대화 연습을 위한 상호작용 콘텐츠를 활용할 수 있다. 이는 학생들의 흥미와 몰입을 높이는 데 효과적이다.

2) 개별화된 교수 방법

AI 디지털교과서는 학생의 수준과 학습 스타일에 맞춘 맞춤형 교육을 설계할 수 있도록 지원한다. 이를 위해 수집된 학습 데이터를 분석하여 각 학생별로 개별화된 학습 경로를 추천하며, 특정 학생에게는 기초 개념 강화를 위한 자료를 제공하고, 심화 학습이 필요한 경우 추가 과제를 제안한다. 이러한 기능은 교사가 각 학생의 필요에 맞는 교수 방법을 설계하고 실행하는 데 도움을 준다.

3) 학생 주도 학습 강화

AI 디지털교과서는 학생이 학습 과정의 주체가 될 수 있도록 다양한 자율 학습 기능을 제공한다. 이를 통해 학생은 자신의 학습 목표를 설정하고 학습 과정을 자율적으로 관리할 수 있다. 예를 들어, 스스로 학습 과제를 선택하거나 학습 진행 상황을 점검하면서 피드백을 받는 과정을 통해 자기 주도적 학습 능력을 신장할 수 있다. 이러한 기능은 학습 동기를 유발하고, 성취도를 높이는 데 기여한다.

4) 협력 학습과 사회적 상호작용 촉진

AI 디지털교과서는 협력 학습을 설계하고 실행하는 데 필요한 도구를 제공하여 학생 간 상호작용을 촉진한다. 이를 통해 학생들은 그룹 활동을 위한 협업 도구를 활용하여 서로 협력하며 문제를 해결하거나 프로젝트를 수행할 수 있다. 예를 들어, 수학 문제를 모둠별로 풀이하거나 영어 대화 연습을 역할극 형태로 진행하는 활동을 설계할 수 있다. 이때 교사는 교실을 순회하거나 디지털교과서의 화면을 통해 그룹의 진행 상황을 실시간으로 모니터링하고 조정하는 역할을 한다. 이러한 과정은 학생 간 협력을 강화하고, 통합학급 내에서 배려와 참여가 이루어지는 학습 환경을 조성하는 데 도움을 준다.

❻ 평가 적합화

통합교육에서의 평가 적합화란 장애 학생과 비장애 학생이 함께 학습하는 통합학급에서, 모든 학생이 공정하고 효과적으로 평가받을 수 있도록 평가 방법, 도구, 절차를 조정하는 것을 의미한다. 이는 학생 개개인의 능력, 학습 스타일, 장애 특성을 고려하여 평가를 설계하고 실행하며, 모든 학생이 자신의 학습 성과를 공정하게 나타낼 수 있도록 돕는 데 중점을 둔다. AI 디지털교과서는 통합교육에서 평가 내용을 조정하고, 다양한 평가 방법을 제공하며, 평가 도구와 환경을 적합화하는 데 사용될 수 있으며, 특히 실시간 피드백과 형성평가를 통해 학생의 학습 참여와 성취를 극대화할 수 있다. 이를 통해 장애 학생과 비장애 학생 모두가 공정하고 효과적으로 평가받을 수 있는 환경을 조성할 수 있다.

1) 평가 내용의 적합화

AI 디지털교과서는 학생의 수준과 학습 목표를 기반으로 평가 내용을 조정할 수 있다. 이를 위해 개별 학습 데이터를 분석하여 학생 수준에 맞는 평가 문제를 생성하거나 추천한다. 예를 들어, 기본 수준의 학생에게는 핵심 개념 중심의 문제를 제공하고, 심화 학습이 필요한 경우 고난도 문제를 제안한다. 이러한 방식은 학생의 학습 목표에 부합하는 맞춤형 평가를 가능하게 한다.

2) 평가 방법의 다양화

AI 디지털교과서는 다양한 평가 방법을 제공하여 학생의 학습 성과를 다각도로 평가할 수 있다. 이를 위해 프로젝트나 과제를 관리하는 도구를 제공하며, 학생이 제출한 작업물을 분석하여 성취도를 측정할 수 있다. 또한, 구술평가를 위한 녹음 및 텍스트 변환 기능이나 관찰 평가를 위한 데이터 기록 기능도 활용할 수 있다. 이러한 방식은 지필평가에만 의존하지 않고, 학생의 학습 결과를 보다 다양한 형태로 평가하는 데 기여한다.

3) 평가 도구의 조정

AI 디지털교과서는 평가 도구를 학생의 요구에 맞게 조정할 수 있는 기능을 제공한다. 시각장애 학생에게는 텍스트를 음성으로 변환하거나, 점자 출력 기능을 제공할 수 있다. 청각장애 학생에게는 평가 지시 사항을 텍스트로 명확히 제공하거나, 시각적 자료를 추가하여 평가의 이해도를 높일 수 있다. 이러한 기능은 학생들이 평가 과정에서 느낄 수 있는 장벽을 줄이는 데 기여한다.

4) 평가 환경의 조정

AI 디지털교과서는 학생이 편안하게 평가를 받을 수 있도록 평가 환경을 조정하는 데 도움을 준다. 디지털교과서는 장애 학생이 시험 시간을 연장하거나, 학습 공간에서 소음 없이 평가를 진행할 수 있는 환경을 조성한다. 학생들은 자신의 디바이스를 통해 평가에 참여할 수 있으며, 교사는 학생 개개인의 환경 설정을 관리할 수 있다.

5) 형성평가와 피드백 제공

AI 디지털교과서는 학습 과정에서 실시간 형성평가와 피드백을 제공하여 학생의 학습을 지원한다. AI는 학생의 응답 데이터를 분석하여 즉각적인 피드백을 제공하며, 학습 과정에서의 강점과 약점을 시각적으로 보여주는 리포트를 생성한다. 이를 통해 학생은 자신의 학습 상태를 파악하고 부족한 부분을 보완할 수 있다. 교사는 이러한 데이터를 활용하여 다음 수업의 방향성을 계획할 수 있다.

3 통합학급에서의 과목별 교수적합화 사례

❶ 수학(서책형 교과서&AIDT 병행형)

[표 2.15] 서책형 교과서&AIDT 병행형 수업 지도안 예시[1]

<table>
<tr><th>단원</th><th colspan="3">4. 분수</th><th>차시</th><th>4/10</th></tr>
<tr><td>차시 주제</td><td>분수만큼은 얼마일까요</td><td>수학</td><td>88~89쪽</td><td>수학익힘</td><td>60~61쪽</td></tr>
<tr><td>성취기준</td><td colspan="5">[4수01-09] 양의 등분할을 통하여 분수의 필요성을 인식하고, 분수를 이해하고 읽고 쓸 수 있다.</td></tr>
<tr><td>학습 목표</td><td colspan="5">전체에 대한 분수만큼은 얼마인지 알 수 있다.</td></tr>
<tr><td>학습 단계</td><td colspan="3">교수·학습 활동</td><td>시간</td><td>AIDT 기능</td></tr>
<tr><td>단원 도입 전</td><td colspan="3">· 선수학습에 대한 [진단평가] 실시
· [대시보드]에서 학생별 진단 결과 확인</td><td></td><td>[진단평가]
[대시보드]</td></tr>
<tr><td>도입</td><td colspan="3">· 교과서 그림 및 문제 상황을 통한 동기 유발
· 학습 목표 확인</td><td>5′</td><td></td></tr>
<tr><td>전개</td><td colspan="3">파이 6개의 1/2은 몇 개인지 알아보기
• 파이 6개의 1/2은 몇 개인지 알아보기 위해 교과서 그림을 2묶음으로 나누어 보기
• 1묶음은 모두 몇 개인지 알아보기
• 6의 1/2에 대해 알아보기
8의 3/4는 얼마인지 알아보기
• 단추 8개의 3/4는 몇 개인지 알아보기 위해 교과서 그림을 4묶음으로 나누어 보기
• 1묶음은 모두 몇 개인지 알아보기
• 8의 1/4은 얼마인지 알기
• 8의 3/4은 얼마인지 알기
이산량의 진분수만큼은 얼마인지 구하기
• 해마 15마리를 똑같이 3묶음으로 나누어 보기
• 1묶음은 모두 몇 마리인지 알아보기
• 15의 1/3은 얼마인지 알기
• 15의 2/3은 얼마인지 알기
[형성평가]
• [형성평가] 문제 해결
• 교사 [피드백] 확인
• 평가 결과에 따라 [개념영상]을 통해 복습</td><td>25′</td><td>[장애인 접근성 지원]
[형성평가]
[피드백]
[개념영상]</td></tr>
<tr><td>정리</td><td colspan="3">[맞춤형 과제]를 통해 학습 내용 정리
• 과제 해결 시 모르는 부분은 [AI 튜터]에게 질문
차시 학습 내용 예고</td><td>10′</td><td>[맞춤형 과제]
[AI 튜터]</td></tr>
</table>

1 수학 3-2 천재(한) 기준

수학 과목에서 서책형 교과서와 AI 디지털교과서를 병행하여 수업을 운영하는 지도 계획은 학습자 개개인의 수준과 필요에 맞춘 교육을 제공하며 통합학급의 다양한 학습 환경에서 효과적으로 활용될 수 있다. 이러한 수업 설계는 전통적인 서책형 교과서의 강점과 AI 디지털교과서의 기술적 이점을 결합하여 학습의 효율성과 개별화를 동시에 달성하는 데 초점을 맞추고 있다.

단원 도입 전에는 선수학습 개념에 대한 진단평가를 실시한다. AI 디지털교과서의 [진단평가] 기능을 활용하여 학생들의 선수학습 상태를 파악하며, [대시보드]에서 진단 결과를 확인한다. 이 결과를 단원 수업 설계에 반영하여 학생들의 학습 준비 상태에 따라 변형된 수업 계획을 세운다. 예를 들어, 학급에 선수학습 개념이 부족한 학생들이 많다면 단원 학습을 시작하기 전 선수학습 개념에 대한 복습 차시를 추가하거나, 전체 학습 차시를 조정하여 학습 결손을 보완할 수 있다. 이는 학습자 맞춤형 접근을 통해 수업의 효과성을 높이는 데 기여한다.

[그림 2.33] 천재교과서 수학 AI 디지털교과서 단원 및 차시 활동 재구성

출처: 한대희 외. (2025). 천재교과서 수학 3-1 AI 디지털교과서.

도입 단계에서는 초등학생의 디지털 기기 활용 능력을 고려하여 서책형 교과서를 중심으로 진행할 수 있다. 교과서에 제시된 그림과 문제 상황을 활용하여 학생들의 흥미를 유발하고, 학습 목표를 명확히 제시한다. 이러한 접근은 디지털 도구에 익숙하지 않은 학생들이 쉽게 수업에 몰입할 수 있도록 돕고, 서책형 교과서의 익숙함을 통해 안정감을 제공한다.

전개 단계에서는 분수 개념을 이해하기 위한 활동을 설계한다. 먼저, 서책형 교과서를 활용하여 파이 그림을 2묶음으로 나눈 뒤, 한 묶음에 들어있는 파이의 개수를 세며 6의 $\frac{1}{2}$을 구해본다. 이어서 활동 2에서는 단추 그림을 활용하여 8의 $\frac{3}{4}$을 계산하며 분수 개념을 체화한다. 다음으로 활동 3에서는 해마 15마리를 3묶음으로 나누어 15의 $\frac{1}{3}$과 15의 $\frac{2}{3}$을 각각 구해보며 이산량의 진분수만큼은 얼마인지 알아본다. 이러한 과정에서 학생들은 직접 그림을 묶어보는 활동을 통해 추상적인 수학 개념을 구체적으로 체득할 수 있다. 15의 $\frac{1}{3}$을 구할 때 15를 3씩 묶는 등 분수 개념이 명확하지 않아 오류를 보이는 학생들에게는 구체적 조작물을 활용하여 전체를 3부분으로 나누는 과정을 직접 경험하도록 지도할 수 있다. 만약 교실에서 구체적 조작물 사용이 어렵다면, 동일한 활동을 디지털 교구를 활용하여 진행할 수 있다. 본차시 개념 설명과 학습 활동이 끝나면 AI 디지털교과서를 활용해 [형성평가]를 실시하며, 학생들은 평가 문제를 해결한 후 교사로부터 [피드백]을 받는다. AI 디지털교과서의 [형성평가] 기능은 수학익힘책이나 종이 학습지를 활용한 형성평가에 비해 학생들의 학습 결과를 체계적으로 기록하고 학습 결손을 빠르게 파악하는 데 더욱 유용하다. [피드백] 시 평가 결과에 따라 본차시 학습 내용을 완전히 이해하지 못한 학생들에게는 AI 디지털교과서의 [개념영상]을 통해 복습하도록 안내한다. 이는 교사가 일일이 개별 학생을 대상으로 추가 설명을 제공하기 어려운 상황을 보완하여 학습 격차를 줄이는 데 도움을 준다.

[그림 2.34] 천재교과서 수학 AI 디지털교과서 형성평가 기능

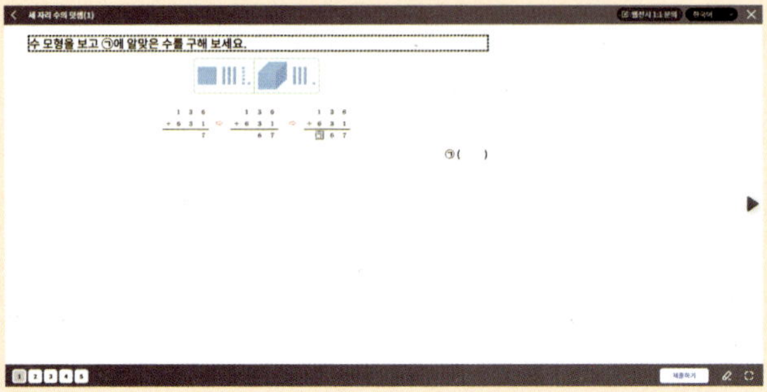

출처: 박만구 외. (2025). 천재교과서 수학 3-1 AI 디지털교과서.

[그림 2.35] 천재교과서 수학 AI 디지털교과서 형성평가 평가 리포트

출처: 박만구 외. (2025). 천재교과서 수학 3-1 AI 디지털교과서.

정리 단계에서는 [맞춤형 과제]를 통해 학습 내용을 복습하고 정리한다. 이 과제는 형성평가 결과에 따라 학생별로 난이도가 다르게 제공될 수 있다. 학습 수준이 낮은 학생들은 AI 디지털교과서의 [AI 튜터] 기능을 활용해 질문하거나, 교사 또는 학습 수준이 높은 학생들의 도움을 받을 수 있다. 이러한 방식은 개별 학생의 학습 요구에 맞는 맞춤형 학습을 가능하게 하고, 학생들이 스스로 학습 내용을 정리하며 완성도를 높이는 데 기여한다. 마지막으로 차시 학습 내용을 예고하여 학생들이 다음 수업을 준비할 수 있도록 돕는다.

위와 같은 수업 설계는 서책형 교과서와 AI 디지털교과서의 강점을 결합하여 통합학급의 학생들에게 맞춤형 학습 경험을 제공한다. 서책형 교과서를 활용한 도입과 활동은 학생들에게 안정감을 주고 개념 학습을 구체적으로 체험할 수 있도록 돕는다. 동시에 AI 디지털교과서의 진단평가, 형성평가, 피드백, 맞춤형 과제 제공 기능은 학습자의 성취도를 체계적으로 관리하며, 학습 격차를 줄이고 학습의 효율성을 높이는 데 기여한다. 이를 통해 통합학급의 다양한 학습 요구를 충족시키는 포괄적이고 효과적인 학습 환경을 조성할 수 있다.

AI 디지털교과서는 장애 학생의 개별적 요구를 충족하기 위해 교사가 장애인 접근성 지원 기능을 사전에 설정할 수 있는 시스템을 제공한다. 이 설정은 장애가 있는 학생이 AI 디지털교과서를 활용할 때 필요한 지원을 제공하여 학습 접근성을 보장한다. 예를 들어, 교사가 A 학생에게 시각 보조 지원 기능을 설정해 둔 경우 A 학생에게는 차시명과 페이지 내 텍스트들이 음성으로 변환되어 제공된다. 이 기능이 설정되지 않은 비장애 학생들에게는 음성 지원이 활성화되지 않고 텍스트를 직접 읽도록 설계된다. B 학생에게 청각 보조 지원 기능을 설정한 경우, B 학생이 동영상 자료를 열람할 때 자막이 자동으로 제공되는 등의 청각적 접근성을 지원한다.

[그림 2.36] 좌 – YBM 수학 AI 디지털교과서 장애인 접근성 지원 X,
우 – YBM 수학 AI 디지털교과서 장애인 접근성 지원 중 청각 보조 지원 O

출처: 류희찬 외. (2025). YBM 수학 3-1 AI 디지털교과서.

❷ 영어(AIDT 집중형)

[표 2.16] AIDT 집중형 수업 지도안 예시

단원	13. How's the Weather?	차시	2/4
주요 어휘	cloudy, cold, go, hot, let, outside, raining, see, snowing, sunny, we, weather, windy	교과서	120~121쪽
학습 목표	제안하는 말을 듣고 말할 수 있다. 날씨에 관한 단어를 듣고 따라 읽을 수 있다.		
학습 단계	교수·학습 활동	시간	AIDT 기능
도입	· Greetings · Review · Motivation · Objectives	5′	[장애인 접근성 지원] [추가활동 자료]
전개	**Talk Link** • Look at the pictures and guess what the dialog is about. • Listen to the dialog on the AIDT. • Understand the dialog by asking and answering the questions. • Listen and understand the dialog in detail. • Listen and repeat after the dialog. **Talk and Read** • Listen to the dialog on the AIDT. • Listen and repeat after the dialog. • Choose a role and practice the dialog with the AIDT. **Song Parade** • Sing the song, "Let's Go Outside" • Listen to the song and do the actions that match the lyrics. • Find out about the weather in different countries in December. **Fun Play** • Play the game, "Find the Missing Weather Card". • Take turns asking 'How's the weather?' and guess the missing weather card to get points.	25′	[기본 수업안]
정리	Check Point • Solve problems to review the lesson. • Assign homework and preview the next class.	10′	[형성평가] [맞춤형 과제] [AI 튜터]

영어 과목에서 AI 디지털교과서를 집중적으로 활용한 지도 계획은 학습자 개개인의 수준에 맞춘 맞춤형 학습과 의사소통 능력 향상을 목표로 한다. 영어 과목은 본래 의사소통 기능 배양을 주요 목표로 하며 AI 디지털교과서 도입 전에도 교과서 CD나 멀티미디어 자료를 활용한 수업이 중점적으로 이루어졌다. 이러한 특성을 고려할 때 영어 수업은 AI 디지털교과서를 집중적으로 활용하되 필요한 경우에 서책을 참고하는 형태가 적합하다.

도입 단계에서는 해당 단원에서 학습해야 할 주요 단어와 표현을 복습하며 수업을 시작한다. 이 과정에서 AI 디지털교과서의 화면 잠금 및 교사 화면과의 동기화 기능을 활용해 모든 학생이 동일한 학습 자료를 보고 참여하도록 한다. 이러한 기능은 학습의 집중도를 높이고, 학생들이 교사의 진행에 따라 학습에 몰입할 수 있도록 돕는다.

전개 단계는 AI 디지털교과서를 중심으로 구성된다. 먼저 첫 번째 활동에서는 학생들이 그림을 보며 영상의 내용을 추측한다. 이는 학생들이 학습 주제에 대해 예측하고 흥미를 가지도록 유도하는 단계이다. 이후 영상을 시청하고 영상 내용에 대해 교사가 묻고 학생들이 답하면서 내용을 파악한다. 다음으로는 학생들은 영상의 대화를 한 줄씩 따라 말하며 발화에 익숙해지도록 연습한다. 이러한 활동은 학생들에게 주요 표현을 반복적으로 이야기하며 익히고 영어 발화의 기초를 다질 수 있는 기회를 제공한다.

두 번째 활동에서는 단원에서 학습할 주요 표현으로 이루어진 간단한 대화를 듣고 따라 말하며 발화에 더욱 익숙해지도록 한다. 학생들이 표현에 익숙해진 후에는 역할을 하나 정하고 AI 디지털교과서와 대화 연습을 진행한다. 이때 AI 디지털교과서의 녹음 기능을 활용하여 자신의 발화를 녹음하고 들어보며 발음과 억양을 스스로 점검할 수 있다. 영어 발화가 익숙하지 않은 학생들은 필요한 경우 이전 단계로 돌아가 영상의 대화를 다시 듣고 연습할 수 있다. 이러한 반복 학습은 학생들이 자신감을 가지고 발화를 시도하도록 돕는다.

[그림 2.37] 디지털교과서를 이용한 대화 연습

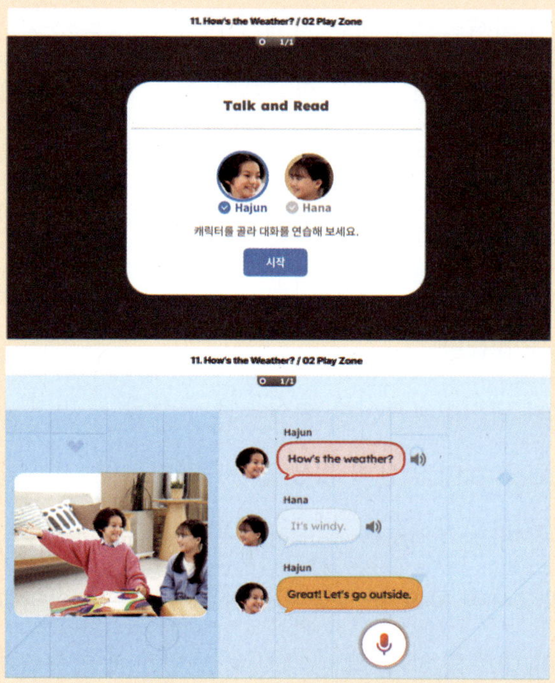

출처: 김혜리 외. (2025). YBM 영어 3 AI 디지털교과서.

AI 디지털 교과서를 활용한 이 활동은 기존의 영어 말하기 차시에서 짝 활동을 할 때 발생하는 어려움을 효과적으로 해결한다. 기존 짝 활동에서는 동일한 수준의 학생끼리 짝을 이루면, 영어 발화가 서툰 학생들이 함께 짝을 이루었을 경우 발화를 거의 하지 못하는 문제가 발생한다. 반대로 수준이 높은 학생과 낮은 학생을 짝지어주면 수준 낮은 학생이 발화를 어려워하기 때문에 학습 수준이 높은 학생이 주로 대사를 알려주게 되어 대화 연습이 제대로 이루어지지 않는 경우가 많다. 그러나 AI 디지털교과서를 활용하면 이러한 문제를 완화할 수 있다. 영어 발화를 잘하는 학생들은 다양한 역할을 바꿔가며 연습하거나 자신의 녹음 내용을 들어보며 발음을 더욱 정교화할 수 있다. 반면 영어 발화가 익숙하지 않은 학생들은 영상을 반복적으로 들으며 자신의 페이스에 맞춰 한 문장이라도 말해 보는 경험을 할 수 있다. 이는 교사가 모든 학생을 일일이 지도하기 어려운 상황에서도 학습 격차를 줄이고 영어 학습을 어려워하는 학생들에게 성공 경험을 제공하는 데 효과적이다.

세 번째 활동으로는 AI 디지털교과서를 사용하지 않고 교실에서 친구들과 영어 게임을 진행한다. 예를 들어, 'Find the Missing Weather Card' 게임을 통해 학생들은 즐겁게 영어를 학습할 수 있다. 이러한 놀이 기반 영어 학습은 영어에 대한 흥미를 높이는 데 도움이 된다. 학습 목표와 소재에 따라 신체 활동을 포함한 게임을 활용하는 것도 3~4학년 학생들의 영어 학습에 효과적이다.

정리 단계에서는 AI 디지털교과서를 활용하여 문제를 풀고 배운 내용을 복습하며 학습 성과를 확인한다. 형성평가 결과를 기반으로 학습이 부족한 학생들에게는 복습 과제를 제시하고, 혼자 과제를 해결하는 데 어려움을 겪는 학생들에게는 AI 튜터를 활용해 질문하며 학습을 보완하도록 안내한다. 이러한 과정은 학생들에게 추가 학습 기회를 제공하고 교사가 개별적으로 지도하지 않아도 학습 격차를 줄일 수 있도록 돕는다.

이와 같은 수업 설계는 AI 디지털교과서의 다양한 기능을 활용하여 학생들의 수준과 필요에 맞는 맞춤형 학습 환경을 제공한다. 학생들은 AI 디지털교과서를 활용해 발화를 연습하고, 학습 내용을 체계적으로 복습할 수 있다. 교사는 AI 디지털교과서에서 구성한 수업안과 학생들의 활동 결과 및 참여도 분석 결과를 확인할 수 있으며 이를 바탕으로 다음 수업을 개선하고 학생들에게 적절한 피드백을 제공할 수 있다. 이러한 접근은 영어 교육의 효과를 극대화하고, 다양한 수준의 학생들에게 자신감과 흥미를 부여하는 데 기여한다.

4 AI 디지털교과서를 통한 교수적합화의 실천과 미래

AI 디지털교과서를 활용한 교수적합화는 통합학급에서 학생들의 개별 학습 요구를 충족하기 위한 혁신적인 접근법이다. 교수 환경, 집단 구성, 학습 내용, 방법, 평가 등 수업 전반에서 AI 디지털교과서를 적절히 활용하면 학생 개개인의 다양성을 고려한 맞춤형 지원이 가능하다. 특히, 장애인 접근성 지원 기능은 특수교육대상학생들의 학습 접근성을 개선하며, 진단 평가, 실시간 피드백, 맞춤형 과제 제공 등의 기능은 교육의 효율성을 높이고 학습 격차를 줄이는 데 크게 기여할 수 있다.

AI 디지털교과서는 학생들의 학습을 지원하는 데 그치지 않고, 교사의 수업 설계와 실행에서도 중요한 역할을 한다. 교사는 AI 디지털교과서를 통해 학생들의 학습 데이터를 분석하여 수업 방향을 조정하고, 즉각적이고 맞춤형 피드백을 제공할 수 있다. 또한, 학습 결과를 체계적으로 기록하고 활용함으로써 교수법을 지속적으로 개선할 수 있다. 이러한 기능은 교육의 질을 향상시키는 동시에 교사의 업무를 효율화하는 데 크게 기여한다.

AI 디지털교과서를 활용한 교수적합화는 다양한 학습자를 위한 미래 교육의 핵심 요소로 자리 잡을 것이다. AI 기술의 발전에 따라 더욱 정교화된 학습 콘텐츠와 기능이 추가된다면 통합학급 내 모든 학생이 자신의 개별적인 필요와 능력에 따라 학습에 동등하게 접근하고 참여할 수 있는 학습 환경에서 성장할 수 있을 것으로 기대된다. 이러한 변화는 장애 학생과 비장애 학생 모두가 학습에서 마주하는 한계를 극복하고 자신의 잠재력을 발휘할 수 있는 환경을 조성하는 데 핵심적인 역할을 할 수 있다.

· 참고문헌

- 김번영, 박승희(2007). 통합학급에서 교수적 수정 중재가 장애학생의 문제행동과 수업참여행동에 미치는 영향. 특수교육학연구, 42(1), 19-49.
- Gargiulo, R. M., & Metcalf, D. (2019). Teaching in Today's Inclusive Classrooms: A Universal Design for Learning Approach. Cengage Learning.
- Hall, T. E., Meyer, A., & Rose, D. H. (2012). Universal Design for Learning in the Classroom: Practical Applications. Guilford Press.
- 신현기(2004). 통합교육 교수적합화. 서울: 학지사.
- 신현기 외(2005). 통합교육의 이론과 실제. 서울: 박학사.
- 이대식 외(2011). 통합교육의 이해와 실제. 서울: 학지사.
- 정동영(2017). 장애아동 통합교육론. 파주: 교육과학사.
- Peggy A. Hammeken(2014). 통합학교 교사를 위한 통합교육 입문. 서울: 시그마프레스.
- 박승희(1999). 일반학급에 통합된 장애학생의 수업의 질 향상을 위한 교수적 수정의 개념과 실행 방안. 특수교육학연구, 34(2), 29-71.
- 정주영, 신현기(2001). 경도 장애 초등학생의 통합교육 방법으로서 교수적합화에 대한 이론적 접근. 정서 · 행동장애연구, 17(2), 251-283.
- 한숙희, 박재국, 김혜리(2013). 초등학교 통합학급에서의 장애학생을 위한 교수적합화 실태. 특수아동교육연구, 15(1), 453-475.
- 한국교육학술정보원(2024). AI 디지털교과서 개발 가이드라인.
- 천재교육(2024). AIDT수업가이드.
- 천재교육(2025). AI 디지털교과서 수학 3-1.
- YBM(2025). AI 디지털교과서 수학 3-1.
- YBM(2025). AI 디지털교과서 영어 3.

PART

03

교사가 만드는 교실혁명

CHAPTER 1

PART 03

디지털 기반 특수교육의 미래

안지훈

1 특수교육 포용기술(Inclusive Techlolgy)과의 만남

1 모두를 위한 교육: 특수교육과 포용기술의 만남

1) 특수교육, AI 디지털 기술과 만나다

영화 “아이언맨”에서 주인공 토니 스타크는 자신의 슈트를 통해 상상 속에서만 가능했던 일들을 현실로 만들어낸다. 이는 기술이 단순히 도구에 그치지 않고, 사용자의 능력을 확장하여 새로운 가능성을 열어가는 과정을 상징적으로 보여준다. 특수교육에서 AI 디지털 도구는 이러한 역할을 하며, 장애학생들에게 맞춤형 학습 환경을 제공하고, 그들이 새로운 잠재력을 발휘할 수 있도록 돕는다. 마찬가지로 자율주행차와 같은 기술은 과거에는 상상 속에만 존재하던 개념이었지만, 오늘날에는 현실화되어 사람들의 일상과 교통 환경을 혁신하고 있다. 이러한 사례는 기술이 단순히 편의를 제공하는 것을 넘어, 기존의 한계를 뛰어넘어 새로운 가능성을 열어가는 과정을 잘 보여준다. 이는 단순한 공상과학 이야기가 아니라, 오늘날 기술이 어떻게 현실에서 혁신을 만들어가는지를 상징적으로 보여준다.

같은 관점에서 AI 디지털 도구는 특수교육 현장에서 장애학생들이 자신의 잠재력을 최대한 발휘할 수 있도록 돕는 슈트와 같은 역할을 한다. 이러한 포용기술(Inclusive Technology)은 장애학생들이 직면하는 학습의 장벽을 제거하고, 그들이 학습 환경에서 새로운 가능성을 발견하고 실현할 수 있도록 지원한다. 이는 기술적 도구와 방법을 통해 학습 접근성을 높이고, 다양한 장애 유형과 학습 요구를 포괄적으로 고려하여 개인화된 학습 경험을 제공한다. 예를 들어, 청각장애 학생들을 위한 실시간 자막 제공, 시각장애 학생들을 위한 음성 지원 도구, 발달장애 학생들을 위한 대화형 콘텐츠는 포용 기술이 만들어내는 실질적 사례라 할 수 있다.

[그림 3.1] 포용기술을 통한 포용 교육의 실현

출처: Image Creator(2025.01.03.) "A school student wearing Iron Man suit, overcoming physical disability, studying on tablet."

특수교육에서 에듀테크는 학습 접근성을 높이고, 학생 개개인의 학습 요구를 충족시키는 맞춤형 학습 환경을 만들어간다. 예를 들어, "Azure AI Immersive Reader"와 같은 AI 기반 학습 도구는 AI 기술을 기반으로 구축되어 소리 내어 읽기, 언어 번역, 강조 표시, 기타 디자인 요소를 통한 집중력 개선 등의 읽기 도구 및 기능으로 읽기 수준에 따라 다양한 학습자에게 도움을 준다.

이러한 도구들은 장애 유형별로 최적화된 학습 경험을 제공함으로써 교육의 포용성과 효율성을 동시에 강화한다. 더불어 AI 기술이 적용된 다국어 번역 기능은 다문화 배경을 가진 학생들에게도 학습의 장벽을 허물어준다. 이러한 기술들은 단순히 보조적인 역할에 머무르지 않고, 다양한 학습자들의 학습의 질을 혁신적으로 변화시키는 중요한 도구로 자리 잡고 있다.

[그림 3.2] 몰입형 읽기 기능을 통한 맞춤형 학습 지원

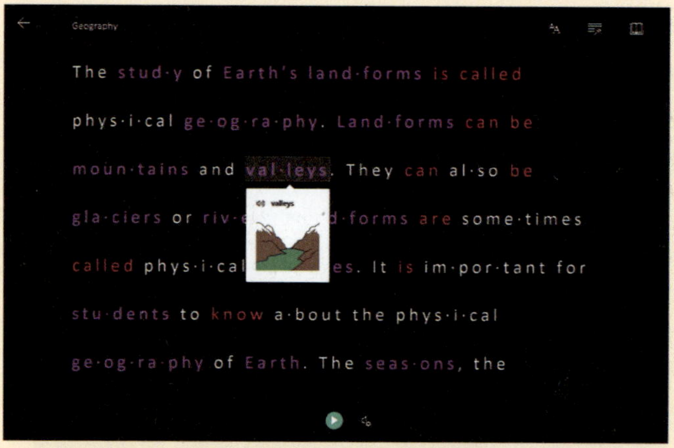

출처: AI Azure AI Immersive Reader 몰입형 읽기로 텍스트 읽기 및 이해 기능을 향상할 수 있음.

특히, 기술 발전의 핵심 축인 데이터 기반 접근은 각 학습자의 다양한 요구를 충족시키고, 보다 개별화된 학습 환경을 조성하는 데 중요한 역할을 하고 있다. 데이터 기반 맞춤형 학습 콘텐츠는 학생의 학습 행동과 패턴을 정밀하게 분석하여 개인별로 최적화된 학습 경로를 설계한다. 예를 들어, 학습 분석(Learning Analytics) 기술은 학생의 학습 데이터를 수집하고, 인공지능 알고리즘을 활용해 학습 성과를 예측하거나 학습자에게 필요한 지원을 제안한다. 실제 사례로, 학습관리시스템(LMS: Learning Management System)을 통해 제공되는 데이터 분석 기능은 학생들의 학습 참여도와 이해도를 실시간으로 파악하며, 이를 기반으로 맞춤형 콘텐츠를 제공하는 데 활용되고 있다. 이러한 접근은 학생의 학습 속도, 선호도, 그리고 개별적인 필요를 반영하여 학습 경험을 최적화한다.

AI 디지털 도구는 기존의 서책형 자료와 달리, 학습 내용을 실시간으로 생성하고 조정할 수 있는 장점을 지닌다. 더불어 강화된 상호작용을 통해 학생들이 수동적 학습에서 벗어나 능동적으로 학습 과정에 참여할 수 있도록 한다. 이러한 특징은 학습 효과를 높일 뿐만 아니라, 개별 학생의 잠재력을 최대한 끌어올릴 수 있게 한다.

기존의 서책형 교육 자료는 장애학생들의 복잡하고 다양한 요구를 충족시키기에는 한계를 지녔다. 자료의 정적 특성과 유연성 부족으로 인해 학생 개개인의 필요에 맞춘 학습 지원이 어려웠다. 반면 AI 디지털 도구는 이러한 한계를 극복하며, 학습 자료를 동적으로 수정하고 편집할 수 있는 유연성을 제공한다. 이를 통해 학생의 학습 경험을 개선하고, 개별화된 학습 환경을 조성하는 데 크게 기여한다.

AI 디지털 도구는 장애학생의 학습 데이터를 실시간으로 분석하여 학습 속도와 수준에 맞는 과제를 제시한다. 감각장애 학생들을 위해 음성 출력과 화면 확대 기능을 통합하거나, 발달장애 학생들을 위한 대화형 콘텐츠를 제공하는 방식으로 개별 학습자의 요구를 충족시킨다. 이러한 도구는 또한 학생들의 학습 진행 상황을 추적하고, 적응형 피드백을 제공함으로써 학습 과정에서의 성취감을 높인다. 예를 들어, 시각장애 학생이 디지털 교과서를 사용하는 동안 실시간 음성 지원과 촉각 피드백 기능을 활용할 수 있다.

이와 같은 기능들은 학생들의 학습 참여도를 높이고, 교육의 효율성을 극대화한다. 기존의 교육 한계를 넘어 새로운 가능성을 열어주며, 학습의 포용성을 강화하는 데 기여한다. AI 기술은 단순한 보조 도구를 넘어, 모든 학생이 자신에게 적합한 방식으로 학습할 수 있도록 돕는 강력한 촉매제이다. 이는 통합교육의 기반을 마련하고, 학생 개개인의 잠재력을 최대한 발휘할 수 있는 환경을 조성하는 데 필수적인 역할을 한다.

2) 특수교육과 통합교육에서의 기술의 중요성

통합교육(Inclusive Education)은 모든 학생이 평등한 학습 환경에서 학습할 수 있도록 보장하는 데 초점을 둔다. 이를 실현하기 위해 특수교육에서는 최소제한적 환경(LRE: Least Restrictive Environment)의 구현이 필수적이다. LRE는 미국 장애인 교육법(IDEA: Individuals with Disabilities Education Act)에 의해 정의된 개념으로, 장애학생이 비장애학생들과 함께 학습하며, 통합된 학습 환경에서 상호작용을 경험하도록 보장하는 것을 목표로 한다. 예를 들어, 법은 장애학생이 일반 학급에 배치되는 것을 기본 원칙으로 삼으며, 분리된 환경은 필요 최소한으로 제한해야 한다고 규정한다.

[그림 3.3] 통합교육 배제되지 않는 교실

출처: Image Creator(2025.01.03.) “An inclusive education environment”.

통합교육의 실현은 단순히 물리적 공간의 통합에 그치지 않고, 학생들의 사회적 상호작용과 학습 기회를 극대화하는 데 그 중요성이 있다. 특히, AI와 같은 기술은 통합교육의 목표를 실현하는 데 강력한 도구로 활용될 수 있다. 예를 들어, AI 기반 학습 도구는 실시간 음성 출력, 화면 확대, 자막 생성과 같은 기능을 통해 다양한 장애 유형의 학생들이 일반 학급에서 학습 활동에 원활히 참여할 수 있도록 돕는다.

이처럼 통합교육은 장애학생과 비장애학생 모두에게 협력과 상호 존중의 문화를 확산시키는 데 필수적인 원칙이다. AI를 비롯한 포용기술은 이를 가능하게 하며, 통합된 학습 환경에서 모든 학생이 최상의 학습 경험을 누릴 수 있도록 지원할 수 있다. 이 원칙은 장애학생이 단순히 학습 내용을 배우는 것을 넘어, 사회적 기술과 협력 능력을 발전시키는 데 중요한 역할을 한다.

국내에서도 통합교육의 일환으로 장애학생이 일반 교실에서 학습할 수 있는 환경을 조성하기 위해 다양한 노력이 이루어지고 있다. 특히 AI 기반 학습 도구의 활용은 이러한 통합 환경을 강화하는 데 중요한 기여를 하고 있다.

[그림 3.4] AI.SW 교육을 활용한 통합교육 프로그램

네이버 커넥트재단은 이번 프로그램 교육과정 개발을 위해 SeeD(특수교사미래교육연구회)와 협력하는 한편, 오프라인 교사 연수를 진행해 교사들이 SW·AI 교육 역량을 강화할 수 있도록 지원할 예정이다. 또한 이번 프로그램은 특수교사와 일반 교사가 협력하는 팀티칭 방식으로 운영되어, 통합교육 우수 사례를 발굴하고 이를 교육 현장으로 확산시키는 데에 기여할 것으로 기대된다.

-기사 원문 중-

(출처: 네이버(주) 보도자표 발췌, 2024.07.25.)

에듀테크 도구는 포용적인 교육 환경을 구축하는 데 중요한 역할을 한다. 이러한 도구는 장애학생에게 단순히 학습 자료를 제공하는 것을 넘어, 학습 과정에서 직면할 수 있는 물리적, 정서적 장벽을 제거하여 몰입도를 높이는 데 기여한다. 예를 들어, 다국어 번역 기능은 다문화 배경을 가진 학생들이 언어적 장벽 없이 학습 내용을 이해하도록 돕는다.

[그림 3.5] 다문화 학생을 위한 다중언어 적용

출처: Enuma 토도한글, 다문화 배경 학생을 위한 다중언어 기능 및 콘텐츠.

보조공학 기기와 에듀테크 도구의 통합은 물리적 장애를 가진 학생들이 학습 도구를 원활하게 활용할 수 있는 환경을 조성한다. 더 나아가 이러한 기술은 학습자 개개인의 요구에 맞춘 적응형 기능을 제공하여 진정한 의미의 맞춤형 학습을 가능하게 한다. 또한 대화형 콘텐츠, 시뮬레이션, 게임화된 학습 활동 등은 장애학생과 비장애학생 모두에게 매력적인 학습 경험을 제공한다. 이러한 도구들은 장애학생들이 통합된 공간과 포용적 환경에서 학습하며, 또래 학생들과 협력하고 상호작용하는 데 필요한 학습 지원을 제공한다.

더불어, 이러한 기술들은 교사와 학부모가 학생의 학습 데이터를 실시간으로 모니터링하고, 학습 진도를 파악하며, 적절한 피드백을 제공할 수 있도록 지원한다. 이를 통해 학습 과정 전반에서 협력적이고 개별화된 지원이 가능하다.

에듀테크는 특수교육에서 최소제한적 환경을 구현하고 통합적 교육을 실현하는 데 있어 핵심적인 역할을 할 것이다. 향후 기술 발전과 함께 이러한 도구들이 더욱 정교해지고 확장됨에 따라, 장애학생들의 학습 환경은 보다 포용적이고 효과적으로 변화할 것으로 기대된다.

2 특수교육과 통합교육을 위한 접근성과 UDL의 역할

특수교육과 통합교육은 장애학생과 비장애학생이 함께 학습하며 동등한 학습 기회를 제공받을 수 있도록 설계된 환경을 강조한다. 이러한 환경은 단순히 장애학생의 학습 참여를 넘어서, 사회적 상호작용을 통해 이들이 포용적 사회의 일원으로 성장할 수 있도록 지원하는 데 중점을 둔다. 이를 실현하기 위해서는 접근성(Accessibility)과 보편적 학습 설계(UDL: Universal Design for Learning)의 원칙이 필수적이다.

접근성은 물리적, 디지털, 정보 환경에서 장애학생이 학습 자료와 활동에 자유롭게 접근할 수 있도록 보장하며, 학습 과정의 공평성을 확보하는 데 핵심적인 역할을 한다. 예를 들어, 디지털 플랫폼에서 제공되는 자막, 대체 텍스트, 화면 읽기 소프트웨어는 정보 접근성을 높이는 주요 도구로 작용한다. 이러한 도구들은 장애학생이 학습 자료에 원활히 접근할 수 있도록 하여 학습 과정에서의 불평등을 줄이는 데 기여한다.

한편, UDL은 학습 과정 전반을 유연하게 설계하여 다양한 학습자 요구를 충족시키는 것을 목표로 한다. UDL의 세 가지 주요 원칙은 학습 참여를 촉진하고, 정보를 다양한 방식으로 제시하며, 학습자들이 자신의 강점을 발휘할 수 있는 다양한 표현 방식을 제공하는 것이다. 이를 통해 모든 학습자가 자신의 학습 스타일과 속도에 맞는 환경에서 학습할 수 있게 된다.

접근성과 UDL은 상호보완적인 관계를 형성하며, 장애학생과 비장애학생 모두를 위한 포용적 학습 환경을 조성하는 데 중요한 역할을 한다. 예를 들어, 일반 학급에서 UDL의 원칙을 적용하면, 교사는 장애학생의 필요에 맞춘 지원을 제공함과 동시에 비장애학생에게도 보다 다양한 학습 경험을 제공할 수 있다. 이러한 접근은 단순히 장애학생의 통합을 넘어서, 모든 학생에게 공평하고 효과적인 학습 기회를 제공하는 데 기여한다.

❶ 특수교육과 보편적 학습 설계(UDL)

1) 보편적 학습 설계의 정의와 의미

보편적 학습 설계(UDL: Universal Design for Learning)는 학습자의 다양성을 존중하고, 모든 학생이 학습 과정에 적극적으로 참여할 수 있도록 설계된 포괄적인 프레임워크다. UDL은 다양한 학습자의 요구를 충족시키기 위해 세 가지 핵심 원칙을 기반으로 한다. 이 원칙은 다양한 참여 방식, 다양한 표상 방식, 그리고 다양한 표현 방식이다.

[표 3.1] 학습 네트워크와 UDL 원리

학습 네트워크	개념/역할	UDL 원리
정서적 네트워크 (Affective network)	"The Why of Learning" 정보에 대한 평가와 우선 순위를 정하는 역할	다양한 방식의 학습 참여 수단 제공 원리
인지적 네트워크 (Recognition network)	"The What of Learning" 정보를 받아들이고 분석하는 역할	다양한 방식의 표상 수단 제공 원리
전략적 네트워크 (Strategic network)	"The How of Learning" 정보처리를 계획하고 실행하는 역할	다양한 방식의 행동과 표현 수단 제공 원리

출처: 학습 네트워크와 UDL 원리의 관계(CAST, 2018).

(1) 다양한 참여 방식

다양한 참여 방식은 학습자가 동기를 얻고 학습에 몰입할 수 있는 환경을 조성한다. 예를 들어, 게이미피케이션을 적용한 학습 활동이나 시뮬레이션을 통해 학생들이 학습 목표를 더욱 흥미롭게 달성할 수 있도록 한다. 특히 발달장애 학생들은 게임화된 콘텐츠를 통해 주의 집중 시간이 증가하고 학습 목표에 몰입할 수 있다. 이러한 참여 방식은 학습자의 흥미와 동기를 고려하여 설계되므로 학습 효과를 극대화한다.

(2) 다양한 표상 방식

다양한 표상 방식은 정보를 여러 형태로 제공함으로써 학습자가 선호하거나 필요한 방식으로 학습할 수 있도록 돕는다. 텍스트뿐만 아니라 이미지, 동영상, 음성을 활용해 학습 자료를 제공하며, 청각장애 학생은 자막이 포함된 비디오를, 시각장애 학생은 음성 출력 기능을 활용할 수 있다. 이러한 방식은 정보 접근성을 높이고, 학습자의 개별적인 요구에 맞춰 자료를 제공함으로써 학습 과정에서 배제를 최소화한다. 또한 반복적이고 다양한 표현은 학습자의 기억력과 학습 효율성을 높이는 데 기여한다.

(3) 다양한 표현 방식

다양한 표현 방식은 학습자가 자신이 이해한 내용을 다양한 방식으로 표현할 수 있도록 지원한다. 글쓰기, 그림 그리기, 프레젠테이션 등 여러 방식으로 학습 결과를 표현할 수 있으며, 이를 통해 각자의 강점과 창의성을 발휘할 수 있다. 예를 들어, 감각장애 학생은 그림과 텍스트를 결합하거나 비디오 형식으로 과제를 제출하여 학습 성과를 표현할 수 있다. 이러한 선택의 다양성은 학습자의 자신감을 증진시키고, 학습 경험을 더욱 의미 있게 만든다.

[그림 3.6] 다양한 표현 방식 제공의 예

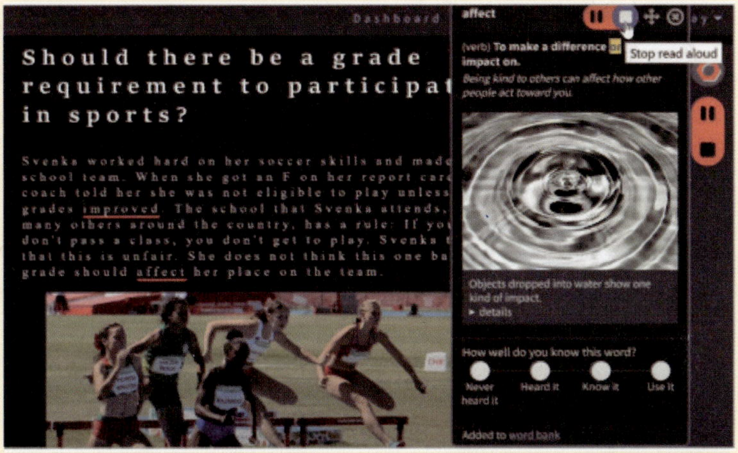

출처: Clusive-특정 단어를 문맥 속에서 하이라이팅하고 해당 용어 설명을 텍스트, 그림, 음성, 번역 옵션 등으로 제공하는 예시.

UDL의 세 가지 원칙은 상호보완적으로 작용하여 모든 학생이 자신의 학습 스타일과 능력에 맞는 환경에서 학습할 수 있도록 지원한다. 특히 특수교육 현장에서 UDL은 장애학생과 비장애학생 모두에게 평등한 학습 기회를 제공하는 데 중요한 역할을 한다. 이는 학습 참여도, 성취도, 그리고 사회적 상호작용 능력을 동시에 향상시키며, 포용적 교육의 실현을 가능하게 한다.

2) 특수교육에서의 보편적 학습 설계

특수교육에서는 UDL 원칙을 활용하여 장애학생의 학습 경험을 최적화하는 데 주력한다. 발달장애 학생들은 게이미피케이션이 적용된 학습 콘텐츠를 통해 학습 동기를 부여받으며, 주체적으로 학습 과정에 참여할 수 있다. 이 콘텐츠는 학습 내용을 단계적으로 제시하며, 적절한 보상 요소를 포함하여 학습 목표를 달성하도록 돕는다. 예를 들어, 게이미피케이션 요소가 포함된 과제는 학습 몰입도를 높이고 문제 해결 능력을 향상시킨다.

[그림 3.7] LernBAR 프로젝트에 참가한 장애학생들의 직업훈련 모습

출처: 레른바 프로젝트, 장애학생 대상 직업교육 훈련에 디지털 기술 접목(http://lernbar.fk13.tu-dortmund.de).

이러한 학습 환경은 비장애학생과의 상호작용을 촉진할 수 있다. 특히 통합교육 환경에서 장애학생과 비장애학생이 동일한 AI 기반 학습 도구를 사용하여 협력 과제를 수행하면, 상호 존중과 이해의 문화를 형성할 가능성이 더욱 높아진다. 이 과정에서 장애학생은 자신이 팀의 중요한 일원으로 인정받는 경험을 통해 자신감을 얻고, 비장애학생은 다양성을 수용하고 협력하는 태도를 자연스럽게 학습할 수 있다.

결과적으로, 이러한 UDL 기반 학습 환경은 학습 효율성을 높이는 것뿐만 아니라, 학생 모두가 공동체의 일원으로 성장할 수 있는 협력적 학습 문화를 조성한다. 이는 포용적 사회로 나아가는 데 중요한 역할을 할 것이다.

3) 장애 유형별 UDL 활용

UDL 원칙은 다양한 장애 유형에 맞춰 학습 자료와 환경을 개별화하여 제공함으로써 장애학생의 학습 경험을 풍부하게 만든다. 예를 들어, 텍스트와 이미지를 함께 제공하는 멀티모달 콘텐츠는 발달장애 학생들의 학습 이해도를 높이는 데 효과적이다. 음성 지원 기능이 포함된 대화형 콘텐츠는 청각적으로 학습을 지원하며 몰입도를 높인다.

감각장애 학생들은 점자 출력 장치와 화면 읽기 소프트웨어를 활용하여 학습 자료에 접근할 수 있다. 청각장애 학생들을 위해 자막과 시각적 자료가 포함된 비디오 콘텐츠를 제공함으로써 정보의 명확성을 높일 수 있다. 물리적 장애를 가진 학생들은 IoT(사물 인터넷)와 결합된 보조공학 기기를 통해 학습 자료에 접근할 수 있다. 예를 들어, 음성 명령으로 작동하는 인터페이스는 이동이 어려운 학생들에게 큰 도움을 준다.

[그림 3.8] 콘텐츠의 음성 지원을 다양하게 제공하는 예시

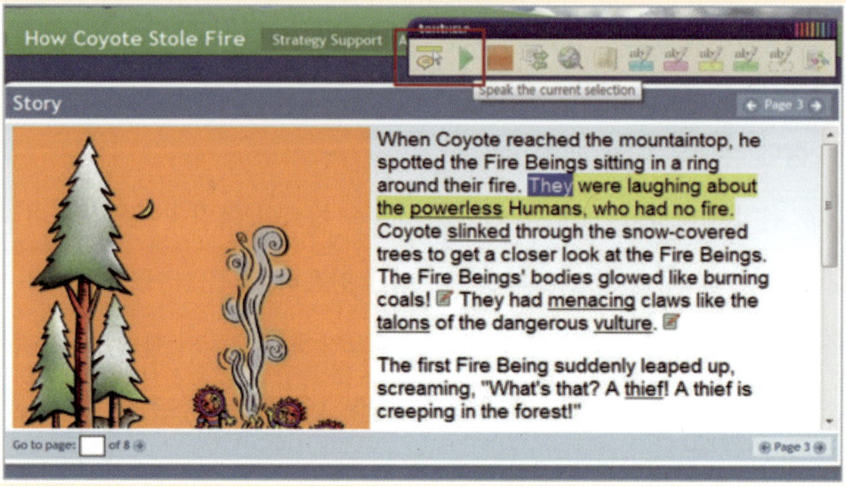

출처: UDL Editions: http://udleditions.cast.org

결론적으로, 장애 유형별로 맞춤화된 UDL 접근은 모든 학생이 자신의 강점을 발휘하며 학습 목표를 달성할 수 있는 환경을 조성한다. 이는 특수교육과 통합교육의 핵심 가치를 실현하며, 장애학생과 비장애학생 모두가 협력적 학습 문화를 형성하는 데 기여할 것으로 기대된다. 앞으로도 기술 기반 학습 접근이 더욱 확산될 수 있도록 지속적인 연구와 정책적 지원이 필요하다.

❷ 특수교육과 접근성

1) 접근성의 정의와 의미

접근성은 모든 학생, 특히 장애학생들이 학습 자료와 환경에 자유롭게 접근할 수 있도록 보장하는 것을 의미한다. 이는 물리적, 정보적, 심리적 장벽을 제거하여 학습 참여와 성취를 가능하게 한다. 예를 들어, 시각장애 학생을 위한

점자 출력 장치와 화면 읽기 소프트웨어, 청각장애 학생을 위한 실시간 자막 시스템은 접근성을 높이는 도구로 활용된다. 물리적 장애를 가진 학생들을 위한 경사로, 엘리베이터, 넓은 통로 등은 물리적 접근성을 강화한다.

접근성은 학습 자료와 도구에 대한 물리적 접근을 넘어 심리적 환경까지 포함한다. 포용적인 학습 환경은 학생들의 자신감을 높이고, 협력과 의사소통 기술을 발전시키는 기회를 제공한다. 이를 통해 학생들은 학습 과정에 능동적으로 참여하고 동료들과 협력하며 성취감을 얻을 수 있다.

[그림 3.9] 콘텐츠를 접하는 다양한 방식을 보여주는 미디어 일러스트레이션

출처: aem.cast.org/ Perceivable: Present information in multiple ways-Illustration of a series of media representing varied ways of feeling, seeing and hearing content, including reading a braille book, adjusting type size and contrast setting on a tablet, viewing captions on a video, listening to alt text of an image on a smart phone.

2) 접근성의 네 가지 원칙(POUR)

접근성 설계에는 다음의 네 가지 원칙이 포함된다. 이는 웹 콘텐츠 접근성 지침(WCAG)에서 정의된 핵심 개념으로, 모든 학습자가 환경과 자료를 효과적으

로 활용할 수 있도록 보장하며, 학습 과정에서 발생할 수 있는 다양한 장애를 극복하는 기반을 제공한다. 이러한 원칙은 학습 자료를 접근 가능하게 하고, 장애학생과 비장애학생 모두에게 동등한 학습 기회를 제공하는 데 중점을 둔다.

(1) 인식의 용이성(Perceivable)

정보와 사용자 인터페이스 구성 요소는 사용자가 쉽게 인식할 수 있어야 한다. 예를 들어, 시각장애 학생들을 위해 텍스트 자료를 음성으로 변환하는 스크린 리더 기능은 정보를 청각적으로 전달하여 학습 접근성을 높인다. 청각장애 학생들을 위한 실시간 자막 제공은 강의 내용을 시각적으로 보완하며, 주요 메시지를 명확히 전달하는 데 기여한다. 또한 색상 대비를 강화하거나 대체 텍스트를 제공함으로써 시각 자료의 가독성을 높이고, 다양한 학습자의 요구를 충족시킬 수 있다. 특히 화면 확대 소프트웨어와 그래픽 디자인의 직관성은 저시력 학생들에게도 정보 접근을 가능하게 하여 학습 과정에서의 배제를 최소화한다.

(2) 운용의 용이성(Operable)

사용자 인터페이스와 탐색이 용이해야 하며, 모든 사용자가 디지털 콘텐츠를 조작할 수 있어야 한다. 예를 들어, 이동 장애를 가진 학생들은 음성 명령 기반의 디지털 학습 도구를 사용하여 디지털 자료를 효율적으로 탐색할 수 있다. 키보드로 탐색 가능한 웹 인터페이스는 마우스를 사용할 수 없는 학생들에게 특히 유용하며, 이러한 기능은 학습 참여를 독려한다. 또한, 클릭 영역의 크기를 확대하거나, 터치스크린과 같은 직관적인 인터페이스를 지원하는 기술은 다양한 신체적 능력을 가진 학생들에게 학습 환경의 접근성을 제공한다. 이러한 기술은 모든 학생들이 학습 도구를 보다 원활하게 활용할 수 있도록 하며, 디지털 콘텐츠의 포괄적 설계를 가능하게 한다.

(3) 이해의 용이성(Understandable)

콘텐츠와 사용자 인터페이스는 학습자가 정보를 쉽게 이해할 수 있는 형태로 제공되어야 한다. 대화형 학습 콘텐츠는 복잡한 정보를 시각적, 체험적으로 제공하여 발달 장애학생들이 학습 내용을 효과적으로 이해하도록 돕는다. 예를 들어, 그래픽과 애니메이션을 활용한 콘텐츠는 추상적인 개념을 직관적으로 설명하며, 실습 기반 시뮬레이션은 학습자가 학습 내용을 경험적으로 탐구할 수 있는 기회를 제공한다. 또한 명확한 언어 사용과 직관적인 인터페이스는 학습자의 혼란을 줄이고, 정보 전달의 효율성을 높인다. 이러한 설계는 다양한 학습 스타일을 지원하며, 학생들이 학습 과정에서 자신감을 갖고 참여하도록 유도한다.

(4) 견고성(Robust)

콘텐츠는 다양한 기기와 플랫폼에서 접근 가능하고, 보조 기술과 호환되어야 한다. 이는 장애학생들이 사용하는 보조공학 기기와 소프트웨어가 콘텐츠를 원활히 인식하고 활용할 수 있도록 설계하는 것을 포함한다. 예를 들어, 웹 콘텐츠는 최신 스크린 리더 소프트웨어와 호환되어야 하며, 점자 출력 장치와 같은 특수 기기를 통해 접근할 수 있도록 해야 한다. 또한 사용자가 다양한 브라우저와 기기를 통해 학습 자료를 활용할 수 있도록 반응형 웹 디자인과 크로스 플랫폼 호환성을 보장해야 한다. 이러한 설계는 학습 자료의 접근성을 높이고, 장애학생이 비장애학생과 동일한 학습 경험을 누릴 수 있도록 지원한다. 특히

AI 기반의 적응형 기술은 각 학습자의 요구를 실시간으로 분석하고, 이를 바탕으로 최적화된 학습 자료를 제공함으로써 견고한 학습 환경을 구현한다.

3) 웹 접근성 지침의 준수

웹 접근성은 장애 학생들이 디지털 콘텐츠를 비장애 학생들과 동등하게 활용할 수 있도록 보장하는 데 있어 매우 중요한 요소다. AI 디지털 교육 콘텐츠는 이러한 필요를 충족하기 위해 웹 콘텐츠 접근성 지침(WCAG)을 준수하여 설계되어야 한다. WCAG는 텍스트 콘텐츠와 멀티미디어 자료가 다양한 장애 유형의 학생들에게 접근 가능하도록 하는 일련의 국제 표준 지침을 제공한다. 이는 학습 환경의 포괄성을 높이며, 장애학생과 비장애학생 모두에게 동등한 학습 기회를 제공하는 데 기여한다.

예를 들어, 시각장애 학생들을 위해 스크린 리더를 활용한 음성 안내 기능과 텍스트 및 이미지에 대체 텍스트를 제공한다. 대체 텍스트는 단순히 이미지를 설명하는 데 그치지 않고, 이미지가 학습 자료에서 전달하려는 주요 메시지를 구체적으로 기술하여 정보 전달의 정확성을 높인다. 또한 색상 대비를 고려한 디자인과 확대 가능한 인터페이스는 저시력 학생들이 웹 콘텐츠를 효과적으로 활용할 수 있도록 돕는다. 키보드 탐색 기능이 강화된 시스템은 시각장애 학생들이 마우스를 사용하지 않고도 콘텐츠를 탐색할 수 있게 지원한다.

[그림 3.10] 시각장애 학생을 위한 접근성

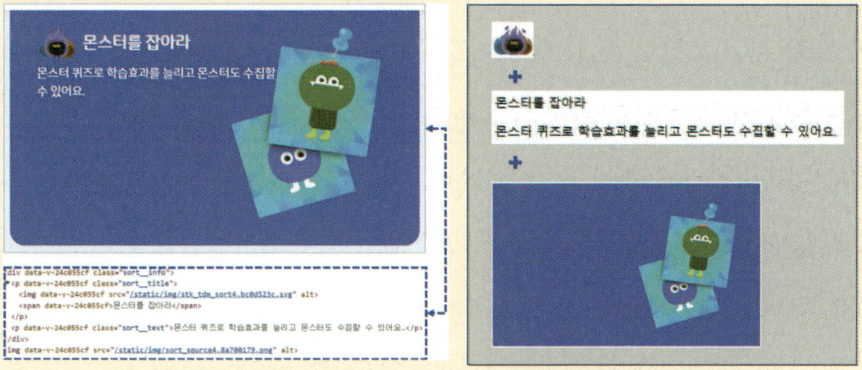

출처: Enuma, 토도(TODO): 텍스트를 이미지 형태로 제공하지 않고 이미지에 오버랩하여 구현).

청각장애 학생들을 위한 기능도 다양화되어 있다. 동영상 콘텐츠에는 자막이 반드시 포함되며, 단순히 대사를 제공하는 것을 넘어, 음성 톤, 배경 소리, 대화의 맥락을 전달하는 확장된 자막도 제공된다. 이러한 자막은 학습 자료의 감정적 맥락을 이해하는 데 도움을 준다. 중요한 오디오 정보는 그래픽이나 텍스트 요소로 대체되어 학습 내용을 다각적으로 전달할 수 있다. 예를 들어, 음성 강의의 핵심 내용을 시각적으로 요약한 다이어그램이나 주요 포인트를 추가함으로써 청각장애 학생들이 학습 내용을 명확히 이해할 수 있게 한다. 시청각 자료의 속도를 조절할 수 있는 기능은 학생들의 학습 편의성을 한층 높인다.

더 나아가, 접근성 기술은 인터랙티브 요소를 포함하여 장애 학생들이 적극적으로 학습 활동에 참여할 수 있도록 돕는다. 예를 들어, 시각장애 학생을 위한 음성 명령 기반 인터페이스와 터치스크린 접근 기능이 결합된 도구는 웹 콘텐츠를 보다 자유롭게 탐색할 수 있도록 한다. 감각장애 학생들을 위해 설계된 가상 실험실은 복잡한 개념을 체험적으로 이해할 수 있는 환경을 제공한다. 청각장애 학생들에게는 실시간 채팅 기능이 포함된 학습 플랫폼이 제공되어 또래와의 상호작용을 촉진하고 학습에 대한 몰입도를 높인다.

이러한 기술은 협업 프로젝트나 그룹 활동에서도 큰 효과를 발휘하며, 장애학생과 비장애학생 간의 공동 작업을 더욱 원활하게 한다. 접근성 기술의 통합은 모든 학생이 동등한 학습 경험을 누릴 수 있도록 보장하며, 포용적인 디지털 학습 환경을 구현하는 데 기여한다. 접근성은 이제 선택이 아닌 필수적인 요소로 자리 잡고 있으며, 그 중요성은 점점 더 강조되고 있다.

❸ 통합교육을 위한 보편적 학습 설계와 접근성

1) 통합교육을 위한 접근성

통합교육은 장애학생과 비장애학생이 함께 학습하며 상호 존중과 협력을 배우는 환경을 조성하는 데 중요한 역할을 한다. 이를 위해 학습 자료의 접근성을 높이고, 교실 내 물리적 환경을 조정하는 것이 필수적이다. 예를 들어, 교실의 책상 배치를 유연하게 구성하고, 이동이 어려운 학생들을 위해 경사로와 넓은 통로를 설계하는 방식은 통합교육에서 접근성을 개선할 수 있는 효과적인 방안으로 평가된다.

이러한 환경 설계는 물리적 이동에 대한 부담을 줄이는 동시에, 장애학생과 비장애학생 모두에게 안전하고 접근 가능한 학습 공간을 제공할 수 있다. 시각장애 학생들을 위해 고대비 색상 표시와 점자 안내 표지판을 설치하면 학생들이 독립적으로 학습 자료와 교실 환경을 탐색할 수 있는 기회를 제공할 수 있다. 또한 청각장애 학생들을 위한 실시간 자막 시스템과 보청기 지원 환경 구축은 수업 및 학습 참여를 보다 원활하게 만들어준다. 이와 같은 요소들은 통합교육에서 접근성을 개선하는 필수적인 전략으로, 효과를 입증할 가능성이 높다.

통합교육은 IT 기반 학습 환경의 조성을 통해 더욱 포괄적이고 맞춤화된 접근을 실현할 수 있다. 디지털 학습 플랫폼은 학습 자료를 텍스트, 오디오, 비디오 등 다양한 포맷으로 제공하여 개별 학습자의 요구를 충족시키는 유연성을 가진다. 이러한 플랫폼은 직관적이고 사용자 친화적인 인터페이스를 제공하며, AI 기술을 활용한 적응형 학습 경로를 통해 학습자의 능력과 요구에 따라 학습 경험을 개인화할 수 있다. 이는 학생들이 자신의 학습 속도와 선호도에 맞춰 학습을 진행하도록 지원하며, 장애학생과 비장애학생 모두가 효과적으로 학습 목표를 달성할 수 있는 환경을 조성한다.

[그림 3.11] 학습내용의 난이도를 선택할 수 있는 예시

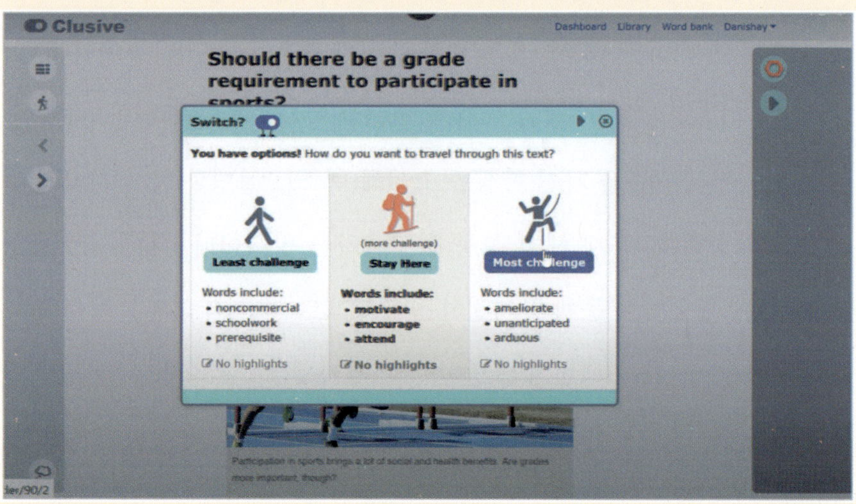

출처: Clusive: https://www.cast.org/resources/products/clusive

특히 일부 학교에서는 모든 학생에게 태블릿을 제공하여 디지털 콘텐츠에 접근할 수 있는 환경을 마련하고 있다. 동시에, 장애학생들에게는 개별적인 요

구를 충족시키기 위한 추가적인 보조공학 기기를 지원하여 학습 참여를 극대화하고 있다. 예를 들어, 시각장애 학생은 음성 명령을 통한 디지털 자료 탐색이나 점자 출력 장치를 활용하여 독립적으로 학습 활동에 참여할 수 있다. 이와 같은 IT 기반 접근은 학습 참여를 확대하고, 통합교육의 목표인 포용적이고 협력적인 학습 환경을 구현하는 데 기여한다.

더 나아가, 이러한 기술적 지원은 학생들이 협력과 소통의 기술을 자연스럽게 배우고, 실생활에서 활용할 수 있도록 도울 수 있다. 이는 학습 환경을 물리적 차원에 국한하지 않고, 정보와 학습 경험의 평등을 실현하는 데 중요한 역할을 할 가능성을 보여준다.

2) 통합교육을 위한 보편적 학습 설계

UDL 원칙을 적용한 통합교육은 모든 학생이 학습 과정에 적극적으로 참여할 수 있도록 돕는다. 이러한 접근은 학습자 개개인의 요구를 반영하여, 학습 자료와 활동이 모든 학생에게 동등하게 접근 가능하도록 설계된다. 다양한 학습 특성과 인지적 수준을 가진 학생을 고려해 텍스트 설명과 함께 시각적 구조화 자료를 제공하고, 문제 해결 활동에 활용하는 방식이다. 특히 장애학생과 비장애학생이 협력하여 문제를 해결하는 프로젝트 기반 학습은 통합교육의 효과를 극대화할 수 있는 핵심적인 방안으로 평가된다. 이 모델은 학습자 간의 상호 존중과 협력의 가치를 심화시키며, 학습 경험을 더욱 풍부하게 만드는 데 기여한다.

[그림 3.12] 글의 흐름을 그래픽 조직자로 제공하는 예시

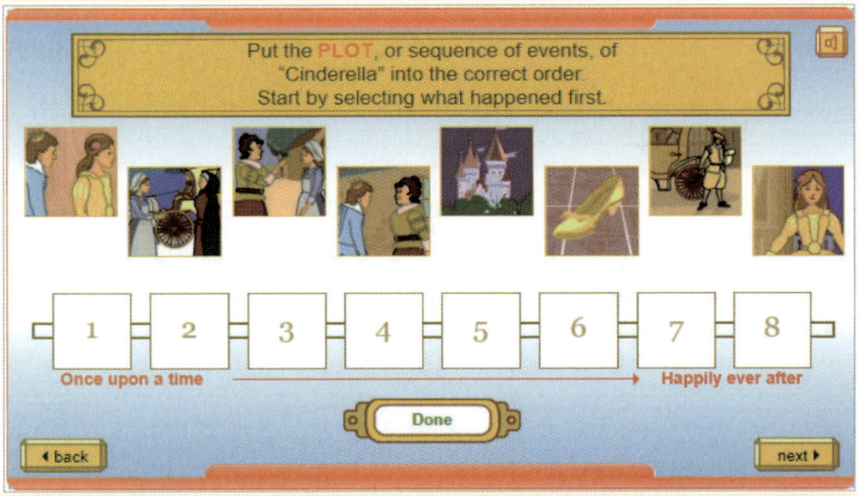

출처: Sooper Books: https://www.learner.org/interactives/story/cinderella

이러한 학습 환경은 학생들이 서로의 강점을 이해하고 이를 팀 활동에 활용할 기회를 제공할 가능성이 크다. 예를 들어, 청각장애 학생이 자막을 활용하여 강의 자료를 이해하고, 비장애학생과의 논의를 통해 아이디어를 확장하는 경험은 상호 학습의 좋은 예가 될 것이다. 또한 시각장애 학생이 화면 읽기 소프트웨어를 통해 텍스트 자료에 접근하고, 비장애학생들과의 협력을 통해 팀 프로젝트를 완수하는 방식은 향후 통합교육에서 활용될 수 있는 좋은 접근법으로 평가될 수 있다. 이러한 활동은 학생들이 서로의 필요와 강점을 더 잘 이해하도록 돕고, 공동의 목표를 달성하기 위한 협력을 강화할 가능성을 보여준다.

이러한 환경은 학생들에게 상호 존중과 협력의 가치를 배우는 기회를 제공할 가능성이 높다. 예를 들어, 학생들이 자신들의 아이디어를 자유롭게 표현하고 팀원들과 피드백을 주고받는 과정은 학습의 깊이를 더하며, 개인의 성장뿐

아니라 팀 전체의 성과를 높이는 데 기여할 수 있다. 또한, 프로젝트 기반 학습 과정에서 AI 기반 도구를 활용하여 학생들의 참여도를 실시간으로 분석하고 적절한 피드백을 제공함으로써 학습 성취를 촉진할 수 있을 것이다. 이러한 기술은 학생들이 자신의 학습 경로를 스스로 조정할 수 있도록 돕는 한편, 교사가 개별 학습자에게 맞춤형 지원을 제공하는 데 유용하다.

이 과정에서 학생들은 기술을 활용한 데이터 기반의 문제 해결 능력을 배우게 되며, 이는 교육과정에서 실생활 응용 역량을 개발하는 데 긍정적인 영향을 미칠 가능성이 있다. 예를 들어, 데이터 시각화 소프트웨어를 활용한 활동은 발달장애 학생들이 시각적 자료를 통해 정보를 쉽게 이해하고 구조화하는 데 도움을 줄 수 있다. 이러한 활동은 복잡한 개념을 간소화하고, 학습자 개개인의 요구에 맞춘 맞춤형 접근 방식을 적용함으로써 문제 해결 능력을 개발하는 데 효과적일 수 있다. 이를 통해 학생들은 실질적인 문제 해결 과정을 경험하며, 협력과 창의적 사고를 바탕으로 학습의 의미를 확장할 수 있을 것이다.

결론적으로, 이러한 통합교육 모델은 장기적으로 더 나은 사회적 통합을 촉진하는 데 핵심적인 역할을 하며, 학생들이 다양성을 존중하고 협력하는 기술을 실생활에서 활용할 수 있도록 돕는다. 이와 함께, 교육 환경 전반에서 UDL 원칙의 적용을 확대함으로써 모든 학생이 자신의 잠재력을 발휘할 수 있는 기회를 제공하는 데 중요한 기여를 할 것이다.

· 참고문헌 및 사이트

- 교육부 (2023). 인공지능(AI) 디지털교과서로 1:1 맞춤 교육시대 연다. 교육부 보도자료.
- 국립특수교육원 (2018). 장애학생 디지털교과서 제작 지침 및 활용 시나리오 연구. 충남: 손지영, 차현진, 강성구
- 국립특수교육원 (2024). 장애학생 디지털 교육 지원 방안 연구. 충남: 김한성, 박주연, 안지훈, 이수빈
- 김영걸 (2009). 특수교육용 디지털교과서 개발 방향과 과제. 지적장애연구, 11(2), 227-249
- 손지영 (2016). 보편적학습설계를 적용한 디지털 텍스트 설계 방안의 구안. 한국초등교육연구, 27(1), 441-463.
- 손지영, 안동환 (2024). AI 디지털교과서의 보편적 학습 설계(UDL) 및 접근성 지침 적용 사례 탐색, 한국교육학술정보원, 연구자료 RM2024-04
- 에누마. (n.d.). 토도 한글: 유아와 특수교육 대상자를 위한 한글 학습 프로그램. Retrieved from https://todo.korean.com
- 이주호, 정제영, 정영식 (2021). AI 교육혁명. 서울: 시원북스.
- 정제영 외(2024). 교사가 이끄는 교실혁명(초등편). 박영스토리.
- 정제영(2018). 디지털 시대와 4차 산업혁명에 대비한 교육의 시대. 박영스토리.
- 차현진, 계보경, 정광훈 (2017). 디지털교과서가 학습자의 자기조절학습 및 문제해결 역량에 미치는 효과분석. 한국콘텐츠학회논문지, 17(2).
- 차현진, 손지영 (2019). 보편적 학습설계 원리의 관점에서 디지털교과서 분석 및 개발과정의 개선방안 탐색. 특수교육학연구, 53(4), 213-240.
- 하상지, 이영선. (2024). 게이미피케이션 기반 키오스크 이용 교육 프로그램이 중학교 특수학급 지적장애 학생의 패스트푸드 주문하기 기술에 미치는 영향. 교육정보미디어연구, 30(1), 205-229.
- CAST (2018). Universal design for learning guidelines version 2.2. Wakefield, MA: Author

· 에누마. (n.d.). Retrieved from https://www.todoclassroom.com/

· 장애인차별금지 및 권리구제 등에 관한 법률. (n.d.). Retrieved from https://www.law.go.kr/lsInfoP.do?lsiSeq=234265&efYd=20230128#0000

· Clusive. (n.d.). Retrieved from https://www.cast.org/resources/products/clusive

· UDL Guidelines. (n.d.). Retrieved from https://udlguidelines.cast.org

· DigitalPakt Schule. (n.d.). Retrieved from https://www.digitalpaktschule.de/de/digitalpakt-1699.html

CHAPTER 2

PART 03

교실 혁명: 미래 교육을 위한 교사의 핵심역량

김진관

1 디지털 기반 교육 혁신의 방향과 AI 디지털 도구의 역할

❶ 맞춤형 개별화 학습은 또 다른 이오의 세계

영화 '매트릭스: 리저렉션(2021)'을 보면 매트릭스 시리즈 이후의 세계가 펼쳐진다. 나이를 먹어 예전 같지 않은 게임 개발자 네오가 수상하리만큼 안정적으로 반복되는 일상에 이상함을 감지한다. 네오는 동료들의 도움으로 받아 파란약을 거부하고, 빨간약을 마침내 선택하게 되는데, 이전에는 볼 수 없었던 존재들로부터 도움을 받게 된다. 그들은 '합성 지성체'들로, 본질적으로 기계이지만 인간과 협력하는 존재들이며, 이전 매트릭스 시리즈에서는 등장하지 않았던 새로운 캐릭터들이다. 이들은 영화 속에서 선과 악의 구분을 넘어선 중간지대의 협력을 상징한다. 이전 매트릭스 시리즈는 0과 1로 이루어진 이진법적 세계를 배경으로 하며, 네오와 스미스, 인간과 기계처럼 명확하게 대립하는 요소들이 존재했다. 다시 말해 이 세계에서는 중간 영역이 없었다. 그러나 합성 지성체와 같은 새로운 존재들이 등장하면서, 이들과의 상호작용 및 협력을 통해 인간이 주도하는 새로운 세계가 형성되었고, 이곳은 기존의 '시온'이 아닌 '이오'로 알려지게 되었다.

영화 매트릭스에서 벗어나 교사들의 현실에 대해 이야기해보자. 교사들은 일주일 평균 54시간을 일하며(Rand Corporation, 2022), 특히 K-12[1] 교사들은 전체 산업에서 가장 높은 번 아웃(Burn Out) 비율을 보이고, 44%가 실제로 소진을 경험하고 있다(Imed Bouchrika, 2022). 인공지능(AI)을 활용해 교사들의 업무를 경감하고 웰빙(Well-Being)을 향상시키는 것은 매우 중요한 일이다. 그러나 단순히 업무 경감과 효율성 향상에만 천착할 수는 없다. 교사의 주된 핵심 활동은 수업이기 때문이다.

맞춤형 개별화 학습은 교육 분야에서 오랫동안 꿈꿔왔지만 실현되지 않은 영역이다. 이러한 맥락에서 개별 맞춤형 인공지능 활용 교육은 마치 영화 '매트릭스' 속의 네오가 새로운 차원의 세계를 경험하는 것과 같다. 네오는 현실을 직시하기 위해 파란약을 거부하고 빨간약을 선택해야 했다. 우리도 디지털 기반 수업의 혁신과 맞춤형 개별화 학습의 가능성을 논의할 때에, 매트릭스에서처럼 현실을 직시할 수 있는 '빨간약'이 필요하지 않을까 생각해본다.

1 미국의 의무교육 체계, 유치원을 포함한 초등학교 1학년부터 고등학교 3학년까지를 의미한다.

[그림 3.13] 영화 매트릭스의 빨간약, 파란약

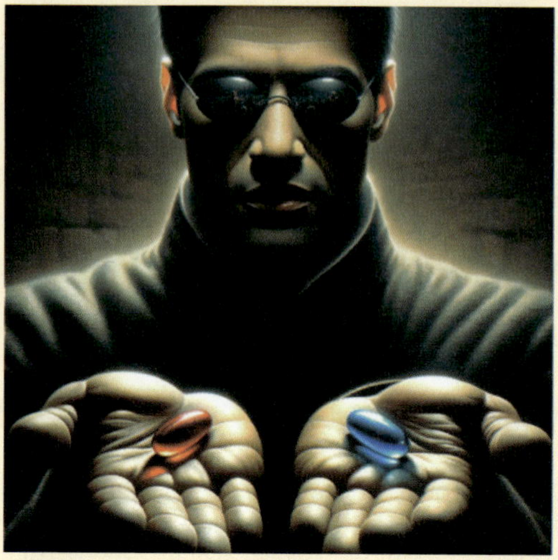

출처: ChatGPT-4(2024.03.27.) "Draw the red medicine and the blue medicine in the movie Matrix".

❷ 가장 큰 변화의 메시지는 '인공지능 기술 자체'일 수 있다

세계적인 미디어학자인 마셜 매클루언(Marshall McLuhan)은 1964년에 출간한 저서 'Understanding Media(미디어의 이해)'에서 '미디어는 메시지다(The medium is the message)'라는 표현을 했다. 태초에 매스(Mass)라 불리는 대중(大衆)이 있었고, 이 대중이 미디어(Media) 곧, 매체(媒體)를 탄생시킨 것이라는 게 상식적인 이해겠으나, 매클루언은 이를 역으로 뒤엎는다. 매체가 탄생한 것이 먼저라는 말인데, 즉 매체 덕분에 서로 연결되며 공통의 특질을 갖게 된 군집들이 생겨났고, 이들이 연결되어 연합된 형태인 대중이 비로소 탄생할 수 있었다는 말이다. 책, 라디오, TV, 유튜브, SNS 등으로 대표되는 이러한 미디어의 진화가 현재는 인공지능의 큰 파도에 앵커링(Anchoring) 되어 있다는 점은 그

누구도 부인할 수 없는 사실이다.

백년지대계를 고민하며, 교육을 세심하게 다뤄야 한다는 의식을 가진 교육자들은 본질을 언제나 생각하지 않을 수 없다. 교육의 본질이 무엇이며, 그 본질을 이루기 위해 도입하는 수단의 위치를 명확히 한계 짓는 것은 매우 가치 있는 작업이다. 수단보다 본질을 추구하는 것은 무엇보다 배가 산으로 가지 않도록 방향을 잡아준다는 점에서 매우 중요하다.

하지만 때론 덜 중요하게 생각했던 도구가 세상을 변화시키기도 한다. 물론 여기에서의 도구는 인공지능 기술을 포함한 미디어 곧, 매체이다. 매체는 무언가를 담는 그릇에 비유될 수 있다. 그러나 그릇 수집가들에게 그릇은 무언가를 담는 용기로서의 그릇이 아니라 소장하고자 하는 대상 그 자체가 된다. 이러한 맥락에서 현재 생성형 인공지능(Generative AI)의 캄브리아기 시대를 맞이한 가장 중요한 변화의 메시지는 매클루언이 말했듯이 미디어 그 자체가 될 수 있다.

수단이라 여겨졌던 인공지능이 본질을 재정의하며, 전체 밑그림을 다시 그릴 것을 요구하고 있다면 우리는 어떻게 대응해야 할까? 본질에 대한 중요성은 가슴 깊이 간직하되, 인공지능에 대한 광범위하고 다양한 이해를 추구하는 것이 명확한 밑그림을 그리는 데 더욱 도움을 줄 수 있을 것이다. 이런 맥락에서 인공지능 리터러시(AI Literacy)는 언어와 수학 능력과 함께 중요한 디지털 기초소양으로 인식되어야 하며, 이는 2022 개정교육과정이 지향하는 바이다. 마셜 매클루언의 말을 요즈음 시대에 맞게 조금 변형해보면, 최근 가장 큰 변화를 가져오는 메시지는 바로 '인공지능 기술 자체'라고도 표현할 수 있겠다.

[그림 3.14] 지식혁명의 방아쇠를 당긴 금속활판 인쇄술

출처: ChatGPT-4(2024.03.27.) "the sight of people first printing books in the Middle Ages".

❸ 핵 개인의 시대, 인공지능과의 협업

데이터 마이너 송길영은 '시대예보: 핵 개인의 시대(2023)'라는 책에서 요즘 시대를 쪼개지고, 흩어지며, 홀로서는 핵 개인의 시대라 표현한다. 지능화와 고령화가 만나 만들어내는 이중나선은 시대변화의 방향을 알려주는 중요한 축이며, 이는 결국 인간이 모든 분야에서 신체적 작업을 자동화하는 로봇과 지적이고 창의적인 활동을 자동화하는 인공지능과 공존하게 될 것임을 시사한다.

인공지능과 협력하는 개인의 출현은 과거의 반인반마인 켄타우로스가 아닌, 인간의 절반과 인공지능의 도움을 받는 절반으로 구성된 증강된 인간(Augmented Human)으로서 인류의 새로운 진화를 예고한다.

과거 정보의 비대칭성에 기반한 권위주의 시대가 사라지고, 인공지능의 지

원을 받는 개인이 느슨하게 연결된 네트워크를 통해 독립적으로 자립하는 새로운 형태의 개인이 등장하고 있다. 이러한 변화는 OECD 2030이 제시하는 학습 나침반(Learning Compass)에서 역량과 더불어 핵심 개념으로 등장한 학생의 행위 주체성(Student Agency)[2]에 대한 강조와도 맥을 같이 한다.

기술 발전의 속도와 사회 변화의 추세를 고려할 때, 인공지능은 그 범용성으로 인해 사회의 모든 분야를 재편할 수 있는 강력한 영향력을 가지고 있다. 특히 교육 분야에서 인공지능 기술의 활용을 금지하는 것은 마치 석기시대에서 철기시대로의 큰 도약(Quantum Jump)을 거부하는 것과 비견될 수 있다.

과거, 주술과 과학의 경계에 있었던 연금술은 현대 과학의 엄격한 실험 방법과는 거리가 멀었음에도 불구하고, 알코올, 아세트산, 에테르, 질산, 황산 등 중요한 화학 물질의 발견과 실험 도구의 개발 및 개선에 결정적인 역할을 했다. 이는 연금술이 근대 화학의 탄생에 크게 기여했음을 의미한다.

세상의 모든 물질을 금으로 만드는 만능의 기술이라는 것은 애초에 존재하지 않는다. 마찬가지로 인공지능은 만능의 기술이 아니다. 그렇다고 해서 인공지능이 어떤 분야에도 쓸모없는 무용지물도 아니다. 중요한 것은 인공지능 기술의 장점과 한계를 정확히 이해하고, 재앙이 아닌 축복이 되게끔 활용하는 방법을 찾는 것이다. 이제 인공지능과의 협업은 선택의 문제가 아니라 생존의 문제이다. 이제는 인공지능을 사용할 것인가, 말 것인가의 논쟁을 넘어서서 교육 안에서 인공지능 기술을 어떻게 통합할 것인지에 대해 교육 당국, 교육 전문가, 현장의 교사들이 함께 고민하고, 전문성을 최대로 발휘해야 할 때인 것이다.

2 OECD 교육 2030(2018)에 의하면, 세계에 책임의식을 가지고 자신을 둘러싼 사람, 사건, 환경이 나아질 수 있도록 적극적이고 능동적으로 참여하는 것을 의미한다.

❹ 교육 혁신은 곧 자율적 수업 혁신

교육 혁신은 교실에서의 교수·학습 방식을 근본적으로 변화시키는 것을 의미한다. 이는 교사가 가르치는 방법과 학생이 배우는 방법을 실질적으로 개선하여, 교사는 가르침에서 만족감과 성취감을 느끼고, 학생은 미래 사회가 요구하는 핵심역량을 주도적으로 습득할 수 있게 한다. 따라서 교육 혁신은 단순히 새로운 기술을 도입하는 것에 그치지 않고, 교실 내에서 교수·학습 방식을 자율적이고 근본적으로 변화시키는 것을 포함한다.

이러한 변화를 위한 노력의 일환을 교육부에서는 '디지털 기반 교육 혁신'이라는 용어로 정의하고 있다. 이러한 변화들 속에는 AI 디지털 도구 및 플랫폼이 중요한 도구로써 한 부분을 차지하고 있다. 그러나 AI 디지털 도구 및 플랫폼이 단순히 AI 기술이 도입된 학습 도구라는 의미를 갖는 것만으로는 부족하다.

AI 디지털 도구 및 플랫폼은 학생의 학습 동기 유발, 문제해결학습 및 역량 중심 수업, 과정 중심 평가 등을 지원하는 도구로 자리 잡아야 비로소 본래의 취지가 달성될 수 있다. AI 디지털 도구 및 플랫폼이 수업 혁신의 도구 역할을 제대로 할 수 있도록 하기 위해서는 일선 현장의 교사들이 이를 어떻게 활용할지에 대해 심도 있게 고민하는 것이 필수적이다. AI 디지털 도구 및 플랫폼은 다음과 같은 네 가지 주요 역할을 할 수 있다.

첫 번째로, 교육과정을 좀 더 학생 맞춤형으로 유연하게 재구성하는 데 기여할 수 있다. 이는 자체적으로 탑재된 양질의 교수·학습 콘텐츠들을 데이터베이스(DB)로 구축하고, 이를 기반으로 인공지능을 활용하여 학생들의 현재 상황에 맞는 적절한 자료를 추천함으로써 가능하다. 예를 들어, 교사들은 인공지능이 제안한 자료를 기반으로 학습 자료를 추가하거나 수정하고, 학습 순서를 조정하여 학생들에게 적용할 수 있다. 이러한 과정을 통해 학생들은 자신의 관심사와 필요에 맞춰 학습할 수 있으며, 교사는 학생 개개인의 학습 수준과 속도를 고려한 맞춤형 교육을 주도성 있게 제공할 수 있다.

두 번째로, 역량 중심 수업 및 과정 중심 평가 지원 역할이다. AI 디지털 도구 및 플랫폼은 학생들의 역량을 중심으로 한 수업을 가능하게 하며, 학습 과정 자체를 중시하는 평가 방식을 지원할 수 있다. 특수교육대상학생들은 수업 중 배움을 통해 기본 생활에 필요한 지식과 기능을 습득하고, 이를 반복적으로 내재화하여 자신의 것으로 만드는 과정이 필요하다. 그리고 자기화한 배움을 실제 삶의 맥락 속에 활용하는 과정을 통해 역량, 즉 삶을 살아나갈 수 있는 힘을 길러나갈 수 있게 된다. 배움의 과정에서 중요한 것은 각 단계에서 즉각적인 피드백을 통해 학습에서의 빈틈과 결손을 메우는 것이다. 현재까지 다수의 AI 디지털 도구 및 플랫폼들이 단순히 난이도별 문제 제공과 학습 내용 보충에 그친다는 지적이 있다. 그러나 2022 개정 교육과정이 목표로 하는 핵심역량 개발을 위해서는 실제 삶을 살아가는 데 기본적이면서도 필수적인 지식과 기능의 습득, 삶과의 연계가 반드시 요구된다. 이런 관점에서 현재의 AI 디지털 도구 및 플랫폼들도 특수교육대상학생들의 지식 및 기능의 이해에 도움을 줄 수 있다. 이를 통해 교사들은 수업 중 더 많은 시간을 학생들과의 직접적인 상호작용에 할애할 수 있게 되는데 예를 들어, 일상생활 기술 훈련, 사회적 상호작용 연습, 감각 통합 활동 등 실제 삶에서 필요한 역량을 키우는 데 교사가 이전보다 더욱 집중할 수 있게 되는 것이다. 즉, AI 기술은 반복 학습과 즉각적 피드백을 제공하는 도구로 활용되고, 교사는 학생의 전인적 발달을 위한 하이터치(High-Touch) 교육에 더욱 전념할 수 있게 된다.

세 번째로, 체계적인 학생 데이터의 기록 및 분석 역할이다. 특수교육에서 학생 데이터의 체계적 관리는 개별화교육의 질을 결정짓는 중요한 요소이다. AI 디지털 도구 및 플랫폼은 개별화교육계획과 연계하여 학습 이력을 관리하고, 행동 중재에 필요한 데이터를 수집하며, 발달 단계별 성취도를 추적하는 데 도움을 줄 수 있다. 이러한 데이터는 나이스(NEIS)에 입력이 가능한 특수교육대상학생의 평가 기록으로 활용될 수 있으며, 보호자와의 소통을 원활하게 하는 도구이자 내용이 된다. 예를 들어, AI는 학생의 수업 중 주의집중 시간과 학습 속도를 분석해 교사가 적절한 학습 전략을 수립할 수 있도록 지원할 수 있다. 이러한 데이터는 학부모 상담 시 중요한 참고자료로 활용될 수 있으며, 개별 학생에 맞춘 교육 전략 개발에 기여할 수 있을 것이다.

네 번째로, 맞춤형 개별화 학습 지원 역할이다. 맞춤형 개별화교육 측면에서 AI 디지털 도구 및 플랫폼은 각 학생의 장애 특성과 학습 속도를 고려한 개별화된 학습 경험을 제공한다. 물론 현재는 학생들이 문제를 제대로 풀지 않고, 찍어서 틀리거나 맞춘 문제를 명시적으로 구분하지 못하기 때문에 학생의 배움과 의사 결정 과정의 의도까지 반영하지 못한다는 비판을 받기도 한다. 그러나 학생들에게 단계별 학습의 기준이 될 수 있는 맞춤형 콘텐츠를 상황별로 제공하고, AI 튜터 기능을 통한 즉각적인 비계(Scaffolding)의 역할을 지치지 않고, 해줄 수 있다는 점에서 장점이 있다. 특히 의사소통 능력과 감각적 특성을 고려한 콘텐츠를 제공하고, 일상생활 기술 습득을 위한 교과 관련 단계별 학습을 지원한다. AI 튜터는 반복 학습이 필요한 영역에서 지속적인 연습 기회를 제공하며, 교사는 학생의 주의집중 시간과 문제 해결 상황을 고려하여 학습량과 수준을 조정할 수 있다.

전술한 네 가지의 교수·학습 지원 도구로서 AI 디지털 도구 및 플랫폼을 효과적으로 활용하기 위해서 교사들이 이 도구의 장단점을 정확히 파악하고, 그 활용법에 대해 심도 있게 고민해야 한다는 점을 다시 한번 강조한다. 이는 동일한 도구임에도 불구하고 AI 디지털 도구 및 플랫폼을 사용하는 교사의 교수·학습 디자인에 따라 그 교육적 활용도와 효과가 크게 달라질 수 있기 때문이다. AI 디지털 도구 및 플랫폼의 이러한 특징은 교사가 개별 학생의 장애 특성에 맞는 교수법과 수업 루틴을 개발하는 데 기여될 수 있다. 이는 교수·학습 혁신의 주도성이 기술이나 도구에 있는 것이 아니라 교사에게 있음을 시사해준다.

2 디지털 기반 교육에 대한 현실적 우려와 극복

① 스톡데일 파라독스(Stockdale Paradox)

앞서 살펴본 바와 같이 AI 디지털 도구 및 플랫폼은 최근 우리나라 교육정책에서 디지털 기반 교육 혁신의 도구적 촉매제로 자리 잡고 있음을 볼 수 있다. 이는 정책적인 측면에서 AI 기술과 결합한 디지털 도구가 교육 전문가인 교사에게 제공되어 교실 내 교수·학습 방식에 대체, 확장, 변혁적 변화를 이끌어내는 마중물의 역할을 할 것이라는 기대를 담고 있다. 그러나 AI 디지털 도구 및 플랫폼을 활용함에 있어서 다양한 현실적인 우려와 비판적인 시각이 존재한다는 것도 사실이다. 이러한 우려를 극복하고, 현실적인 인식을 바탕으로 문제를 해결하기 위해서는 스톡데일 파라독스(Stockdale Paradox)의 관점을 적용할 필요가 있다.

[그림 3.15] 제임스 스톡데일

출처: 나무위키, 2023.

스톡데일 파라독스는 미 해군 제임스 스톡데일 제독이 베트남 전쟁 중 포로로 잡혀 8년 동안 베트남의 포로수용소에서 고난의 시간을 보낼 때의 경험에서 유래되었다. 스톡데일 제독은 스톡데일 파라독스를 통해 포로수용소에서 '내일이면 풀려나겠지'라고 단순히 기대만 하는 낙관주의자들이 살아남는 데 실패했으며, 현실을 냉정하게 직시하고 인정하면서도, 장기적으로는 긍정적인 결과를 믿는 태도를 갖는 것이 매우 중요함을 말해주고 있다. 즉, 스톡데일 파라독스는 냉정한 현실 인식과 미래에 대한 낙관적인 신념을 동시에 갖는 낙관적 현실주의의 교훈을 우리에게 일깨워준다. 그렇다면 AI 디지털 도구 및 플랫폼 활용 교육의 현실과 우려는 무엇이며, 이를 극복하기 위해 교사가 가져야 할 태도는 무엇인지 알아보자.

❷ AI 디지털 도구가 도깨비방망이가 될 수 있을까?

AI 디지털 도구 및 플랫폼을 활용한 교육이 추구하는 궁극적인 목표가 무엇인지에 대해 묻는다면 그 중에 하나는 단연코 학생 맞춤형 개별화 학습의 질적 도약이다. 1984년, 벤자민 블룸(Benjamin S. Bloom)은 2 시그마 문제를 통해 전통적인 교실 수업과 비교했을 때 1:1 맞춤형 학습이 학생들의 성취도를 평균적으로 +2 표준편차만큼 향상시킬 수 있다고 하였다.

[그림 3.16] 강의식 수업과 1:1 수업의 효과 비교

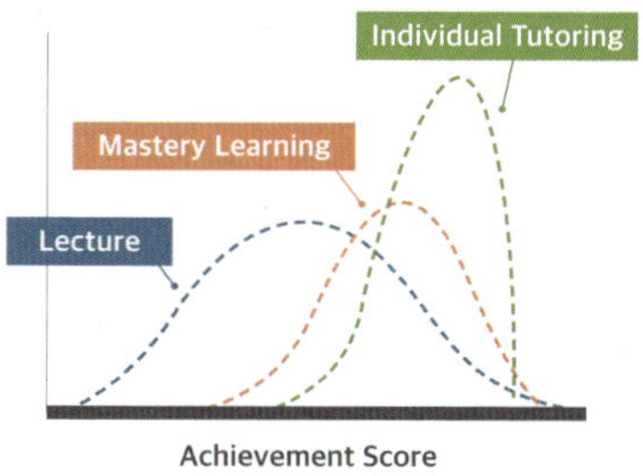

Conventional	전통적인 강의 (학생 30명, 선생님 1명)
Mastery Learning	같은 강의 + 형성평가를 통한 피드백
Tutorial	(사람에 의한 일대일 튜터링)

출처: Benjamin S. Bloom, 1984.

특수교육은 이미 개별화교육계획(IEP)을 기반으로 학생들의 요구에 맞춘 교육을 제공하며, 개별 맞춤형 학습이 실질적으로 구현되고 있는 대표적인 교육 영역이다. 그러나 현장에서는 여전히 시간과 자원의 제약으로 인해 모든 학생에게 세심하게 대응하기 어려운 경우가 많다. AI 디지털 도구 및 플랫폼은 이러한 한계를 보완하는 도구로써, 특수교육의 기존 개별화 전략을 더욱 확장하고 정교화하는 역할을 할 수 있다.

AI 디지털 도구 및 플랫폼이 추구하는 맞춤형 개별화 학습은 개별화된 상호작용을 기본으로 한다. 이는 학생이 자기주도 학습이라는 미명 아래에 동형 문제 풀이에만 몰두하는 것이 아니라 교사와 학생, 그리고 학생 간의 상호작용을 통해 적절한 피드백을 통한 배움이 이루어지도록 하는 것이다. 이러한 AI 기반의 개별화 학습은 학생 간 상호작용과 교사와의 협력을 강조한다는 점에서 기존의 단순한 반복 학습 도구와 차별화된다. 학생은 자기주도 학습이라는 틀 안에서 스스로 학습의 주체가 되며, 교사와 학생, 학생 간의 상호작용을 통해 사회적 기술과 협업 능력을 함양할 수 있다. 이는 단순히 학습 내용의 전달을 넘어, 특수교육의 전인적 교육 철학과 결합하여 학생의 발달을 다각도로 지원하는 데 기여한다.

[그림 3.17] 역사 속 티칭머신과 한계

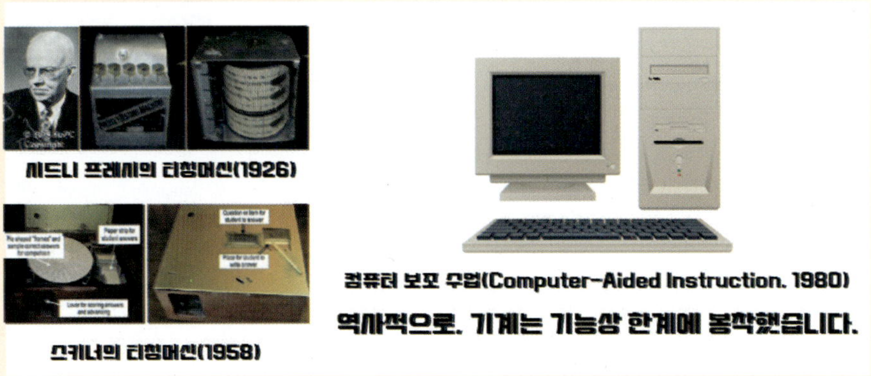

1926년 시드니 프레시(Sydney Pressey)의 티칭머신, 1958년 스키너(Skinner)의 티칭머신, 1980년대에 처음 도입된 컴퓨터 보조 수업(Computer-Aided Instruction) 등은 기계를 통한 개인화 학습의 역사가 오래되었음을 보여준다. 이와 동시에 과거의 티칭머신들이 실패한 이유가 즉각적인 피드백을 주는 데에는 성공했지만, 왜 맞았고 틀렸는지에 대한 구체적인 피드백과 상호작용을 개별적으로 제공하지는 못했기 때문이었다는 사실을 우리에게 알려준다. 그러므로 현 시점에서는 인공지능이 수준별 문제 풀이와 지식·기능·개념 이해를 돕는 하이테크(High-Tech)의 역할을 하고, 교사는 지식·기능·개념 이해를 바탕으로 수업 중 개별화된 상호작용을 돕는 하이터치(High-Touch)의 역할을 맡을 것으로 기대된다.

하지만 많은 이들이 AI 디지털 도구 및 플랫폼에서 에듀테크의 대표적인 네 가지 기능인 학습 콘텐츠, 소통, 창작, 관리[3]가 올 인원(All-in-one)으로 통합되어 제공될 수 있기를 내심 기대하고 있다. 1~2개로 대표되는 특정 핵심 기능만을 제공하는 에듀테크 도구 활용 경험이 축적되면서 AI 디지털 도구 및 플랫폼에 대한 교육자들의 성능 기대치가 높아진 상황이다. 그렇다면 과연 모두의 바람대로 AI 디지털 도구가 만능의 도깨비방망이가 될 수 있을까? 필자는 이 질문에 대한 나름의 답을 내리기 위해 골리앗을 이긴 다윗의 무릿매(Slingstone)와 돌을 생각해 볼 것을 제안한다.

[그림 3.18] 다윗과 골리앗

출처: Wikipedia, 2023.

3 한국교육학술정보원(2023). 에듀테크 수업 활용 가이드북(2023년 개정판).

성서에 보면 다윗은 자신이 가장 능숙하게 다루는 무기인 무릿매와 돌을 이용하여, 도저히 이기기에 불가능해 보이는 골리앗을 물리친다. 이러한 행동을 가능하게 한 것은 그의 용기와 지혜, 그리고 골리앗의 이마를 정확히 맞출 수 있다는 확고한 믿음이었다. 실제로 다윗은 아버지의 양 떼를 야생 포식자들로부터 보호할 만큼 고도의 역량과 전문성을 갖춘 목자였다. 이 믿음은 막연한 희망과 운에 기댄 것이 아니라 다윗 자신이 목동 역할을 충실히 해오며, 맹수로부터 가축들을 지켜낸 자신의 경험이 축적되어 표현된 실력이었다. 다윗은 어찌 보면 평범한 무릿매와 돌을 가지고, 골리앗이 아니라 아버지의 양 떼를 위협하는 또 다른 맹수를 다룬 것이라고도 할 수 있다.

실제로 교사에게 있어 좋은 수업은 달성해야 할 목표이자 잘 다룰 필요가 있는 맹수와 같기도 하다. 도깨비방망이와 같은 AI 디지털 도구 및 플랫폼이 등장하지 않더라도, 평범하고 일반적인 종이나 연필 또는 아주 간단한 디지털 도구 하나만을 사용하여도, 교사에게 본질적으로 중요한 것은 수업을 잘 다루고 요리하는 것이다. 좋은 수업을 설계할 줄 아는 교사라면, 특정 AI 디지털 도구 및 플랫폼 하나만으로 수업을 끝내버리려는 시도는 하지 않을 것일 텐데, 그 이유는 모든 문제를 단번에 해결할 수 있는 만능열쇠는 세상에 존재하지 않음을 이해하고 있기 때문이다. 다만, AI 디지털 도구 및 플랫폼에 무릿매와 돌의 역할 정도는 충분히 기대해볼 수 있을 것이다.

다시 다윗의 이야기로 돌아가 보자. 다윗이 전투에 나가기 전에 사울왕이 다윗에게 갑옷과 투구, 무기들을 주는 장면이 나오는데, 다윗은 이를 거부하고, 자신에게 가장 편하고 자연스러운 무릿매와 돌만 갖고 나선다. 마찬가지로 교사들도 막상 수업에 임할 때, 다윗과 같은 선택을 하는 것을 보게 된다. 즉, '빈도(Frequency)'가 아니라 '강도(Intensity)'[4]가 중요함을 아는 교사들은 수업 시, 성취기준과 학습 목표를 달성함에 있어서 자신이 있으면서도 손쉽게 다룰 수 있는 몇 개의 디지털 도구를 한정해서 사용한다.

AI 디지털 도구 및 플랫폼은 만능 해결책이 아니라, 현재로서는 무릿매와 돌처럼 수업 중, 적절히 쓰이면 충분히 유용할 수 있는 도구로는 얼마든지 기대할 만하다. 결국 디지털 기반 교육의 성공은 첨단 기술의 도입 자체가 아니라, 교사가 얼마나 효과적으로 이를 자신의 교육 도구로 내재화하여 활용하느냐에 달려있다. 다윗이 자신의 무릿매를 통해 승리를 이끌어냈듯이, 교사들도 자신만의 교육적 철학과 전문성을 바탕으로 AI 디지털 도구를 활용하여 교육적 성과를 이끌어내는 것이 중요하다.

③ 정책 수립의 타당성과 대의명분만으로 충분할까?

인공지능 기술을 활용한 맞춤형 개별화 학습의 당위는 매우 타당하며, 논박의 여지가 크게 존재하지 않는다. 그런 의미에서 인공지능 기술을 활용한 맞춤형 개별화 학습을 실현하고, 디지털 기반 교육 혁신의 촉매제로써, AI 디지털 도구 및 플랫폼을 도입하는 정책은 그 자체로서 타당하며 환영할 만한 일이다. 다만 정책 수립의 타당성과 대의명분만으로 디지털 기반 교육 혁신 정책을 설명하고, 교육 관계자들과 현장의 교사들을 설득하기에는 분명히 한계가 존재한다. 학교 현장은 매우 다양한 상황과 환경, 맥락 등을 품고 있으며, 같은 디지털 도구라 하더라도 각 학교의 특성 및 수업의 맥락에 따라 활용되는 방식이

4 주정흔(2022). 개별 맞춤형 인공지능(AI) 활용교육의 가능성과 과제. 서울특별시교육청교육연구정보원.

크게 다를 수 있다. 그러므로 다양한 교수·학습 상황과 교육적 환경을 고려하여야 함은 물론이며, 꼼꼼하고도 치밀한 현장 모니터링과 지속적인 피드백에 따른 고도화가 요구된다. 즉, 디지털 교육 혁신의 당위에 지나치게 기댄 나머지, '어떻게'가 충분히 논의되지 않은 채 일반화 및 확산을 꾀하는 것은 진정으로 특수교육 현장을 위하는 것이 아닐 것이다.

이러한 점을 극복하기 위해서는 당위의 차원이 아니라, 교실 수업에서 AI 디지털 도구 및 플랫폼이 실제로 어떻게 통합되어 활용될 수 있을지 교육적으로 고민할 수 있는 숙의(Deliberation)의 시간이 필요하다. 결국 물리적인 활용 자체가 디지털 교육 혁신을 담보하는 것이 아니라, AI 디지털 도구 및 플랫폼을 활용한 일상 교육 활동에서의 경험과 노하우의 축적, 시행착오 및 극복의 과정을 통해 비로소 교육 혁신이 일어난다. 즉, 추상적이고, 정책적인 구호가 아니라 일상 수업에서의 실천을 통한 구체적인 논의가 필요하며, 이를 위해서는 AI 디지털 도구 활용 수업을 위한 교사들의 속도감 있고 내실있는 활용 경험과 피드백, 그리고 이를 공론화할 수 있는 장이 요구된다.

또한, 교사들에게 인공지능 기술과 이를 활용한 맞춤형 개별화 학습에 대한 신뢰와 마음의 동의가 우선 확보되어야 한다. 교사들에게 테크놀로지는 도구적 합리성보다 정서적 합리성이 우선함을 인지하고, 새로운 도구가 주는 낯섦과 거부감을 최소화할 수 있도록 실증이 바탕이 된 성공적인 교육 사례와 더불어 최대한 매력적인 요소를 어필할 필요가 있다(주정흔, 2022).

④ 윤리적 쟁점을 관리하고 감독할 규정이 충분한가?

AI 디지털 도구 및 플랫폼의 도입과 활용에 있어 윤리적 쟁점을 관리하고 감독할 규정의 부족이 문제로 지적되고 있다. AI 기술은 아직 완벽하지 않다는 점에서 기술적 한계가 분명히 존재하므로 AI 기술의 사용은 개인정보보호, 데이터의 안전한 관리, 그리고 특수교육대상학생들에 대한 공정한 대우와 같은 윤리적 문제를 수반할 수 있다. 예기치 않은 오류나 문제 발생 가능성도 있으며, 이는 교육과정 실행 중 특수교육대상학생들의 심리나 정서에 부정적인 영향을 줄 수 있다. 또한 학생의 학습 데이터가 대량으로 생성된 후, 이를 어떻게 관리하고 감독할지에 대한 구체적인 규정이나 대책이 부족한 상황이다. 빠르게 기술을 도입하여 실현하는 것에 주로 초점을 맞춘 나머지, 사후 약방문 식의 대응이 되어서는 곤란할 것이다. 윤리적 쟁점에 적절히 대응하고, 관리·감독할 수 있는 여건과 기반을 마련하는 데에도 못지않은 관심과 촘촘한 지원이 필요하다.

⑤ AI 디지털 도구가 교육의 질을 담보할 수 있는가?

AI 디지털 도구 및 플랫폼 활용 수업의 교육적 효과성 검증에 관한 연구와 논의가 아직 충분하지 않다. 박주용(2023)에 의하면 수업 시간에 AI 학습 플랫폼[5]으로 학습한 후, 빠른 학습자들은 토의·토론이나 논술 등의 심화 과제를 수행하고, 어려움을 겪는 느린 학습자들은 다른 추가 보완 과제를 통해 학습을 진행하게 된다고 하나, 자칫 교과 내용 이해 자체를 상당수 어려워하는 특수교육대상학생들의 경우에 핵심 개념 이해를 바탕으로 한 상호작용에서 완전히 배

5 인공지능 기술을 활용하여 개인별 맞춤형 학습 경험을 제공하는 시스템을 의미한다. AI 학습 플랫폼은 학습 경험 전반을 개인화하고 관리하는 데 중점을 두는 반면, AI 디지털교과서는 특정 교과 내용의 학습을 지원하는 데 초점을 맞춘다.

제될 위험이 있으며, 이들이 수업 시간 내내 교육적 효과가 없는 무의미한 유사 개별 학습에만 몰두하게 될 수 있다는 우려가 있다. 특수 교사 입장에서는 느린 학습자들을 포함한 모든 특수교육대상학생들의 수업 중 상호작용을 증진시킬 방안을 모색해야 하며, 이를 위해 빠른 학습자와 느린 학습자 집단을 동시에 효과적으로 지도할 수 있는 방안에 대한 지침이나 가이드라인이 필요하다.

또한 AI 디지털 도구 및 플랫폼 내의 AI 튜터 기능이 학생들의 즉각적인 질문에 대해 언제나 답변을 제공한다면, 이는 학생들의 탐구 능력 저하로 이어질 수 있다. 따라서 교육 장면별 디지털 교육과 아날로그 교육의 효과성에 대한 면밀한 연구와 검증이 필요하며, 디지털 교육 방식이 모든 상황에 완벽한 해결책이 아니라는 것을 인식하고, 특수교육의 전통적인 아날로그 교육 방식에서의 유익한 측면을 디지털 교육과 통합하려는 노력이 필요하다.

이에 더해, 학습 동기 면에서 교사의 학습 안내와 모니터링, 피드백이 없는 AI 학습 플랫폼 활용은 성취동기가 이미 형성되어 있는 소수의 학생들에게만 의미가 있었다는 연구 결과가 있다. 또 현재 AI 코스웨어가 제공하는 학습은 반복 학습을 통해 숙달과 습관을 형성하는 데 도움이 되지만, 그 자체로 고차원적인 이해나 실제 삶의 맥락에서의 전이에까지는 이르게 하지 못함이 지적되기도 하였다.

마지막으로, 미국의 자율형 공립학교인 카르페 디엠 차터스쿨의 사례에서 볼 수 있듯이, 기술을 기반으로 한 개별화된 수업 방식이 모든 학생에게 효과적이지 않아 졸업생들의 성취도가 기대에 미치지 못한 경우도 있다.[6] 이는 맞

6 성기선(2024). 공영형 협약학교, 실패한 미국 차터스쿨을 본 받으려는가. 교육플러스. Retrieved from https://www.edpl.co.kr/news/articleView.html?idxno=9173

춤형 학습 방식이 일부 동기 부여가 높은 학생들에게는 유익할 수 있으나, 대다수의 학생들에게는 적합하지 않다는 결론을 내리게 하며, 이러한 방법이 디지털 격차를 더욱 심화시킬지, 아니면 해소하는 데 도움이 될지에 대한 깊고 추가적인 질적, 양적 효과성 검증이 요구된다.

이상에서 살펴보았듯, 이러한 우려들은 AI 디지털 도구 및 플랫폼을 활용한 교육이 효과적으로 이루어지기 위해 선결되어야 할 중요한 핵심 질문들이다. 현실과 이상의 간극을 좁히기 위해서는 이러한 문제들을 신중하게 고려하고, 이를 해결하기 위한 적절한 정책과 연구, 규제, 지원 체계 등을 이제부터라도 촘촘히 마련하는 것이 시급하다.

3 디지털 기반 교육 혁신의 핵심이자 주체로서의 교사

❶ 새로이 요구되는 교사의 역량

학교의 디지털 전환 과정에서 인공지능 기술은 특수교육대상학생들에게 맞춤형 교육을 제공하는 데에도 큰 도움이 될 것으로 보인다. 이러한 변화 속에서 교사는 인공지능에게 모든 교육과정을 맡기기보다는, 인공지능을 효과적으로 활용하여 이전보다 효과적인 교수·학습이 전개될 수 있도록 노력할 필요가 있다. 새 술은 새 부대에 담아야 하듯이, AI 디지털 도구 및 플랫폼을 활용하는 교사에게는 단순한 지식 전달자를 넘어 기대되는 새로운 교사의 역량들이 있다. 교수·학습 설계자, 사회 정서적 지도자, 상호작용 촉진자 등의 역할이 바로 그것이다.

먼저 교사는 교수·학습 설계자(Designer)로서의 전문성이 한층 더 강조될 전망이다. 교육과정은 학생들의 교수·학습 과정에서 겪게 되는 교육적 경험의 총합이다. 교사는 교육과정에서 인공지능 활용이 필요한 성취기준을 선별하여, 교육과정을 재구성할 수 있는 능력이 필요하다. 또 인공지능을 활용하여 학생 개개인에게 맞춘 학습을 설계하고, 학생들이 스스로 학습에 주도적으로 참여할 수 있도록 돕는 역량을 갖추어야 한다. 즉, 교사가 교사 교육과정을 운영하며 인공지능 기반의 데이터 분석 결과로 얻게 되는 학습자의 진단과 그에 적응적으로 설정되는 학습 경로(Course Work)를 세심하게 조정하여 최적의 학습 과정을 설정할 수 있어야 한다. 이를 위해 인공지능이 추천하는 콘텐츠 초안을 바탕으로 교사의 전문성을 더해 적절히 큐레이션(Curation) 할 수 있는 역량이 필요하다. 또한, 과정 중심 평가와 그에 따른 피드백을 통해 학생들이 자기 주도적 학습에서 고립되지 않도록 교사와 학생 간, 학생과 학생 간, 학생과 학부모 간의 상호작용을 촉진하기 위한 다각적인 방법을 모색해야 한다. 이렇듯 교수·학습의 설계자이자 디자이너로서의 교사 역할이 일상화된 수업으로 정착되어 구현된다면 이것이 곧 집밥 같은 수업을 가능하게 하는 수업 루틴이 되고, 교사 포트폴리오가 되며, 하나의 교사 교육과정으로 자연스럽게 이어질 수 있게 된다.[7]

두 번째로 교사의 사회 정서적 지도자로서의 역할이 강조된다. 사람의 뇌는 모순의 3중 구조인 신피질, 구피질, 뇌간의 3개 층으로 나뉘는데, 신피질은 '영장류의 뇌'로 불리며 고차원적인 사고를 가능하게 하고, 구피질은 감정을 담당하는 대뇌변연계 부분이다. 뇌간은 가장 오래된 부위로 '파충류의 뇌'라고도

7 유영식(2020). 수업 잘하는 교사는 루틴이 있다. 테크빌교육(즐거운학교).

불리며, 기본적인 생명 유지 기능을 담당한다. 뇌의 변연계에 위치한 작은 부위인 편도체는 중간에서 곧잘 신호를 가로채 가는데, 이를 '편도체 하이재킹(Amygdala Hijacking)'이라 부른다. 이는 편도체의 과도한 대사 작용으로 인해 이성적 사고를 담당하는 뇌의 다른 부위로 정보가 전달되지 못하는 상황을 의미한다. 즉, 편도체 하이재킹은 감정이 이성보다 먼저 반응하는 상황을 의미한다. 감정적인 요인은 우리의 일상에 큰 영향을 미칠 수 있기 때문에, 교사로서 학생들의 사회적, 정서적 상태를 잘 돌보고 지원하는 능력을 갖추는 것이 중요하며, 이는 특히 감정 조절에 어려움을 겪는 특수교육대상학생들의 웰빙을 위해 필수적이라 할 수 있다.

특수 교사는 지식 전수자로서의 역할뿐 아니라, 전인 교육의 측면에서 사회 정서적 지도자로서 학생들이 감정을 이해하고 관리하며, 타인과의 관계를 건강하게 유지할 수 있도록 지원할 수 있어야 한다. 인공지능 기술을 활용한 교육 환경에서도 학생들의 사회 정서적 발달은 하이테크(High-Tech)만으로 온전히 대체 불가능한 하이터치(High-Touch)의 중요한 부분으로 남아 있다.[8] 교사는 학생들이 온·오프라인을 넘나들며 상호작용하는 와중에도 긍정적인 사회적 관계를 형성하고 유지할 수 있도록 돕는 사회 정서적 지원자이자 감정 코치로서의 전문성을 발휘해야 한다. 이러한 전문성을 발휘하기 위해 인공지능 기술을 적절히 활용할 수 있으며, 대표적인 사례로 영국의 한 초등학교에서 77명을 대상으로 실시된 iTalk2Learn 인공지능 튜터링 시스템을 꼽을 수 있다.[9] 이

8 이주호, 정제영, 정영식(2021). AI 교육혁명. 시원북스.

9 iTalk2Learn consortium(2015). Talk, Tutor, Explore, Learn: Intelligent Tutoring and Exploration for Robust Learning. Retrieved from https://www.italk2learn.com

시스템은 학생들이 대화를 통해 학습하는 동안 학생의 목소리로부터 감정 상태를 분석하여, 그에 맞는 정서적 피드백을 제공함으로써 학생들의 학습 성과와 과제 수행 지속율을 향상시켰고, 지루함과 같은 부정적 감정을 느끼는 빈도를 줄였다.

[그림 3.19] iTalk2Learn 인공지능 튜터링 시스템

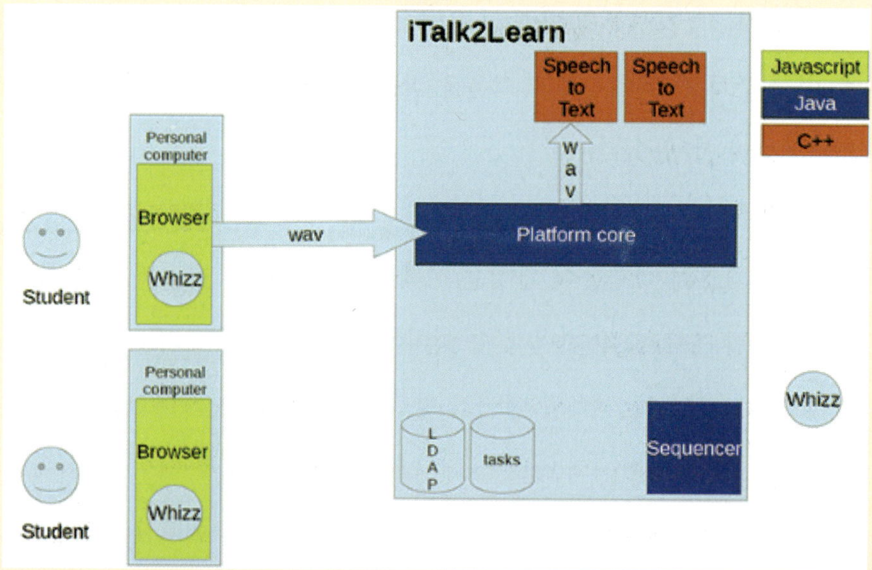

출처: iTalk2Learn consortium, 2015.

Microsoft EDU가 선보인 Reflect는 학습자의 기분과 의욕이 언제 높은지를 모니터링할 수 있으며, 학생 데이터를 통해 특별한 주의가 필요한 시간과 영역을 식별하는 데 도움을 준다. 또한, 개인의 웰빙 요구에 맞는 맞춤형 지원도 제공되어 많은 관심을 받은 바 있다.[10]

10 Microsoft(2024). Microsoft Reflect: A wellbeing app to support connection,

[그림 3.20] Microsoft EDU의 Reflect

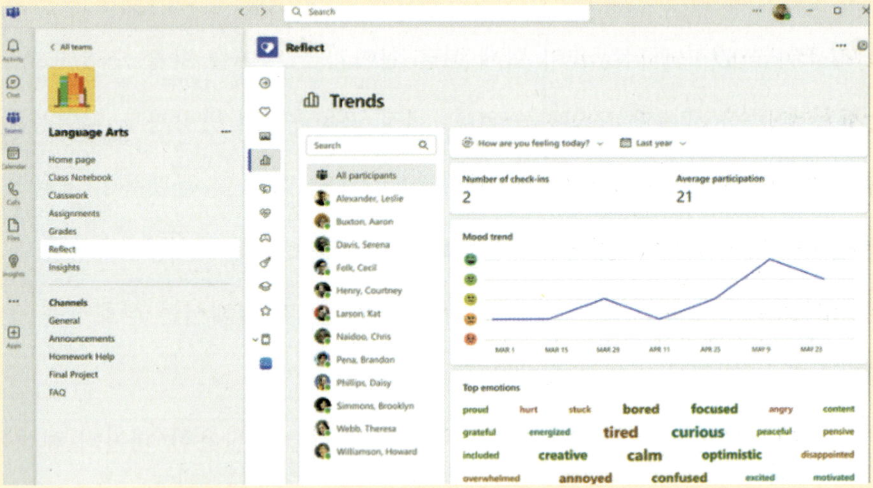

출처: Microsoft, 2024.

세 번째로 교사는 상호작용 촉진자로서 중요한 역할을 수행한다. 교사는 상호작용 촉진자로서 학생들 사이의 의미 있는 대화와 협력을 촉진하는 역할을 맡게 되는데, 이는 인공지능 기술이 제공하는 맞춤형 학습의 경험이 학생 자신의 학습 속도와 스타일에 맞춰 학습할 수 있도록 돕는 데에서 머무르는 것이 아니라, 학생들이 서로 소통하고 협력하는 과정에서 학습할 수 있도록 격려해야 함을 의미한다. 이를 위해 교사는 학생들이 대화나 그룹 활동을 통해 아이디어를 나누고 다양한 시각을 이해하도록 지원하는 역할을 맡는다. 즉, AI 디지털 도구를 활용하는 교육은 단순히 개념을 익히는 데 그치지 않고, 배운 내용을 자신의 것으로 내면화하여 실생활에서 '협력과 소통'을 바탕으로 활용

expression, and learning. Retrieved from https://reflect.microsoft.com

할 수 있도록 지원함으로써 기본 지식과 기능의 전이와 영속적 이해(persistent understanding)[11]를 촉진하는 것이 목표인 것이다. 이는 학생 맞춤형 교육과정을 강조하는 동시에 학생들이 실제 삶을 살아가는 역량을 갖출 수 있도록 '일상생활 활동'을 새롭게 도입하는 2022 개정 교육과정의 방향과도 일맥상통하다 할 수 있다. 특수교육대상학생들이 AI 디지털 도구 및 플랫폼이 제공하는 일련의 학습경로를 자기주도적으로 학습하고, 서로 협력적인 의사소통을 통해 학습을 더욱 풍부하고 깊이 있는 이해로 발전시키기 위해서는 상호작용 촉진자로서의 특수 교사의 역할이 매우 중요하다.

사실 이외에도 교사에게 필요한 역량은 인공지능을 활용한 데이터 해석 및 데이터 기반 피드백, 인공지능 및 에듀테크 상의 기술적 문제 해결, 인공지능 기반 에듀테크 활용, 그리고 인공지능 활용 교육 전문성 개발 등 다양하며,[12] 세부적으로 접근하면 이 글에서 모두 다루기 어려울 정도이다.

결국, 교육의 본질로 되돌아간다면 우리는 '무엇을 어떻게 가르칠 것인가?'라는 질문과 마주하게 된다. 그리고 이 질문은 AI 디지털 시대를 맞아 '인공지능 도구를 활용해 무엇을 어떻게 가르칠 것인가?', '무엇을 어떻게 가르치는 데 있어서 인공지능 도구가 과연 효과적인가?', '인공지능 도구의 활용이 학생들의 배움과 실제 삶을 살아가는 역량 개발에 도움이 되는가?'라는 질문으로 변화하며, 이에 대한 본질적이며 근본적인 답변을 우리에게 요구하고 있다.

11 학습자가 학습한 내용을 단순히 암기하는 것을 넘어서서 깊이 있게 이해하고, 그 지식을 새로운 상황에 적용하거나 문제를 해결하는 데 사용할 수 있는 능력을 의미한다.

12 이동국, 이은상, 이봉규(2021). 인공지능(AI) 활용 교육을 위한 교사 역량 도출 연구. 충북교육정책연구소.

❷ 디지털 기반 교육 혁신의 열쇠가 된 교사의 역할

현재 AI 디지털 도구들에 탑재된 인공지능 기술이 실제 특수교육대상학생들의 특성을 심도 있고 면밀하게 이해한다고 보기에는 어렵다. 즉, 겉으로 드러난 특수교육대상학생들의 외연적인 증상들에 주의를 기울일 수 있을 뿐이지, 실질적이면서도 다차원의 요소들이 얽혀있는 비가시적인 원인을 기반으로 처방을 내려주는 만능의 인공지능 기술은 존재하지 않으며, 앞으로도 없을 전망이다. 이러한 기술의 맹점을 보완하고, 교육적인 판단을 내리기 위해서는 특수 교사의 역할이 중요하다. 교사들이 더욱 훌륭한 교사가 될 수 있도록 돕는 인공지능 활용 도구가 필요하며, 이러한 도구들의 개발을 위해서는 교육자가 단순 사용자로서가 아니라 개발자로 함께 참여하며 만들어갈 수 있어야 한다. 즉, 교육의 변화, 교육의 혁신을 AI 디지털 도구 및 플랫폼을 기반으로 이루어내고자 할 때, 교사는 인공지능 기술자나 개발자들이 교육 담론을 주도하지 않도록 주의해야 하며, 인공지능 기술자들이 실제 특수교육 실천에 어려움을 가져다주는 문제들이 무엇인지를 이해할 수 있도록 도울 필요가 있다. 즉, 교사는 교육 혁신의 핵심이자 주체로서 AI 디지털 도구가 교실 수업에 미칠 파급력을 생각하며, 교사와 학생의 주도성을 촉진할 수 있는 방향으로 AI 디지털 도구 및 플랫폼을 활용해야 한다.

인공지능은 놀라운 잠재력을 가진 도구이면서 분명 한계를 가진 도구이기도 하다. 그런 의미에서 특별히 AI 디지털 도구 및 플랫폼 활용의 관점에서도 근본적인 문제를 잊어서는 안 되며, 교사가 디지털 교육의 혁신에서 중심적인 역할을 하며 주도권을 가져야 한다는 점이 매우 중요하다. 특히 기술이 급속도로 발전하고 있는 현재와 같은 상황에서는 기존의 교사 역량 강화를 위한 하향식 모델이 한계에 부딪힐 수밖에 없다. 인공지능의 핵심 기술 중 하나인 딥러닝은 그 작동 원리가 블랙박스로 남아 있어, 심지어 모델을 설계한 사람들조차도 주요 사용 방법을 제대로 모르는 경우가 많다. 따라서 기술을 활용하는 데 있어서 교육자들이 엔드 유저(End User)이자 지식을 전달하는 사람으로서, 선험적 지식과 경험을 신속하게 축적하는 것이 필수적이다. 이를 위해 자발적인 교육 커뮤니티를 통한 연구, 신속한 기여, 연결 및 성장의 긍정적인 순환을 이루는 것이 중요하다(김진관, 2024).

현재 융합 교육과 소통을 저해하는 요인으로 작용하는 교과별, 직급별, 성별, 연령별 사일로 효과(Silo Effect)를 제거하기 위해서는 서로 공동으로 공유할 수 있는 목표가 필요하며, 인공지능 기술이 이러한 목표가 될 수 있는 잠재력이 있다. 인공지능 기술의 급격한 발전의 시기에는 교육에 접목된 유용한 인공지능 도구와 서비스 활용법 소개 및 공유뿐 아니라, 현대 인공지능 기술 발전의 근간인 오픈소스 문화가 가진 개방성, 투명성, 상호공유, 협력 등의 가치에 대한 강조가 못지않게 필요하다. 인공지능 기술 발전의 근간인 오픈소스(Open Source) 정신은 고착된 교직 문화와 풍토를 혁신하는 데 긍정적인 영향을 줄 수 있다(김진관, 2024). 교사가 인공지능 시대의 교육 혁신을 주도하고 실천할 때, 그 변화가 실현될 수 있음은 물론이다.

4 AI 디지털 도구는 어떻게 교사의 무기가 되는가

1 아티스트로서의 교사의 역량

자신이 던진 질문에 대한 답을 스스로 찾아가면서, 자신있는 도구로 하고 싶은 이야기를 풀어내는 사람들을 아티스트(Artist)라고 부른다. 아티스트에게 중요한 건 스스로 삶에 대한 질문을 던지고, 답을 찾아가는 탐구의 과정을 자신의 이야기로 서사화하는 데 있다.

배움이라는 것도 그렇다. 자칫 실용주의라는 거대 담론에 휩쓸려 너무 유용하고 생산적인 것만을 추구하려 하다보면 결국 우리의 교육이 지나치게 획일화되며 왜곡되는 것을 보게 된다. 결국, 수업은 학생의 삶과 긴밀히 연결되어야 하고, 학생의 삶을 좋은 방향으로 바꿀 수 있어야 한다. 때로는 쓸데없고, 엉뚱하다 여겨지는 질문을 던지고, 나름의 답을 발견해가는 과정은 탐구를 위한 사고의 길을 단단히 하는 것이므로 그 자체로 의미가 없지 않다. 이를 설득력 있게 자신의 이야기와 화법으로 전달할 줄 아는 아티스트의 덕목이 AI 시대에 필요한 사람의 본질적 역량이 되어가고 있음은 물론이다.

'한국의 교육은 가이드북에 나온 내용을 확인하러 다니는 여행과 같다. 교육을 통해 무지를 발견하는 것이 아니라, 아는 것을 확인하고 만다.'라는 이 뼈아픈 문구로부터 결국, 우리에게 필요한 것은 질문이고, 그 답을 찾아가는 데 있어 요구되는 시간과 믿음이라는 점을 추출해낼 수 있다. 노래를 듣는 사람에게 메시지에 대한 영속한 이해를 던질 수 있음이 아티스트의 역량이듯, 학생 자기 스스로 질문하고, 탐구하며 이해할 수 있도록 돕는 예술가로서의 역량이 교사에게 필요한 이유이다.

❷ 아티스트를 위해 존재하는 조력자, AI 디지털 도구

하이터치 하이테크 교육 모델을 통해 확인할 수 있는 점은 디지털 기반 교육 혁신 정책이 AI 디지털 도구로 기존의 아날로그 교육을 없애고 하는 것이 아니라는 점이다. AI 디지털 도구 및 플랫폼은 기존의 아날로그 교육을 대체하는 것이 아니라, 아날로그 교육, 즉 하이터치의 부족한 부분을 보완하는 도구로 활용되는 데 진정한 의의가 있다. 기존의 전통적 교실에서 행해지는 아날로그 캔버스 위에 디지털 기반의 요소를 더하여 확장된 수업을 그리는 개념으로서 '디지털 기반의 아날로그 수업'을 제안하는 이유이다.

디지털 기반의 수업은 아날로그 수업에서 의미 있게 여겨지는 장면을 디지털화하는 것이다. 물론 PICRAT 모델(Kimmons 외, (2020))에서는 'AI·디지털 도구의 활용이 교사의 교육 관행에 어떤 영향을 미치는가?'라는 질문에 대한 답으로, 단순 대체(Replacement), 확장(Amplicification), 변혁(Transformation)의 세 가지로 분류하였다. 확장과 변혁의 수준에서는 AI 디지털 도구의 활용이 아날로그 교육 장면만으로 그릴 수 없는 학습자 경험을 줄 수 있다고 하였으나, 결국 교육 장면에서의 디지털의 당위성과 이유는 아날로그 수업 장면에서의 교육적 의의에 그 뿌리와 기반이 있는 경우가 다수이다.

수업 장면에서 AI 디지털 도구는 교사의 교육적 의도, 철학을 포함한 교육학(Pedagogy) 전반의 통제를 받아야 하며, 수업 활동 중에 활용될 때는 이에 정렬(Align)되어야 한다. 다시 말해, 수업 장면에서 발견되길 원하는 학습자의 '사고'와 '탐구'는 애초에 AI 디지털 도구를 단순히 접목한다고 달성될 수 있는 차원의 문제가 아니며, 몰입감 있는 문제 해결 과정과 이를 매력적이고 자연스럽게, 영속한 이해에까지 도달하게끔 스토리텔링할 수 있는 교사의 아날로그적 아티스트 역량을 필요로 한다.

[그림 3.21] PICRAT 모델

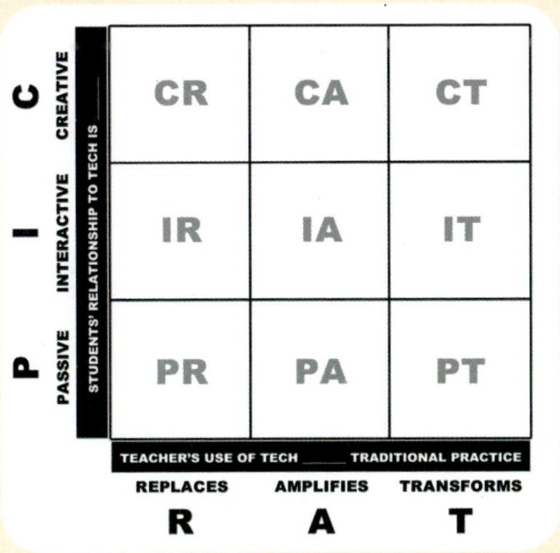

출처: Kimmons 외, (2020).

❸ 디지털로 모든 수업의 순간을 채우지 않아도

교사와 학생, 학생과 학생의 상호작용을 촉진하는 아날로그 활동이 그 자체로 유의미할 경우에는 AI 디지털 도구 및 플랫폼의 기능을 활용하지 않고, 도리어 서책과 교사가 직접 재구성한 학습 자료를 바탕으로 아날로그 활동을 실시하면 어떨까? 다시 말해, AI 디지털 도구 및 플랫폼이 교실 수업 활동의 주인공으로 매번 등장해야 할 필요가 있을까?

물론 그럴 필요는 없을 것이다. AI 디지털 도구 및 플랫폼이 제공하는 디지털화된 데이터를 통해 본시 수업의 방향을 결정하는 데 참고하거나, 수준별 과제 및 협력적 후속 학습으로도 이미 언성 히어로(Unsung hero)처럼 활용되어 제 몫을 할 수 있기 때문이다. 오히려 아날로그 기반의 서로 가르치기와 생각을 나누고 모으는 활동이야말로, 하이터치 하이테크 교육 모델이 AI 디지털 기술을 활용하여 실시하는 궁극의 교실 수업의 장면이자 지향점임을 되새길 필요가 있다.

교사는 아날로그적 수업 설계의 캔버스 위에 AI 디지털 도구 및 플랫폼의 여러 핵심 지원 기능들 중 교사·학생 대시보드, 자기 주도 학습지원, 학습 진단 및 맞춤형 콘텐츠 추천, 소통 도구, 자동 채점 등의 기능을 수업의 목적과 의도에 맞게 교사 주도적으로 선별하여 활용할 수 있다. 수업 설계와 실천에 있어서 교사의 주도성이 핵심이기 때문이다. AI 디지털 도구 및 플랫폼이 갖고 있는 어떠한 특정 기능은 수업 내용과 학생 수준, 맥락에 따라 핵심 역할을 하기도 하고, 단순 대체 수준에 머무르며, 심지어는 사족도 될 수도 있다.

축구에서 모든 선수가 주인공이 될 수는 없으며, 전술적으로 주인공 역할을 부여하는 것은 경기를 짜는 감독의 권한이듯, 아날로그와 디지털을 동시에 아우르는 다양한 맥락의 수업에서 AI 디지털 도구 및 플랫폼도 동일하게 아날로그 레이어(layer)에까지 포섭되어 동일 맥락에서 고려되어야 하는 것이다.

이렇듯 교사는 AI 디지털 도구 및 플랫폼이 수업의 장면과 학생 맥락에 따라 긍정적인 효과 유무와 정도가 상대적이며, 주관적이라는 점을 이해해야 하고 교수·학습 디자이너(Designer)로서 도구 자체의 성능에 천착하는 것이 아니라, 각 수업 장면별 도구의 활용을 통한 교육적 효과성 향상을 염두에 두는 자세가 필요하다.

❹ 교사의 수업 디자인에 또 하나의 가능성을 달다

기술은 끊임없이 변화하고, 우리는 그 발전의 깊이와 속도를 가늠할 수는 없다. 하지만 다양한 교육 패러다임 속 변하지 않는 수업과 배움의 본질은 여전히 존재한다. 이에 대한 깊은 본질적 이해를 바탕으로 교사가 학생, AI 디지털 기술과 더불어 수업이라고 하는 만남의 장에서 배움의 그림을 함께 그려나갈 수 있을 때 비로소 AI 디지털 도구는 교사의 수업과 학생의 학습에 무기가 되어줄 수 있을 것이다. 그런 의미에서 AI 디지털 도구 및 플랫폼은 활용 여하에 따라 수업 디자인에 또 하나의 가능성을 달아주는 도구로써 수업의 맥락에 따른 교육적 효과성을 높여줄 수 있다.

일선 교육 현장의 수업 장면에서 AI 디지털 도구 및 플랫폼이 물 위를 노니는 오리가 되는 것이 아니라, 물 위를 노니는 오리의 쉴 새 없는 힘찬 발이 되길 기대한다. 덧붙여 그 오리가 아날로그적 낭만을 가진 아티스트라는 정체성을 가진 교사라면 더욱 반가울 것이다.

5 AI 디지털 도구의 교육적 적용을 위한 제언

이제껏 살펴본 바와 같이, AI 디지털 도구를 활용한 맞춤형 개별화 학습과 이를 통한 디지털 기반 수업 혁신을 공교육 안에서 실현하기 위한 정책적 노력이 전방위적으로 진행되어 왔다. 디지털 전환 교육의 당위와 명분에 기반한 정책적인 선언은 이미 충분하며, 정책적 선언과 대의만으로는 설득의 한계가 있다는 점도 명확하다.

특수교육 현장의 맥락과 상황 속에서 어떠한 AI 디지털 도구 및 플랫폼을 통해 맞춤형 개별화 학습이 어떠한 모습으로 운영되고 있는지, 현재의 한계와 앞으로 해결해야 할 과제는 무엇인지를 질문하고 구체화하는 것이 필요하다. 이를 위해서는 현실적인 문제를 인식하고 개선을 추구하는 스톡데일 파라독스의 지혜가 다시 한번 요구된다.

❶ 선택과 집중에 기반한 고도화

AI 디지털 도구 및 플랫폼이 반드시 수행해야 하는 핵심은 관찰-분석-진단-추천의 과정을 통해 학생의 강점, 학습 상태, 선호도, 학습 속도 등을 종합적으로 파악하고, 이를 기반으로 학생에게 적합한 학습 경험을 추천해주는 것이라 볼 수 있다. 여기에서 인공지능의 추천은 학생의 개별화된 학습 경험을 초안으로 제공한다는 의미이지, 그 자체 그대로 실행되어야 함을 의미하지는 않는다.

AI 디지털 도구 및 플랫폼의 가치와 효용성은 학생 데이터의 수집 및 명확한 진단으로부터 나온다. 이 부분이 '반드시'의 영역이 될 것이고, 그 외의 기능들은 상대적으로 '심지어 혹은 더불어'의 영역이라 생각해 볼 수 있다. 일례로 학습 콘텐츠, 소통, 창작, 관리는 다수의 에듀테크 도구들로도 이미 수행이 가능하다. 다만, AI 디지털 도구 및 플랫폼이 인공지능을 기반으로 해당 기능들을 올 인원(All-in-one)으로 통합해 사용자 경험상 편리하게 제공해 주길 바라는 것인데, 이러한 기능은 '심지어 혹은 더불어'의 영역으로 볼 수 있을 것이다.

학생 데이터의 수집 및 진단이 단순히 문제 몇 개 맞고 틀린 정도를 기반으로 좀 더 쉽고, 어려운 문제를 단순히 제안해 주는 것이 아니라, 가드너의 다중지능이론에 근거해 학생의 개별 지능 프로파일을 심층적으로 파악하고, 이에 기반해 학생이 해당 학습 주제를 효과적으로 학습할 수 있는 다양한 방법과 지도 전략을 교사와 학생에게 추천해줄 수 있어야 한다. 결론적으로, AI 디지털 도구 및 플랫폼이 수행해야 하는 진단은 학습 상태와 선호도를 종합적으로 반영하여, 학생의 자존감과 학습 동기를 유지하면서도 개별화된 학습 전략을 제안하는 데 중점을 두어야 한다. 이를 위해서는 기술적 상상력과 실제 기술의 점진적 고도화가 필요하다. 이러한 학생 특성에 대한 종합적인 파악이 선행되어야만 개별화와 다원화에 기반한 학습이 그 효과를 제대로 발휘할 수 있다.

❷ 학생 참여 중심 수업을 지원하는 상호작용 촉진의 도구

현재 개발된 AI 디지털 도구 및 플랫폼은 주로 학생들이 자율적으로 학습하거나 학습을 보충하는 데에 중점을 두고 있다. 이러한 접근 방식은 사교육 환경에는 적합할 수 있지만, 공교육에서는 문제 풀이 중심의 인공지능 도구가 궁극적인 해결책이 될 수 없음은 물론이다. 따라서 AI 디지털 도구 및 플랫폼은 학생과 교사의 상호작용을 돕고, 평가 및 피드백을 실시간으로 지원해 주며, 다양한 콘텐츠를 생성할 수 있는 기능을 통해 기본 지식 습득과 사회 구성원으로서 삶을 살아갈 수 있는 역량 함양이 이루어질 수 있도록 지원하는 방향성을 가져야 한다. 이를 통해 AI 디지털 도구 및 플랫폼은 공교육에도 어울리는 학생 참여 중심의 수업을 효과적으로 지원할 수 있게 될 것이다.

❸ 다양한 성취기준을 지원하는 디지털 수업 설계 및 실행 도구

AI 디지털 도구 및 플랫폼은 언제나 그럴 것이지만, 완전한 형태로 제안된 서비스일 수 없다. 사용자 경험(UX)과 성능의 측면에서 고도화해야 할 요소들이 다수 존재한다. 특히 특수교육의 맥락에서는 학생별로 성취기준이 다르고 학습 목표가 개별화되어 있기 때문에, AI 디지털 도구와 기타 에듀테크 도구를 결합하여 다양한 성취기준을 지원하는 유연한 수업 설계가 필수적이다. 따라서 한 가지 디지털 도구만으로는 부족할 수 있는 부분을 보완해줄 수 있는 또 다른 생성형 인공지능 및 에듀테크 도구들을 함께 활용하여 디지털 기반의 수업을 설계하고 실행해보는 역량을 함양하는 것이 현실적이다. 여기에서 중요한 것은 이질적인 도구들을 얼마나 효과적으로 통합하고, 이를 학생 개개인의 학습 요구에 맞춰 연결할 수 있는지이다. 이를 위해 다양한 도구를 하나의 플랫폼에서 접근할 수 있는 '둥지(Nest)' 형태의 에듀테크 플랫폼이 필요하다. 이러한 통합적인 접근은 교사가 학생들에게 더욱 일관되고 접근 가능한 학습 환경을 제공하는 데 기여할 수 있다.

[그림 3.22] AI 코스웨어 + 생성형 AI + 에듀테크 도구를 활용한 디지털 기반 수업 설계

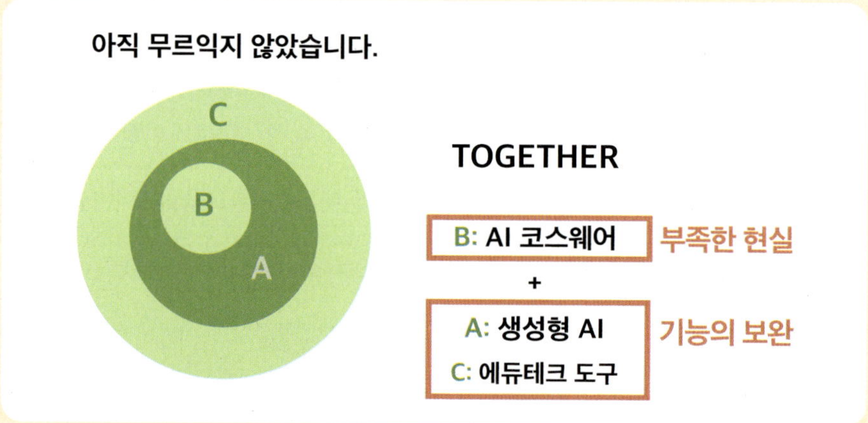

교사가 새로운 기술을 수업에 단순히 적용하는 것만으로는 충분하지 않다. AI 디지털 도구를 활용한 수업의 의미와 가치를 이해하고, 이를 자신의 교육 철학과 방법론에 통합하는 것이 필요하다. AI 디지털 도구 및 플랫폼 활용 수업은 학생 개개인의 목표와 성취기준을 반영하며, 이러한 도구가 특수교육대

상학생들의 실제 학습 과정에 어떻게 기여할 수 있는지에 대한 깊은 이해를 바탕으로 설계되어야 한다. 이를 위해 교사는 스스로 AI 디지털 도구를 사용하여 학생들의 학습 상태와 목표를 고려한 맞춤형 수업 방안을 실험하고, 축적된 경험을 통해 개선해 나가는 과정이 필수적이다.

④ 역량 함양과 깊이 있는 학습을 지원하는 AI 디지털 도구

AI 디지털 도구의 활용은 2022 개정 교육과정의 궁극적인 방향성과도 부합해야 하며, 특수교육 현장에서도 이를 적극적으로 고려할 필요가 있다.

먼저, 2022 개정 교육과정은 역량 함양의 교육을 지향하고 있다. 현대 사회는 지식이 폭발적으로 증가하고 있어, 특수교육대상학생들에게도 단순히 지식과 기능을 전달하는 기존의 교육 방식은 한계를 드러내고 있다. 이제는 특수교육대상학생들이 자신의 특성과 수준에 맞게 새로운 상황과 맥락에서 다양한 삶의 문제를 해결할 수 있는 역량을 키우는 것이 중요하다. 하지만 기초적인 지식과 기능 없이 역량만을 강조하는 것은 사상누각과 같을 수밖에 없다. 따라서 특수 교사들은 학생 개개인의 특성을 고려하여 지식·기능 교육과 역량 교육을 긴밀하게 연결해 학생들이 의미 있는 학습을 할 수 있도록 노력해야 하며, AI 디지털 도구를 특수교육 상황에서 어떻게 효과적으로 활용할 것인가를 심도 있게 고민하여야 한다. AI 디지털 도구의 기능이 특수교육대상학생들의 지식·기능 교육을 넘어서 개별화된 역량 교육을 효과적으로 지원할 수 있는 교육 장면에까지 미칠 수 있다면 금상첨화일 것이다.

다음으로, 2022 개정 교육과정은 개념 기반의 교육과정을 지향한다. 특수교육에서도 개념 기반 교육과정은 학생들의 수준에 맞는 개념적 이해를 목표로 한 의미 있는 학습을 강조한다. 특수교육대상학생들이 자신의 능력과 속도에 맞게 수업의 주체가 되는 맞춤형 탐구 중심의 수업을 통해 개념적 이해가 촉진될 수 있다고 보는 것이다. AI 디지털 도구 및 플랫폼은 특수교육대상학생들의 개별 학습 데이터를 실시간으로 분석하여 각자의 장애 특성과 수준에 맞는 학습 자료를 초안으로 제공해 주며, 학생들이 자신에게 맞는 속도로 학습할 수 있어 개념을 단계적으로 이해할 수 있도록 지원해 줌으로써 학습의 질을 높일 수 있다. 또한 특수교육대상학생들이 개별화교육계획에 따라 학습 목표를 설정하고, 학습 진도를 관리하며, 즉각적인 피드백을 받을 수 있도록 지원하여 개념 기반 탐구학습에서 강조하는 자기주도적 학습 능력을 함양할 수 있도록 도울 수 있다. 이에 더하여 통합교육 환경에서의 협력 기반 학습 활동에서 중요한 팀워크의 경험, 상호 아이디어 공유, 협업적 문제 해결 능력을 키울 수 있도록 하는 탐구 과정 전반을 지원할 수 있어야 함을 염두에 둔다면 특수교육 현장에서도 AI 디지털 도구와 2022 개정 교육과정이 상호보완적으로 작용하여 얻는 시너지 효과를 충분히 누릴 수 있을 것이다.

⑤ 교사 역량 강화의 체계성 확보

특수 교사의 AI 디지털 도구 및 플랫폼 활용 역량을 강화하기 위해 체계적인 연수 프로그램이 필요하다. 이러한 연수는 TPACK(Technological Pedagogical Content Knowledge)과 같은 모델을 기반으로, 특수교육 교과 내용 지식, 특수교육적 교수학적 지식, 테크놀로지 지식을 통합하는 방향으로 설계하여 특수 교사 역량 강화의 체계성을 확보할 수 있다. 무엇보다 중요한 것은 특수교육 내용, 교수학, 테크놀로지 지식을 통합하여 장애 학생을 위한 AI 디지털 도구 활용 교육을 설계하고 실행하는 역량이다. 연수 프로그램은 특수 교사들이 실제 특수교육 수업 사례를 개발하고 공유하는 과정을 통해 TPACK의 통합을 경험하고 내면화할 수 있도록 지원할 수 있다.

교육부(2024)는 교실 혁명을 위한 교원역량 체계를 개발하여 공유하였고, 이를 기반으로 교실 혁명 선도 교사 연수를 수행하고 있다. 교사들이 디지털 도구와 AI 기술을 이해하고 활용할 수 있는 역량을 갖추도록 하는 기본 역량, 자신의 교과목에 AI 디지털 도구를 효과적으로 통합할 수 있는 역량을 개발하는 전문 역량, 교사들이 실제 수업에서 AI 디지털 도구 및 플랫폼을 활용하여 혁신적인 교육 방법을 실행할 수 있도록 지원하는 실천 역량 강화를 위한 체계적인 접근을 제공하였으며, 이를 실행하기 위해 이해, 활용, 성찰의 3단계로 연수 프로그램을 설계, 운영하였다.

이처럼 역량 강화의 체계성을 확보하게 되면, 모든 교사들에게 공통의 기준과 목표를 제공해 줌으로써 일관된 방식으로 전문성을 개발할 수 있도록 도울 수 있다. 또한 단순한 일회성 연수가 아닌, 교사의 전 경력 주기에 걸친 지속적인 성장을 지원하며, 명확한 성장 경로 제시와 디지털 배지 부여 등을 통해 교사들의 전문성 개발 동기를 부여해줄 수 있다.

앞으로도 시대·사회적 흐름 및 교사들의 요구 사항을 반영한 교원역량 체계 수정 및 갱신을 통해서 교사들 간의 역량 편차를 고려하면서도 실제적인 배움의 만족도가 높은 연수의 질을 담보하기 위해 노력해야 한다. 교원역량 체계가 기록된 문서 차원이 아니라 실제적인 역량 강화로 이어지기 위해서는 연수 강사 교원들의 실천 및 전달 역량과 연수를 운영하는 수행기관들의 운영 역량이 이전보다 내실 있게 다져져야 할 것임은 물론이다.

⑥ 학교 내 디지털 전환을 위한 인프라 구축과 정책적 지원

AI 디지털 도구의 효과적인 적용을 위해서는 학교 내 디지털 전환을 위한 인프라 구축과 정책적 지원이 필수적이다. 학교는 AI 디지털 도구 및 플랫폼 활용에 필요한 하드웨어와 소프트웨어를 갖추어야 한다. 이는 단순히 컴퓨터나 태블릿 등의 기기 보급을 넘어, 고속 인터넷 환경, 클라우드 기반 학습 플랫폼, 데이터 저장 및 관리 시스템 등을 포함한다. 또한, 학교는 교사들이 AI 디지털 도구를 활용한 수업을 설계하고 실행할 수 있도록 충분한 시간과 공간을 제공해야 한다. 이와 더불어 교사들의 업무 부담을 줄이고, 교사의 연구 활동을 지원하는 제도적 장치가 마련되어야 한다.

교육 당국의 종합적인 지원 정책도 디지털 기반 수업 혁신을 위해 중요하다. 교육부와 시·도교육청은 AI 디지털 도구 및 플랫폼의 구독과 보급을 위한 예산을 확보하고, 교육과정과의 연계성을 고려한 콘텐츠 설계를 지원할 필요가 있다. 나아가 교육 당국은 AI 디지털 도구 및 플랫폼의 효과적인 활용을 위한 연구와 실험을 지원하고, 우수 사례를 발굴하여 확산하는 노력을 기울여야 한다. 이를 위해 대학, 연구기관, 기업 등과의 협력 체계를 구축하고, 교사들의 자발적인 연구 모임과 학습공동체 활동에 대한 적극적인 장려와 지원을 아끼지 않아야 한다. 또한 AI 디지털 도구 및 플랫폼 활용 교육의 성과와 한계에 대한 실증적인 데이터를 수집하고 분석하여, 정책 수립과 개선에 반영하는 선순환의 구조를 만드는 것이 필요하다.

기존의 아날로그 교육의 한계를 극복하는 AI 디지털 도구 및 플랫폼 활용 교육의 효과가 극대화되기 위해서는 학교와 교육 당국의 적극적인 지원과 체계적인 준비가 필요하다. 이를 위해서는 단기적인 성과에 급급하기보다는 장기적인 비전을 가지고, 교육의 본질적 가치를 훼손하지 않는 선에서 AI 기술을 교육에 접목하려는 노력이 절실하다. 학교와 교육 당국이 AI 디지털 도구 및 플랫폼의 잠재력과 한계를 균형 있게 인식하고, 교수·학습 과정에서의 교사와 학생의 주체성을 존중하는 가운데 디지털 전환을 세심하고 내실 있게 추진해 나가는 자세가 필요하다.

7 교사를 중심으로 한 학교, 지역사회, 교육 당국 간의 협력

디지털 기반 교육 혁신 정책의 성공적인 적용을 위해서는 교사, 학교, 지역사회, 교육 당국 간의 긴밀한 협력이 필수적이다. 이러한 협력은 AI 디지털 도구 및 플랫폼이 단순한 도구를 넘어 교육 혁신의 도구적 촉매제로 작용할 수 있도록 하는 데 핵심적인 역할을 할 수 있다.

학교는 교사들의 AI 디지털 도구 및 플랫폼 활용을 위한 물리적, 제도적 환경을 조성하는 데 주력해야 한다. 학교는 물적 인프라를 구축하고, 교사들의 전문성 개발을 위한 여건을 제공해야 한다. 무엇보다 학교는 교사들이 자발적으로 AI 디지털 도구 및 플랫폼 활용 교육을 위한 연구를 할 수 있도록 자율성을 보장하고, 이를 위한 시간과 자원을 지원해야 한다. 이를 통해 학교는 AI 디지털 도구 및 플랫폼 활용 교육 사례를 축적하고, 그 교육적 가능성을 검증하는 실험의 장이 될 수 있다.

지역사회는 AI 디지털 도구 및 플랫폼 활용 교육을 위한 다양한 자원과 기회를 제공함으로써 학교 교육을 지원하고 보완하는 역할을 해야 한다. 지역의 대학, 연구기관, 기업, 문화예술 기관 등은 AI 디지털 도구와 연계된 각종 교육을 지원하기 위해 전문 인력, 기술, 콘텐츠 등을 학교에 제공할 수 있다. 또 지역사회는 학생들이 각종 AI 디지털 도구 및 플랫폼을 활용하여 실제 문제를 해결하고, 지역사회에 기여할 수 있는 프로젝트와 활동을 기획하고 지원할 수 있다. 이를 통해 AI 디지털 도구 및 플랫폼의 활용은 학교 울타리를 넘어 지역사회와 연계된 살아있는 교육을 견인할 수 있다.

교육 당국은 국가 수준에서 AI 디지털 도구 및 플랫폼 활용 교육을 위한 촘촘하고 세심한 정책을 수립하고, 이를 뒷받침할 수 있는 제도와 예산을 마련해야 한다. 무엇보다 교육 당국은 교사, 학교, 지역사회 간의 협력을 촉진하고 조정하는 역할을 해야 한다. 이를 위해 교육 당국은 AI 디지털 도구 및 플랫폼 활용 교육을 위한 협의체를 구성하고, 각 주체들 간의 소통과 협력을 지원하는 플랫폼을 운영할 수 있다. 이에 더하여 AI 디지털 도구 및 플랫폼 활용 교육 우수 사례를 발굴하고 확산하는 한편, 지속적인 연구와 평가를 통해 AI 디지털 도구 및 플랫폼 활용 교육의 질을 관리하고 개선해 나갈 필요가 있다.

6 마치며

우리는 이제껏 AI 디지털 도구 및 플랫폼을 중심으로 한 디지털 기반 교육 혁신의 가능성을 다각도로 살펴보았다. AI는 교육의 혁신을 가져올 수 있는 잠재력을 가진 기술이자 도구이지만, 이와 동시에 현실적으로 많은 한계점도 지니고 있다. 그렇기에 교실 혁명의 중심에는 여전히 기술이 아닌 교사가 있어야 함은 아무리 강조해도 지나침이 없다.

AI 디지털 도구 및 플랫폼을 활용한 교육 혁신은 단순히 기술의 도입에 그쳐서는 안 된다. 교사는 AI 디지털 도구를 효과적으로 활용하여 학생들의 개별 요구에 맞는 교육을 제공하고, 학생들이 주도적으로 학습에 참여할 수 있도록 이끌어야 한다. 이를 위해서는 교사의 전문성 개발과 역량 강화가 필수적이며, 오픈소스의 문화를 탑재한 상향식의 교육 커뮤니티와 전문적 학습공동체를 통해 교사가 자발적으로 AI 디지털 도구 및 플랫폼의 활용 방안을 탐구하고 내재화하는 과정이 선행되어야 한다.

또한 AI 디지털 도구 및 플랫폼을 활용한 교육은 전통적 학문의 근본적이고 힘 있는 개념(Powerful concept)과 창조적 전이(Creative transfer)를 기반으로 해야 한다.[13] 이는 AI 디지털 도구 및 플랫폼이 단순히 지식을 전달하는 도구가 아니라, 학생들이 깊이 있는 이해를 바탕으로 새로운 상황에 지식을 적용하고 창의적으로 문제를 해결할 수 있도록 돕는 역할을 해야 함을 의미한다. 이를 위해서는 미래 사회가 요구하는 역량을 함양하고, 특수교육대상학생의 실제 삶에서의 성장을 지원하는 맞춤형 교육 지향의 2022 개정 교육과정과 디지털 도구의 활용이 긴밀히 연계되어야 한다.

다시 한번 강조하지만, AI 디지털 도구 및 플랫폼은 교육 혁신의 도구적 촉매제로서 큰 잠재력을 가지고 있지만, 그 자체로는 불완전하며 교육적 의미를 찾기 어렵다. 이들 도구의 진정한 가치는 교사 역할에 대한 전문성, 그리고 학생들의 상호작용이 활발한 주도적인 학습을 통해 실현될 수 있다. 따라서 AI 디지털 도구 및 플랫폼을 활용한 교육 혁신은 기술의 도입을 넘어 교사의 역량 강화, 교육과정과의 연계, 그리고 학습자 중심의 교육 환경 조성, 학생의 이해와 전이

13 J. Stern 외(2017). Tools for Teaching Conceptual Understanding, Secondary: Designing Lessons and Assessments for Deep Learning. Thousand Oaks, CA: Corwin Press.

를 통한 역량 함양에 중점을 두어야 한다. 이를 통해 우리는 모든 특수교육대상 학생이 자신의 삶을 주도적으로 살아갈 수 있는 능력을 갖춘 사회 구성원으로 성장할 수 있도록 돕는 지속 가능한 교육의 토대를 마련할 수 있을 것이다.

> "혁신을 위해서는 전통적 학문의 근본적이고 힘 있는
> 개념(Powerful concept)과 창조적 전이(Creative transfer)가 필요하다."
>
> J. Stern 외, 2017.

이 문구에서의 '창조적 전이'를 가능하게 하는 주체는 누가 뭐래도 바로 교사이다. 특수교육은 개별화교육과 생활 중심 교육이라는 고유한 가치를 추구하면서도, 통합교육 확대에 따른 일반 교육과정과의 연계성 확보라는 도전과제에 직면해 있다. 이러한 상황에서 AI 디지털 도구 및 플랫폼의 도입은 장애 유형별 맞춤형 학습 지원과 실생활 연계 교육을 위한 새로운 가능성을 제시하고 있다. AI가 제공하는 다양한 기능과 콘텐츠는 각 학생의 특성과 요구에 맞는 개별화된 학습 경험의 질적 도약을 가능하게 하며, 보조 공학 기술과의 결합을 통해 학습 접근성을 크게 향상시킬 수 있다.

특수 교사는 디지털 대 전환기에 단순한 기술 활용을 넘어, 특수교육대상학생의 특성을 깊이 이해하고 이를 바탕으로 AI 기술을 교육적으로 의미 있게 활용할 수 있는 전문적 역량을 갖추어야 한다. 기능적 생활교육과 학습 역량 교육이라는 이상과 현실의 균형이 이루어지는 교실 장면에서의 하이테크(High-tech)와 하이터치(High-touch)의 조화로운 만남(Meet Up)이 디지털 교육 대전환의 시대, 특수 교사가 만드는 교실 혁명의 불꽃(Spark)이 되리라 확신한다.

· 참고문헌 및 사이트

- 교육부(2022). 2022 개정 교육과정 총론. 교육부.
- 교육부(2024). 교사가 이끄는 교실혁명을 위한 디지털 기반 교육혁신 역량 강화 지원방안. 교육부.
- 김진관(2024). 교육동향 2024-01(통권34호) 생성형 인공지능 교육사례와 지속 가능한 발전 방향. 대전교육정책연구소.
- 이동국, 이은상, 이봉규(2021). 인공지능(AI) 활용 교육을 위한 교사 역량 도출 연구. 충북교육정책연구소.
- 이주호, 정제영, 정영식(2021). AI 교육혁명. 시원북스.
- 유영식(2020). 수업 잘하는 교사는 루틴이 있다. 테크빌교육(즐거운학교).
- 주정흔(2022). 개별 맞춤형 인공지능(AI) 활용교육의 가능성과 과제. 서울특별시교육청교육연구정보원.
- 송길영(2023). 시대예보: 핵개인의 시대. 교보문고.
- Stern, J., Ferraro, K., Duncan, K., & Aleo, T.(2017). Tools for teaching conceptual understanding, secondary: Designing lessons and assessments for deep learning. Corwin Press.
- Kimmons, R., Graham, C. R., & West, R. E.(2020). The PICRAT model for technology integration in teacher preparation. Contemporary Issues in Technology and Teacher Education, 20(1)
- McLuhan, M.(1964). Understanding Media: The Extensions of Man. McGraw-Hill.
- Mishra, P., Koehler, M. J.(2006). Technological Pedagogical Content Knowledge: A Framework for Teacher Knowledge. Teachers College Record, 108(6), 1017-1054.
- Naisbitt, J.(1982). Megatrends: Ten new directions transforming our lives. Warner Books.
- 나무위키(2023). 제임스 스톡데일. Retrieved from https://namu.wiki/w/제임

스%20스톡데일?from=스톡데일%20패러독스#s-3

- 뉴시스(2022). '코로나 업무과중' 교사들 번아웃…80% "퇴직·휴직 고민". Retrieved from https://mobile.newsis.com/view.html?ar_id=NISX20220512_0001868300
- 박주용(2023). AI 디지털교과서 개발이 우려스러운 이유. 한겨레. Retrieved from https://www.hani.co.kr/arti/opinion/column/1097137.html
- 성기선(2024). 공영형 협약학교, 실패한 미국 차터스쿨을 본 받으려는가. 교육플러스. Retrieved from https://www.edpl.co.kr/news/articleView.html?idxno=9173
- 김도형, 박은영, 이근철, 강성훈, 홍대화(2023). 에듀테크 수업 활용 가이드북(2023년 개정판). 한국교육학술정보원. Retrieved from https://www.keris.or.kr/main/ad/pblcte/selectPblcteETCInfo.do?mi=1142&pblcteSeq=13710
- Bloom, B. S.(1984). The 2 sigma problem: The search for methods of group instruction as effective as one-to-one tutoring. Educational Researcher, 13(6), 4-16.
- Bouchrika, I.(2024). Teacher Burnout Statistics for 2024. Retrieved from https://research.com/education/teacher-burnout-challenges-in-k-12-and-higher-education
- iTalk2Learn consortium(2015). Talk, tutor, explore, learn: Intelligent tutoring and exploration for robust learning. Retrieved from https://www.italk2learn.com
- Microsoft(2024). Microsoft Reflect: A wellbeing app to support connection, expression, and learning. Retrieved from https://reflect.microsoft.com
- OECD(2018). Learning Compass 2030. Retrieved from https://www.oecd.org/education/2030-project/teaching-and-learning/learning/learning-compass-2030/
- RAND Corporation(2022). Teacher and Principal Stress Running at Twice the Rate of General Working Public, Hindering Pandemic Recovery.

Retrieved from https://www.rand.org/news/press/2022.html

· Wikipedia(2024). 무릿매. Retrieved from https://ko.wikipedia.org/wiki/%EB%AC%B4%EB%A6%BF%EB%A7%A4

저자약력

- **정제영**(한국교육학술정보원(KERIS) 원장, 이화여자대학교 교육학과 교수)

  서울대학교 교육학과 박사

  현) 한국교육학회 부회장

  전) 이화여대 기획처장, 미래교육연구소장, AI융합교육연구지원센터장

  전) 교육과학기술부 서기관(행정고시 44회 합격)

- **이영선**(이화여자대학교 특수교육과 교수)

  University of Kansas, Special Education, Ph.D.

  한국특수교육학회 상임이사

  전) 인하대학교 교육학과 교수

  한국연구재단 사회과학연구(SSK) 지원사업 등 포용적 디지털 환경 조성을 위한 다수의 연구 수행 중

- **김소정**(경기 성남초등학교 교사)

  경인교육대학교 AI교육 석사 수료

  SeeD 특수교육디지털교육협회 부대표

  교육부 AIEDAP 마스터교원, T.O.U.C.H 교사단

  제1회, 2회 AI융합교육 수업지도안 공모전 교육부장관상

- **김진관**(대전둔천초등학교 교사, T.R.I.P.O.D 수업-평가 연구회 회장, AI 티처스쿨 대표교사)

  공주교육대학교 소프트웨어교육 석사
  2023 대한민국 정보교육상
  T.O.U.C.H. 교사단 대전 대표 교사, AIEDAP 마스터 교원
  교사가 이끄는 교실혁명 AI 디지털교과서 100% 활용하기(초등편, 중등편) 공저

- **김초희**(서울구남초등학교 교사)

  서울교육대학교 수학교육과 석사
  교육부 AI 디지털교과서 현장적합성 검토 지원단
  서울시교육청 AI·디지털 기반 교육혁신 수학교육 선도교원
  서울특별시강동송파교육지원청 AI 디지털교과서 연수 강사

- **안지훈**(서울특별시서부교육지원청 교사, 사단법인 SeeD 특수교육디지털교육협회 협회장)

  서울교육대학교 인공지능융합 석사
  한국증거기반현장교육학회 이사
  교육부 특수교육 국정 AI 디지털교과서 전문가 자문단
  2021 장애학생 정보화 교육 발전 우수교원 교육감 표창

- **이대송**(경남 김해은혜학교 교사)

창원대학교 특수교육 박사 수료

꿈키움 교사연구회 회장

전) 대구대학교 초등특수교육과 겸임교수

Enjoy IT! 스파이크 에센셜 모두 다함께 놀자. 1,2권 공저

- **이수빈**(서울나래학교 교사)

공주대학교 특수교육과 학사

SeeD 특수교육디지털교육협회 감사

교육부 AIEDAP 마스터교원, 교실혁명 선도교사

서울특별시교육청 디지털 교육혁신 핵심교원

서울특별시교육청 강남서초 AI 에듀테크 선도교사

한국과학창의재단 2022 AI 교육 선도학교 우수 운영사례(교육활동 운영 부문) 이사장상

• 이주은(서울나래학교 교사, SeeD 특수교육디지털교육협회 감사)

이화여자대학교 AI융합교육전공 석사 수료

서울특별시교육청 디지털 교육혁신 핵심교원

국립특수교육원 에듀에이블 현장지원단

2023 장애학생 정보화 교육 발전 우수교원 교육감 표창

교사가 이끄는 교실혁명 : 에듀테크 100% 활용하기(특수교육편)

초판발행 2025년 4월 1일

지은이 정제영·이영선·김소정·김진관·김초희
안지훈·이대송·이수빈·이주은

펴낸이 노 현

편 집 조영은
기획/마케팅 이선경
표지디자인 권아런
제 작 고철민·김원표

펴낸곳 (주) **피와이메이트**
서울특별시 금천구 가산디지털2로 53, 210호(가산동, 한라시그마밸리)
등록 2014. 2. 12. 제2018-000080호
전 화 02)733-6771
f a x 02)736-4818
e-mail pys@pybook.co.kr
homepage www.pybook.co.kr
ISBN 979-11-7279-061-5 (94370)
979-11-6519-958-6 (세트)

정 가 23,000원

박영스토리는 박영사와 함께하는 브랜드입니다.